BIOGRAPHIE

DES

PLUS CÉLÈBRES ARCHITECTES,

DE 1050 A 1800.

I.

OUVRAGES DE M. QUATREMÈRE DE QUINCY,

QUI SE TROUVENT CHEZ LE MÊME LIBRAIRE.

MONUMENS ET OUVRAGES D'ART ANTIQUES RESTITUÉS d'après les descriptions des écrivains grecs et latins, et accompagnés de dissertations archæologiques; 2 volumes grand in-4°, papier vélin, avec 13 planches, dont 3 coloriées. . . . . 50 fr.

LE JUPITER OLYMPIEN, ou l'art de la Sculpture antique considéré sous un nouveau point de vue; ouvrage qui comprend un Essai sur le goût de la Sculpture Polychrôme, l'analyse explicative de la Toreutique, et l'histoire de la Statuaire en or et en ivoire chez les Grecs et les Romains; avec la restitution des principaux monumens de cet art, et la démonstration pratique ou le renouvellement de ses procédés mécaniques. 1 vol. grand in-folio, avec 31 planches, dont plusieurs coloriées. . . 200 fr.

ESSAI sur la nature, le but et les moyens de l'Imitation dans les beaux-arts; 1 volume grand in-8°. . . . . 8 fr.

Sous presse, la *seconde édition* de:

HISTOIRE DE LA VIE ET DES OUVRAGES DE RAPHAEL, 1 vol. in-8°.

IMPRIMÉ CHEZ PAUL RENOUARD, RUE GARENCIÈRE, N° 5. F. S.-G.

HISTOIRE

DE LA VIE ET DES OUVRAGES

DES

PLUS CÉLÈBRES ARCHITECTES

DU XIe SIÈCLE JUSQU'A LA FIN DU XVIIIe,

ACCOMPAGNÉE

DE LA VUE DU PLUS REMARQUABLE ÉDIFICE DE CHACUN D'EUX,

PAR M. QUATREMÈRE DE QUINCY,

DE L'INSTITUT ROYAL DE FRANCE (ACADÉMIE ROYALE DES INSCRIPTIONS ET BELLES-LETTRES),
SECRÉTAIRE PERPÉTUEL DE L'ACADÉMIE DES BEAUX-ARTS.

TOME PREMIER.

PARIS.
JULES RENOUARD, LIBRAIRE,
RUE DE TOURNON, N° 6.

———

1830.

AVERTISSEMENT.

Le titre *des plus célèbres*, que nous avons donné aux architectes dont ce recueil contient l'histoire, exige peut-être quelque explication de notre part, c'est-à-dire une justification du double reproche que la critique se croirait en droit de nous faire.

D'abord on pourrait nous demander pourquoi nous n'avons pas dit *les plus habiles*; pourquoi ensuite, sous le titre que nous avons préféré, nous avons omis quelques noms fort connus, lorsque nous en avons admis qui peut-être le sont moins.

A cela nous répondrons qu'un choix à faire d'un petit nombre entre un fort grand nombre d'artistes, même dans la région du passé, n'est jamais à l'abri, non-seulement des controverses du goût, mais des préoccupations particulières, des rivalités d'écoles, et des prédilections locales de villes, de pays ou de nations; car où manque-t-on, en quelques débats que ce soit, de rencontrer la vanité? Il nous a donc paru qu'en donnant pour base à notre choix le motif de la célébrité, plutôt que la raison de l'habileté, nous courrions moins le risque, soit d'offenser des opinions contraires, soit d'être plus de partialité sur un point où il semble qu'une taxe grande notoriété doit produire un accord plus général.

Serait-il vrai, ensuite, qu'en prenant pour mesure apparente de notre choix celle de la plus grande célébrité, nous nous soyons effectivement exposé à proclamer le plus souvent les arrêts des préventions locales ou contemporaines ? nous avouerons que s'il s'agissait d'ouvrages récens et d'auteurs modernes, il faudrait se tenir fort en garde contre certaines renommées éphémères, fruits des passions ou des goûts d'un moment, que le moment d'après désavoue. Mais en sera-t-il de même des célébrités que la succession des siècles a ratifiées, que les plus nombreux parallèles ont augmentées ? En sera-t-il ainsi des hommes dont les noms, pour la plupart, ont reçu, dans la constante admiration de leurs œuvres, la sanction de l'expérience et du temps ?

Ne pouvons-nous pas dire alors qu'une célébrité qui ne cesse point de se perpétuer, est le plus sûr garant de l'habileté d'un artiste ? Et n'est-ce pas sur la foi d'une semblable tradition de suffrages, que nous assignons encore les premiers rangs dans les arts de la Grèce, à tant d'hommes dont toutefois les ouvrages nous sont inconnus ?

Mais ici nous avons l'avantage de pouvoir encore comparer les titres de célébrité, aux œuvres toujours subsistantes des artistes que nous avons rassemblés dans ce recueil. A cet effet, c'est-à-dire pour servir d'autorité aux jugemens que nous avons moins portés que proclamés, il nous a paru convenable de placer en tête de la vie de chaque architecte, le dessin d'un de ses principaux édifices.

A l'égard des monumens qui doivent servir à constater la supériorité de leurs auteurs, nous nous croyons dispensés d'en justifier le choix. Les noms seuls du plus grand nombre excluent toute incertitude. L'opinion attachée au rang qu'ils n'ont jamais cessé d'occuper, dans l'esprit des artistes et des connaisseurs de tous les pays, est trop incontestable, pour que nous croyons nécessaire de l'étayer par de nouvelles preuves. La seule nomenclature ou table indicative que nous donnerons des monumens retracés dans ces dessins, pourrait servir d'index chronologique aux chefs-d'œuvre de l'architecture moderne.

Comme nous ne reconnaissons de véritable art d'architecture que celui qui, seul entre tous les procédés de bâtir connus, a dû son origine, ses progrès, ses principes, ses lois, sa théorie et sa pratique aux Grecs, et qui, propagé par les Romains, est devenu celui de la plus grande partie du monde civilisé, nous devons prévenir qu'on ne trouvera dans notre recueil aucune notion d'aucun ouvrage, d'aucun architecte du genre appelé gothique.

Le terme de la fin du dix-huitième siècle, que nous nous sommes imposé, et qui ferme la série des architectes selon nous *les plus célèbres*, a dû, par le fait, nous empêcher d'y comprendre, soit les ouvrages, soit les artistes postérieurs à cette époque. Il est même à remarquer qu'aucun architecte encore vivant n'y trouve place. Nous ne devons pas dissimuler toutefois que, soit en France, soit en Allemagne et en Angleterre, il n'ait été, depuis l'église de Sainte-Geneviève, construit de fort grands et beaux édifices, et qui ont acquis à leurs auteurs une célébrité que sans doute la postérité ratifiera ; mais il est facile de comprendre pourquoi nous n'avons pas voulu prévenir ses jugemens. La critique des contemporains, en louange ou en blâme, est toujours suspecte de partialité. Nous léguons aux temps à venir le soin des supplémens que devra exiger notre ouvrage.

Nous ne voulons pas nier que ce recueil ne puisse encore, dès à présent, trouver un autre genre de continuation. Loin de nous la prétention que le choix fait, selon notre jugement, de quarante-cinq architectes, sous le titre *des plus célèbres*, doive donner à d'autres une exclusion formelle, ou faire refuser à beaucoup de noms fort recommandables, tout droit au privilège de la célébrité. C'est pourquoi, autant pour justifier notre choix, que pour mettre la critique à même de redresser nos jugemens, nous avons cru devoir faire suivre notre histoire, d'un appendice contenant encore un nouveau choix d'une autre série d'architectes, avec une notice succincte de leurs principaux ouvrages.

Nous terminerons cet avis préliminaire par une observation, qu'il nous paraît utile de mettre sous les yeux du lecteur, afin que, comprenant bien sous quel point de vue, et dans quelles limites nous nous sommes proposé de circonscrire l'esprit et l'étendue de cette collection biographique, on n'en exige ni autre chose, ni au-delà de ce que l'auteur s'est proposé.

Premièrement le recueil que nous publions, en deux seuls volumes, se composant d'articles plus ou moins abrégés, sur un assez grand nombre d'hommes célèbres, il n'a pas dû offrir à l'analyse ou au développement des vies et des ouvrages de chacun d'eux, l'espace qu'aurait pu exiger la revue complète de toutes leurs productions, et de tous les détails qui les concernent. De même donc que nous avons fait un choix de quelques architectes entre un très grand nombre, de même, et par suite de ce plan, nous nous sommes borné à choisir ce qui nous a paru le plus saillant dans les particularités qui les concernent, dans les titres qu'ils ont à la célébrité, de plus caractéristique enfin, et de plus propre à faire connaître la nature de leurs ouvrages et du goût de leur siècle.

Secondement nous n'ignorons pas qu'on pourrait ajouter à ces deux volumes *in-8°* plusieurs tomes *in-folio* de commentaires, de discussions, de pièces justificatives, de controverses, de notes instructives; qu'on pourra nous accuser de beaucoup d'omissions, de méprises dans quelques dates, et sur plusieurs autres points de détail. Nous déclarons d'avance que nous souscrirons à toutes les critiques de ce genre. Mais nous prions en même temps qu'on veuille bien, nous tenant compte de cette soumission, ne pas perdre de vue le principal objet que nous nous sommes proposé, savoir: de tracer en abrégé, par l'histoire des hommes et de leurs plus notables monumens, la route embrassée et suivie par l'art de l'architecture, chez les modernes, depuis le point qui doit passer pour son renouvellement jusqu'à la fin du dix-huitième siècle, et de présenter ainsi rapidement, et dans un cadre raccourci, le tableau du génie et du goût des principaux architectes, dans l'espace de six à sept siècles.

TABLE

DES VIES DES ARCHITECTES,

ET DES PLANCHES

CONTENUES DANS LE PREMIER VOLUME.

BUSCHETTO. 1
    Vue de la cathédrale de Pise. . . . . *Ibid.*
DIOTI SALVI. 11
    Baptistère de Pise. . . . . *Ibid.*
ARNOLPHO DI LAPO. 19
    Cathédrale de Florence. . . . . *Ibid.*
GIOTTO. 29
    Campanile de la cathédrale de Florence. . . . . *Ibid.*
JEAN DE PISE. 35
    Le Campo Santo à Pise. . . . . *Ibid.*
BRUNELLESCHI. 45
    Coupole de Sainte-Marie-des-Fleurs ; — Façade du palais Pitti à Florence. . . . . *Ibid.*
MICHELOZZO. 69
    Palais Médicis, à Florence. . . . . *Ibid.*
LEON-BATISTA ALBERTI. 79
    Eglise Saint-François de Rimini. . . . . . . *Ibid.*
CRONACA (SIMONE). 97
    Palais Strozzi, à Florence. . . . . *Ibid.*
BRAMANTE. 105
    Temple de San Pietro in Montorio ; — Palais de la Chancellerie à Rome. . . . . *Ibid.*

TABLE.

BALTHAZAR PERUZZI. 123
    Petit palais, près le palais Spada; — Palais Massimi, à Rome. . . . . *Ibid.*
RAPHAEL SANZIO. 141
    Palais Pandolfini, à Florence. . . . . *Ibid.*
SAN MICHELI. 155
    Porte de Fortification; — Palais Pompeï à Vérone. . . *Ibid.*
SAN GALLO (ANTOINE). 179
    Palais Farnèse, à Rome. . . . . *Ibid.*
JULES ROMAIN (PIPPI). 205
    Palais du T, à Mantoue. . . . . *Ibid.*
MICHEL-ANGE BONARROTI. 223
    Coupole de Saint-Pierre, à Rome. . . . . *Ibid.*
SANSOVINO (JACOPO TATTI). 267
    Bibliothèque Saint-Marc, à Venise. . . . . *Ibid.*
GALEAS ALESSI. 289
    Eglise de l'Assomption à Gênes. . . . . *Ibid.*
    Palais Sauli, à Gênes. . . . . *Ibid.*
PIRRO LIGORIO. 309
    Villa Pia, dans les jardins du Vatican, à Rome. . . . *Ibid.*
JACQUES BAROZZIO (dit VIGNOLA). 319
    Château de Caprarola, près de Rome. . . . . . . *Ibid.*
AMMANATI. 337
    Cour du palais Pitti; — Pont de la Trinité, à Florence. *Ibid*

HISTOIRE

DE LA VIE ET DES OUVRAGES

DES PLUS CÉLÈBRES

ARCHITECTES.

BUSCHETTO,

ARCHITECTE DU ONZIÈME SIÈCLE,

BATIT, EN 1063, LA CATHÉDRALE DE PISE.

Dès le dixième siècle, Pise, grâce au génie de ses citoyens, à l'activité de son commerce et de sa marine, était parvenue à un assez haut degré de puissance. Ses flottes victorieuses parcouraient toute la Méditerranée, et transportaient ses armes aux îles Lipari, sur les côtes d'Afrique et dans la Sicile. Vers l'an 1063, les Pisans assiégèrent Palerme, forcèrent l'entrée de son port, et s'emparèrent, après en avoir chassé leurs ennemis, de six grands vaisseaux chargés d'un immense butin.

De retour dans leur patrie, ils résolurent d'appliquer la valeur de ces riches dépouilles à l'érection d'un temple, qui devint un monument à-la-fois de gloire pour le pays, et de reconnaissance envers le ciel, qui avait favorisé le succès de leurs armes.

Il a régné jusqu'à ce jour beaucoup d'incertitudes et de méprises, tant sur la date de l'époque où dut être commencée la basilique de Pise, que sur les sources d'où l'on tira les matériaux antiques dont elle est formée, et sur l'origine ou le pays de l'architecte Buschetto, qui les mit aussi habilement en œuvre dans ce monument, le premier qui ait vu renaître le goût de la bonne architecture.

Dans son histoire de la sculpture (1), M. Cicognara nous paraît avoir dissipé ces obscurités, en reproduisant toutes les inscriptions qu'on lit sur les murs du monument même, et dont quelques-unes semblent n'avoir point été connues de Vasari. D'après une de ces inscriptions, on ne saurait douter que l'an 1063 ne soit celui de la fondation de l'édifice.

Jusqu'ici encore l'on a cru et répété que les colonnes et les restes d'antiquité dont la cathédrale de Pise offre une sorte de collection, avaient été recueillis par les Pisans dans leurs voyages de mer, et transportés de la Grèce pour embellir leur ville. M. Cicognara montre l'invraisemblance de cette opinion. (2) Il paraît en effet beaucoup plus probable que Pise, dont l'ancienne église de *Santa-Reparata* avait, dès le quatrième siècle,

---

(1) *Storia della Scultura,* etc. Venise, 1813-18, 3 vol. in-fol. Tom. 1ᵉʳ, page 180.

(2) Ibid.

été élevée sur les ruines des thermes ou du palais d'Adrien, possédait, comme beaucoup d'autres villes d'Italie, un très grand nombre de colonnes antiques de toute proportion et en tout genre de marbre, qui devinrent les principaux matériaux que l'architecte du nouvel édifice devait mettre en œuvre. Ajoutons que Pise', encore à cette époque, était maîtresse de l'île d'Elbe, où elle fit tailler un assez grand nombre de colonnes de granit.

Il est à croire que cette opinion sur l'importation de matériaux d'architecture grecque a pu s'accréditer, à la faveur de celle qui, jusqu'à nos jours, fit croire que l'architecte de la cathédrale de Pise, Buschetto, était lui-même Grec, et natif de la petite île de Dulichium, qui fit jadis partie du royaume d'Ulysse.

Cette méprise est résultée des deux premiers vers de l'épitaphe qu'on lit sur le tombeau de Buschetto, ou pour mieux dire, des lacunes de deux ou trois mots que le temps, ou tout autre accident, a fait disparaître des deux premiers vers de l'inscription tels qu'on les lit aujourd'hui, et que nous les rapportons :

BUSKET... JACE... HIC......... INGENIORUM
DULICHIO .... PREVALUISSE DUCI.

On ne saurait dire par quel étrange méprise le mot *Dulichio*, qui naturellement, comme le premier du second vers, se trouve immédiatement au-dessous du nom de Buschetto, fit croire qu'il était de *Dulichium*. M. Cicognara, en donnant toute l'inscription, montre que ce mot ne peut se rapporter qu'au mot *duci*, et s'appuyant encore de l'autorité de *Flaminio del Borgo*, il restitue ainsi les lacunes des deux vers :

> Busketus jacet hic qui princeps ingeniorum
> Dulichio fertur prevaluisse duci.

Il fait voir que le mot *Dulichio* a été souvent employé comme synonyme ou épithète d'Ulysse. D'ailleurs les vers suivans ne sont autre chose qu'un parallèle entre l'habileté d'Ulysse et celle de Buschetto, entre l'artifice pernicieux du premier pour détruire les murs d'Ilium, et l'art utile du second qui éleva ceux de la cathédrale de Pise.

De ceci résulte qu'on n'a aucune autorité pour croire que Buschetto fût Grec; son nom même n'indique point cette origine, et il est à croire qu'il était Italien, ainsi que Rainaldo qui racheva son ouvrage.

Il est assez difficile d'apprécier au juste le talent d'un architecte, appelé à mettre en œuvre des matériaux, auxquels il doit subordonner sa conception, mais qui toutefois lui fourniront dans des colonnes toutes taillées, par exemple, et d'une belle proportion, un type précieux, auquel il aura l'heureuse obligation de coordonner les autres parties de son architecture. Toujours nous semble-t-il que Buschetto sut tirer de ses matériaux un parti et plus grand et plus beau, que ne le firent, avec de semblables moyens, les constructeurs de l'église de Saint-Marc à Venise. Le style de celle-ci paraît avoir été inspiré par le goût de l'architecture byzantine. Buschetto adopta fort heureusement la forme et la disposition des premières basiliques chrétiennes, qui étaient une imitation de celles des anciens. Rien ne convenait mieux à l'emploi des nombreuses colonnes dont cet édifice offre l'étonnante collection.

On y en compte, dit M. Cicognara, tant à l'extérieur qu'à l'intérieur, 450. Il y en a 208 appliquées à la décoration du dedans. Toutes ne sont ni de la même proportion ni du même prix, et le plus grand nombre n'appartient point à l'antiquité. Il n'y a de précieux et de remarquable, sous ce dernier rapport, que les colonnes des nefs.

La grande nef en a, dans sa longueur, 24 d'ordre corinthien, 12 de chaque côté, dont la hauteur est d'environ 17 brasses (30 p. 2 po.). Les colonnes des quatre nefs collatérales n'ont que 13 brasses (23 p. 1 po.). Les bas-côtés sont voûtés, mais la grande nef a un plafond en bois, dont les compartimens sont de grands caissons dorés.

Le plan de l'église étant celui d'une croix latine, les nefs de la croisée ont la même ordonnance de colonnes.

Ces colonnes ne sont point liées entre elles par un entablement, mais bien selon l'usage des bas siècles de l'architecture romaine, par des arcades, au-dessus desquelles s'élève un second rang de portiques en colonnes plus petites que celles d'en-bas, et aussi plus nombreuses. Elles forment une galerie circulant autour de l'église; et c'est encore là une de ses conformités avec les anciennes basiliques. On croit que ces galeries étaient destinées aux femmes qui, selon les rites de la primitive église, devaient être séparées des hommes. Sous le rapport de l'architecture, elles ont aussi le grand avantage de diminuer, pour l'effet, la hauteur et la nudité du mur qui, sans cette variété, se serait élevé, comme dans la basilique de Saint-Paul à Rome, jusqu'au plafond. Ces galeries, outre la variété qu'elles répandent dans tout l'ensemble, font encore mieux jouir de tout l'espace que les yeux ont la liberté d'y parcourir.

La plus grande longueur du temple, depuis le seuil de la grande porte d'entrée jusqu'au mur de l'apside, est de 165 brasses florentines (292 p. 2 po.); la largeur totale des cinq nefs est de 55 brasses (97 p. 9 po.); 22 brasses (39 p. 1 po.) font la largeur de la nef du milieu, qui a 57 brasses (101 p. 4 po.) de hauteur. La longueur de la nef transversale est de 123 brasses (218 p. 8 po.), sa largeur est de 29 (51 p. 6 po.) avec les bas-côtés. La nef du milieu n'a que 13 brasses de large (23 p. 1 po.).

Tout l'extérieur du monument est, pour sa disposition, dans un rapport exact avec celle de l'intérieur. Deux ordres de colonnes adossées au mur répètent les deux ordres de la grande nef, et s'élèvent jusqu'à la toiture des bas-côtés. L'ordre inférieur est couronné par des arcades, le supérieur porte l'entablement continu qui règne autour du monument. Un rang de colonnes à arcades, plus petites, également adossées, s'élève au-dessus de la toiture des bas-côtés, et supporte celle de la nef.

Pareille disposition a été suivie dans le frontispice ou portail du temple, par Rainaldo, collaborateur et successeur de Buschetto, et qui termina cette grande entreprise. Il subordonna la décoration de la façade à celle des parties latérales, en se raccordant exactement aux deux masses inégales, en hauteur, de la nef du milieu et des nefs collatérales. Ainsi, ce frontispice se trouva divisé en deux parties. L'inférieure se compose aussi de colonnes avec arcades adossées, que surmontent deux rangs de colonnes plus petites, également adossées jusqu'à la concurrence du sommet de la toiture des bas-côtés. La partie supérieure est celle qui, dans le même genre d'ordonnances, s'applique à l'élévation de la grande nef, et se termine avec des colonnes toujours diminuant de hauteur, par un fronton qui arrive à la hauteur du pignon du toit de la grande nef.

On lit, près de la porte d'entrée, en l'honneur de Rainaldo, l'inscription contemporaine que voici :

HOC OPUS EXIMIUM, TAM MIRUM, TAM PRETIOSUM :
RAINALDUS PRUDENS OPERATOR ET IPSE MAGISTER
CONSTITUIT MIRE, SOLERTER ET INGENIOSE.

Nous n'avons point parlé de la coupole qui couronne la basilique de Pise. Aujourd'hui surtout, et après les grands ouvrages produits en ce genre par l'architecture moderne, on est forcé d'avouer qu'elle n'offre ni un grand effort de construction ni un modèle remarquable d'invention et de décoration. Nous n'en faisons ici mention que comme d'un accessoire peu intéressant en lui-même, mais qui doit le devenir quant à l'histoire de l'art, étant le premier essai de ce genre de construction en Europe. Avant ce monument, rien ne donna chez les peuples modernes, soit l'idée, soit l'exemple d'un dôme, c'est-à-dire d'une voûte sphérique, au haut d'un tambour formant en dehors une masse réunissant les quatre branches d'une croisée. Buschetto doit donc passer pour avoir été le premier auteur des coupoles placées sur le faîte des temples.

Une inscription conservée dans celui de Pise nous fait entendre, qu'il eut des talens supérieurs en mécanique. Il paraît qu'il avait inventé et mis en œuvre quelqu'une de ces machines ingénieuses qui, tout en économisant les efforts et la peine, augmentent et multiplient la puissance de faire mouvoir ou d'élever les masses les plus pesantes. Dix jeunes filles élevaient, par le moyen qu'il avait imaginé, des fardeaux que mille bœufs auraient à peine remués, et qu'avec peine un radeau avait transportés par mer.

QUOD VIX MILLE BOUM POSSENT JUGA JUNCTA MOVERE
ET QUOD VIX POTUIT PER MARE FERRE RATIS
BUSKETI NISU QUOD ERAT MIRABILE VISU
DENA PUELLARUM TURBA LEVABAT ONUS.

Cette inscription, quoique en vers, ne saurait être accusée de ce vice d'hyperbole, auquel l'imagination indépendante d'un poète se laisse facilement emporter. C'était en vers que se faisaient alors toutes les inscriptions, et sous la surveillance de l'autorité civile, pour être placées dans les édifices publics. Celle-ci le fut dans le monument même de Pise, et elle eut pour objet de célébrer l'habileté de l'architecte Buschetto, en rapportant un fait qui dut être à la connaissance de tous les contemporains. Et quel est ce fait? C'est que dix jeunes filles élevaient (ce qui ne put avoir lieu qu'au moyen d'une machine) des fardeaux d'un poids considérable. Buschetto avait donc été l'inventeur de ce moyen mécanique. Il est certain, en effet, que ces nombreuses colonnes d'un seul morceau, qui composent les nefs de la cathédrale de Pise, durent exiger, pour être transportées et érigées en leur place, d'assez puissans moyens, dont on n'avait eu, depuis la chute de l'empire romain, ni le besoin, ni par conséquent l'idée. Sans doute celui qui le premier les retrouva, ou en inventa d'autres semblables, dut exciter l'admiration de son temps.

Le monument de Buschetto devait donner, et donna réellement une impulsion sensible au renouvellement des arts et de l'architecture, et il devint, par le grand exemple qu'il présenta, le premier moteur de la restauration du bon goût. C'est ce que Vasari a reconnu en disant : *Fu rarissimo Buschetto, che diede principio al meglioramento degli arti del disegno in Toscana, e fu gran cosa metter mano a un corpo di chiesa, cosi fatto di cinque navate, e quasi tutto di marmo dentro e fuori.*

Effectivement cet édifice en produisit bientôt un grand nombre d'autres. Toutes les villes de la Toscane ne tardèrent pas à se disputer, dans les monumens qu'elles y élevèrent à l'envi, l'honneur de se surpasser en grandeur et en magnificence. C'est à-peu-près de la même époque que datent le baptistère de Pise et son Campo Santo, les églises d'Orvietto, de Sienne, etc.

Mais un des grands bienfaits du monument de Pise fut d'avoir remis en honneur les ordres de l'architecture grecque, d'avoir rendu à la lumière une multitude de fragmens de sculpture antique, auparavant méconnus dans les débris ou sous les ruines des édifices romains, et d'avoir, en quelque sorte, préparé, dans la collection de ces précieux restes, une espèce d'école, où les rénovateurs du bon goût trouvèrent des leçons et des modèles, tant en architecture qu'en sculpture.

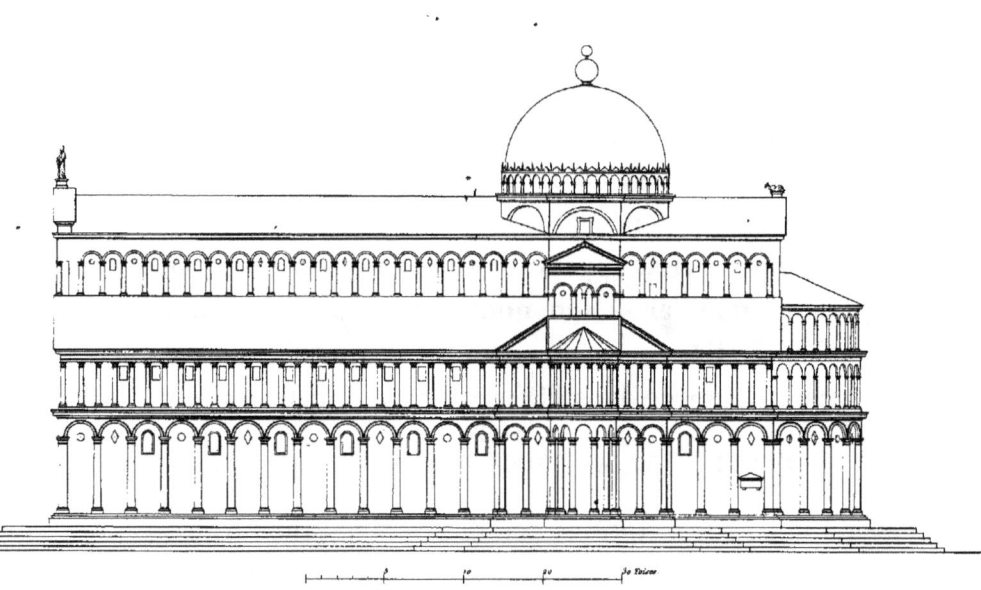

VUE LATÉRALE DE LA CATHÉDRALE DE PISE.

DIOTI SALVI,

ARCHITECTE DU DOUZIÈME SIÈCLE,

BATIT, EN 1152, LE BAPTISTÈRE DE PISE.

Entre les noms des grands artistes auxquels la bonne architecture doit son rétablissement, celui de Dioti Salvi doit occuper une des premières places. Nous ignorons si ce fut là le nom de sa famille, ou s'il lui fut donné, selon l'usage de ces siècles, à raison de quelque circonstance personnelle. L'histoire, au reste, qui ne nous a rien appris sur son compte, aurait aussi probablement laissé son nom dans l'oubli (comme l'a fait Vasari), si les murs du monument qu'il éleva, ne nous l'eussent conservé dans l'inscription où on lit ces mots :

DEOTI SALVI MAGISTER HUJUS OPERIS.

Deux autres inscriptions sur le premier pilier à droite, en entrant dans le baptistère, apprennent que sa fondation date de l'an 1153, selon le style pisan.

Déjà cependant quelques historiens modernes avaient commencé à réparer l'oubli de leurs prédécesseurs. Tiraboschi a fait une mention expresse de Dioti Salvi, qu'il croit natif de Pise, et que son nom d'ailleurs ne permet point de réputer étranger à l'Italie.

L'auteur des Lettres siennoises le dit originaire de Sienne ; mais il avoue que c'est de sa part une simple supposition.

Enfin, Alessandro Morrona s'est fait un devoir, dans sa *Pisa illustrata*, de remettre en honneur la mémoire et le nom de Dioti Salvi. C'est de cet écrivain que nous tirerons particulièrement les notions relatives au monument sur lequel repose, depuis six siècles, la gloire de notre architecte.

Pise avait déjà vu s'élever dans le onzième siècle, par les soins de Buschetto, la magnifique basilique qui fait encore aujourd'hui son principal ornement, et dont l'effet avait été de réveiller dans toute l'Italie l'ambition des grands monumens, et le goût de l'architecture antique. Ce fut en face de ce temple quadrilatère, que Dioti Salvi fut chargé d'en construire un autre de forme circulaire, sous le nom de baptistère, et en coupole élevée sur un soubassement de trois marches, qui tournent à l'entour, et lui font un perron de 614 palmes de circonférence.

L'extérieur est décoré de deux ordres de colonnes corinthiennes adossées au mur. Celles de l'ordre inférieur supportent des arcs en plein cintre, couronnés par un entablement, sur lequel s'élève une rangée de colonnes beaucoup plus nombreuses que celles du bas. En effet, le cintre de chaque arcade supporte deux colonnes, surmontées aussi de petits cintres, au-dessus desquels on voit de petits frontons triangulaires; entre ces frontons sont de petites statues. Un nouveau cordon entoure la circonférence de l'édifice. La partie qui vient au-dessus, et qui semble être le tambour de la coupole, est occupée par les fenêtres qui présentent comme une espèce de couronne, découpée dans le même goût d'ornemens. La courbe de la coupole est divisée, dans sa hauteur, par douze côtes, ou cordons crénelés, qui vont se réunir à un couronnement, dont l'amortissement forme une petite coupole, au haut de laquelle est une statue de saint Jean-Baptiste. De petites fenêtres sont aussi pratiquées entre les côtes du dôme, et dans sa convexité.

Toute cette décoration extérieure tient, comme on le voit, du goût des détails, ou de ces broderies, qui forment un des caractères du style appelé gothique, et que leur multiplicité rend impossibles à décrire. Il faut avouer, toutefois, que Dioti Salvi, en payant ce tribut à son siècle, a su se tenir fort loin de l'excès, et ce monument, comparé aux édifices gothiques du nord, est un modèle de sagesse et de sobriété.

Il sacrifia encore moins à ce mauvais goût, dans l'intérieur de sa rotonde. On y entre, ou pour mieux dire on y descend par une belle porte, que Bonanno avait jadis fondue en bronze; trois rangées de degrés circulent autour de l'aire. Ces degrés formaient comme une sorte d'amphithéâtre, qui facilitait aux spectateurs la vue des cérémonies qu'on pratiquait au centre du baptistère, où est établie une grande cuve octogone de marbre, avec des rosaces sculptées sur chaque face. Elle porte sur trois degrés, et elle diffère des rotondes des autres baptistères, en ce que son intérieur se divise en cinq cavités, dont la plus grande est celle du milieu, où l'on présume que le prêtre se tenait pour baptiser, dans les divisions environnantes remplies d'eau, les enfans qu'on y plongeait.

Sur les degrés qui suivent la circonférence du monument, s'élèvent huit colonnes et quatre pilastres carrés, soutenant les arcades intérieures. Un second ordre, à l'instar de la disposition extérieure, repose sur ces arcs, et supporte la coupole, dont la courbe intérieure fort différente de celle du dehors, semble s'allonger en forme de poire. Dioti Salvi eut aussi besoin de beaucoup d'intelligence, et il ne le céda point à Buschetto, dans l'emploi de ce grand nombre de colonnes qu'il dut mettre en œuvre. L'architecte ordinairement fait ses colonnes, et les taille conformément à ses inventions. Ici, il lui fallut plier ses conceptions à toutes les formes et à toutes les proportions des matériaux qui se présentaient à lui, et qui avaient, pour la plupart, été déjà employés dans des monumens antiques. On y voit effectivement des colonnes provenant des débris d'édifices romains, jointes à d'autres tirées des carrières de l'île d'Elbe ou de la Sardaigne. La difficulté de se procurer, dans certains cas, un nombre suffisant de colonnes égales entre elles, obligea l'architecte d'y suppléer par d'autres ressources. Ainsi avons-nous vu qu'aux huit grandes colonnes qui forment en-dedans du baptistère l'ordonnance du portique inférieur, Dioti Salvi fut obligé d'associer quatre piliers carrés de même dimension. Des huit colonnes dont on parle, deux, celles de l'entrée, plus massives que les autres, sont d'un très beau granit oriental, tandis que les autres sont du granit des îles voisines, comme en font foi les annales de Pise.

Le baptistère de Pise est aussi, en quelque sorte, un *Museum* de fragmens et d'ornemens dus au ciseau des anciens. On y ferait un recueil de chapiteaux fort divers, ornés des emblèmes de divinités païennes. Déjà la sculpture moderne en avait fait des imitations, qui ont depuis induit la critique en erreur, et l'on a remarqué que, dans les deux siècles suivans, l'art de tailler les feuillages des chapiteaux avait été loin d'égaler l'habileté des sculpteurs du douzième siècle, qui travaillèrent au monument de Dioti Salvi.

On doit citer aussi, comme quelque chose d'extraordinaire, la célérité apportée dès le commencement à la construction du baptistère. Les chroniques du temps, confirmées par toutes les autorités postérieures, s'accordent à certifier que les huit colonnes dont on a fait plus d'une fois mention, et les quatre pilastres de l'intérieur, furent élevés et reçurent les arcades qui les réunissent dans l'espace de quinze jours.

Cependant l'histoire de Pise nous apprend que la première, et même la seconde zone extérieure du monument étaient à peine achevées, lorsque l'ouvrage fut arrêté et suspendu faute d'argent. Mais le zèle des Pisans leur fit bientôt trouver des ressources. Une contribution volontaire d'un denier, ou d'un sou d'or par chaque famille, produisit en peu de temps la somme nécessaire pour achever l'entreprise.

Nous terminerons les détails qu'on peut donner de cet intéressant édifice par les mesures qui doivent faire juger de son importance.

Le diamètre de la rotonde à l'extérieur est de.	62 brasses.
La circonférence extérieure.	194
Sa hauteur.	94
Le diamètre intérieur.	52
Circonférence intérieure.	157

Le baptistère de Pise et celui de Florence offrent, dans l'histoire de l'architecture, deux ouvrages séparés par un intervalle de six siècles (car c'est au sixième siècle qu'on assigne l'époque du second), et qui sont propres à faire connaître chacun le goût de leur temps.

Le baptistère de Florence a été réputé mal-à-propos un temple païen dédié à Mars. Il suffit d'en examiner la construction et les matériaux, pour se convaincre que ce fut un de ces édifices bâtis à l'époque de la chute du paganisme, et lorsque le christianisme avait renversé les idoles. Alors une multitude de ruines antiques offrait aux constructeurs des pierres toutes taillées, des débris de chapiteaux et de colonnes, que les architectes adaptaient à des plans nouveaux. Tel est le baptistère de Florence, où l'on reconnaît une multitude de fragmens étrangers les uns aux autres, et jusqu'à une pierre portant une belle inscription romaine en l'honneur d'Aurelius Verus. Cependant la tradition du style de l'antiquité se retrouve dans le plan, dans la simplicité de l'élévation, de l'ordonnance et même de la couverture de ce monument.

Quelque chose de semblable eut lieu, si l'on veut, pour le baptistère de Pise. Sans doute beaucoup de colonnes antiques furent mises en œuvre dans la construction nouvelle. Mais cette construction, mais le plan, mais l'ordonnance, mais le style des ornemens, tout cela appartient en propre à Dioti Salvi. S'il ne fallut que l'art d'un appareilleur pour élever le baptistère de Florence, le baptistère de Pise exigea le talent de l'architecte. Genre de construction, style d'élévation, goût de décoration, tout porte un caractère original. Ce qui ne veut pas dire que tout y soit meilleur. Au contraire, l'édifice de Florence a plus d'un mérite que ne pouvait pas avoir celui de Pise, bâti dans un temps où l'art ne s'était pas dégagé des influences du gothique. En deux mots, le baptistère de Florence est une réminiscence du bon goût déjà perdu. Celui de Pise est un avant-coureur de la bonne architecture prête à renaître.

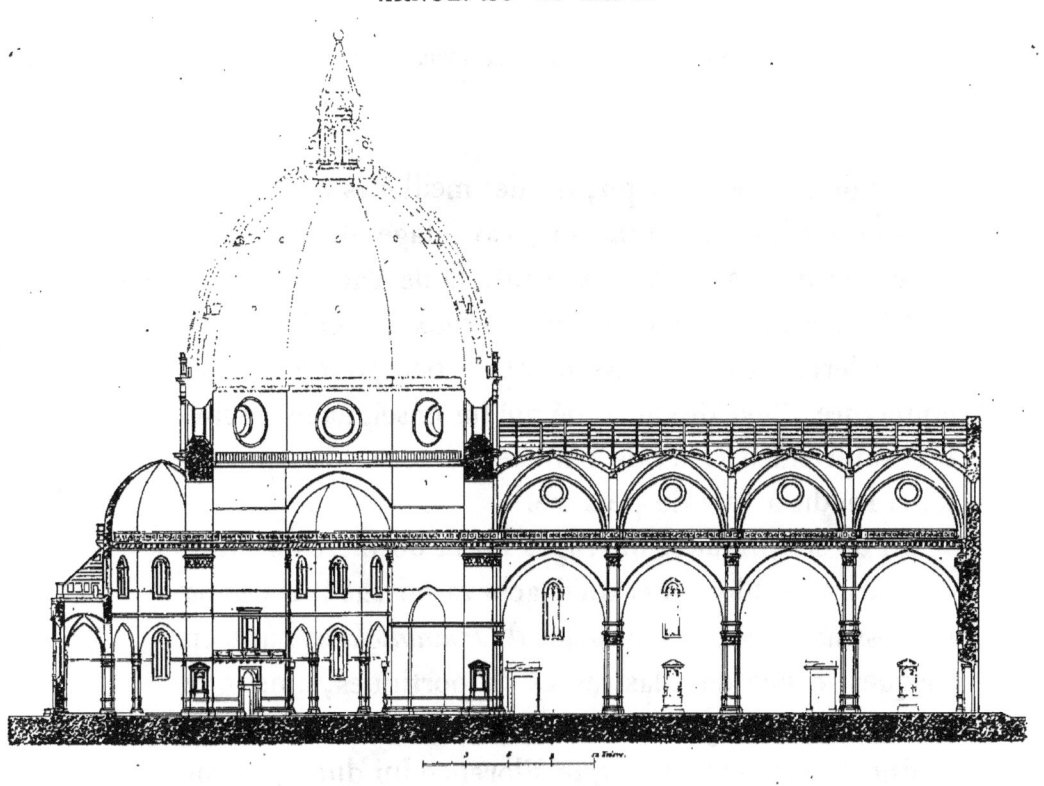

VUE INTÉRIEURE DE LA CATHÉDRALE DE FLORENCE.

ARNOLPHO DI LAPO,

ARCHITECTE DE LA CATHÉDRALE DE FLORENCE,

NÉ EN 1232, MORT EN 1300.

Fils de Jacobo di Lapo, un des meilleurs architectes de son temps, Arnolpho eut l'avantage de recueillir l'héritage de ses talens, et le mérite de l'accroître. On doit le mettre au premier rang de ceux qui préparèrent et accélérèrent le rétablissement du bon goût dans l'architecture. Elève de Cimabué qui lui enseigna le dessin, il devait rendre à l'art de bâtir le même service que celui-ci rendit à l'art de peindre.

Un de ses premiers ouvrages fut la dernière enceinte des murs de Florence, qu'il acheva en 1284. Il donna les dessins de la place appelée d'*Orsanmichele*, bâtie en briques, ornée de pilastres et de portiques, ainsi que celle *dei Priori*, qu'il éleva en 1285.

Entre autres travaux que Florence lui dut, et pour lesquels il fut créé citoyen de cette ville, on citera ceux du Baptistère. Cet ancien édifice, qui date du sixième siècle, composé de tous matériaux d'architecture antique, était, à l'extérieur, défiguré par un grand nombre d'urnes sépulcrales, d'incrustations, d'épitaphes, de toutes matières placées au hasard. Arnolpho fit enlever ces hors-d'œuvres auxquels on assigna un autre emplacement, et procéda au revêtissement en marbres noirs de Prato, qui décorent aujourd'hui toutes les faces de ce monument octogone.

Arnolpho eut l'honneur d'élever, et à-peu-près dans le même temps, les deux plus grandes églises de Florence.

Ce fut vers 1294 qu'il construisit la vaste église de Sainte-Croix, restaurée depuis sur les dessins de Georges Vasari. Elle a 240 brasses de longueur et 70 de large. Ce que ce monument a de particulier, c'est une certaine simplicité d'ordonnance qui n'est pas encore celle du goût de la bonne architecture, mais qui annonce l'abandon des pratiques et des erremens du goût gothique; c'est une sobriété d'ornemens qui pourrait passer pour de la pauvreté, mais qui, en désabusant des superfluités d'un style capricieux, devait ramener l'architecture au principe de l'unité et par conséquent de la grandeur.

Arnolpho avait acquis une telle réputation, qu'il ne se faisait rien de grand ou d'important qu'avec le secours de ses talens ou de ses conseils. Aussi, après que la dernière enceinte des murs fut terminée, il entreprit la construction colossale de ce que l'on appelle aujourd'hui *il Palazzo Vecchio*, alors *Palazzo dei Signori*. Le goût et l'usage étaient alors de donner aux palais une apparence et même une réalité de fortifications. Arnolpho trouva ce goût établi, et il en eut des modèles dans les ouvrages que son père avait exécutés avant lui. Ce goût s'est perpétué depuis dans un pays où le genre des carrières et l'étendue des pierres semblent l'avoir naturalisé. Quelques circonstances politiques du temps s'opposèrent alors à ce que Arnolpho pût établir ce vaste monument sur un plan complètement régulier. Les nombreux et divers changemens qu'a subis, par la suite des temps, cette grande construction, sont tels, qu'il serait difficile d'y retrouver aujourd'hui, surtout dans son intérieur, quelque trace certaine de l'ouvrage d'Arnolpho. Ce qui reste de lui, et que les mutations postérieures n'ont pu ni faire disparaître ni même altérer, c'est cette énergique simplicité, cette sorte de rudesse, de grandeur et de force, dont le type imposant devint, si l'on peut dire, le ton dominant de l'architecture florentine. Ainsi le *Palazzo Vecchio*, au milieu des grandes masses plus récentes dont se compose cette ville, semble être resté là pour les dominer encore, et comme une tradition de l'antique manière, et du goût gigantesque de l'art de bâtir des Etrusques.

Mais l'édifice qui a immortalisé le nom d'Arnolpho, est la célèbre cathédrale de Florence, connue sous le nom de *Santa Maria del Fiore*. C'est une des plus grandes églises modernes, et telle qu'elle est, elle oblige de reconnaître, dans celui qui l'éleva, un génie qui avait devancé son siècle.

Les Florentins, selon le récit de Jean Villani, avaient formé la résolution de faire construire dans leur ville un temple qui fût le dernier effort de l'industrie humaine, et dont la grandeur et la magnificence effaçassent tous les édifices antérieurs : ils en confièrent le soin à Arnolpho. Celui-ci conçut le plan le plus vaste qu'on eût encore (1) imaginé ; il en fit le modèle, et le mit prompte-

---

(1) En citant cette opinion de Villani, il convient de faire observer que l'écrivain entendait parler de ce qui s'était fait jusqu'alors en Italie, et non

ment à exécution. Malgré l'embarras de plusieurs petites églises, qu'on laissa provisoirement subsister sur le terrein qu'embrassait l'enceinte du nouveau projet, il parvint à donner au plan de ses fondations toute la précision possible.

Les fondemens furent établis avec de très grosses pierres, mêlées de moellons et d'un mortier de chaux dont la masse acquit une telle solidité, que l'édifice n'a jamais éprouvé la moindre altération, et que Brunelleschi, depuis, put y élever, en matériaux solides, cette immense coupole qui passera toujours pour un chef-d'œuvre de construction. Selon Vasari, la première pierre du monument fut posée en 1298, et avec la plus grande solennité, par le cardinal légat, le jour de la Nativité. Mais Baldinucci prétend que, selon plusieurs, cette pose eut lieu en 1295, et même en 1294. Comme Arnolpho mourut en 1300, et comme il avait laissé l'édifice fort avancé, le terme le plus éloigné de 1300 paraîtrait le plus vraisemblable. Les deux opinions pourraient s'accorder, si l'on convenait qu'alors, ainsi que cela s'est pratiqué depuis, la pose de la première pierre, en tant que cérémonie, avait pu être postérieure aux premières constructions des fondations.

Comme on prévoyait, dit Vasari, les dépenses que

dans les autres pays dont il avait probablement peu de connaissance. Quant à nous, nous adoptons aussi cette opinion, sans nier qu'il soit possible de prouver que quelque église gothique, ou aussi grande ou même plus étendue, aura été ou construite ou commencée avant l'âge d'Arnolpho. Mais comme nous ne comprendrons dans cette histoire ni les architectes ni les églises gothiques, nous pensons que le monument d'Arnolpho, presque entièrement étranger au goût gothique, est le plus grand de tous ceux qui avaient jusqu'alors été construits hors des erremens de ce goût.

devait exiger une telle entreprise, on leva une taxe de quatre deniers par livre sur toutes les marchandises qui sortaient de la ville, et un impôt annuel de deux sous (d'or) par tête. En outre, le pape et le légat accordèrent de grandes indulgences à ceux qui contribueraient de leurs aumônes à la construction du lieu saint.

Arnolpho ne vécut pas assez pour le terminer; cependant il en éleva les murs assez haut, pour pouvoir y faire une grande partie du revêtissement extérieur en marbres. Il banda trois des principaux arcs qui soutiennent la coupole. Il mérita enfin que son nom fût célébré dans les vers qu'on lit aujourd'hui, et qui font partie de l'inscription gravée dans l'église même, et où est relatée la date de la pose de la première pierre, en 1598. (1)

Le plan de *Sainte-Marie-des-Fleurs* est en croix latine. Sa longueur est de 457 pieds 4 pouces, sa largeur dans la croisée est de 313 pieds 6 pouces. La nef, en y comprenant les bas-côtés, a 119 pieds 10 pouces de large; la hauteur de la nef du milieu est de 143 pieds 6 pouces; les deux collatérales, ou bas-côtés, ont 90 pieds 8 pouces d'élévation; le milieu de la croisée forme un octogone régulier dont le diamètre, entre les faces opposées, est de 128 pieds 4 pouces.

(1) **Annis millenis centum bis otto nogenis**
   Venit legatus Roma bonitate dotatus,
   Qui lapidem fixit fundo, simul et benedixit,
   Præsule Francisco gestante pontificatum,
   Istud ab Arnolfo templum fuit edificatum
   Hoc opus insigne decorans Florentia digne
   Regine cœli construxit mente fideli,
   Quam tu virgo pia, semper defende, Maria.

L'ordonnance générale est en arcades, dont les supports sont des espèces de piliers formés de quatre pilastres adossés les uns aux autres, avec chapiteaux à feuillages. La retombée des arcades a lieu sur les pilastres en retour. Ces arcades ne sont pas tout-à-fait en plein cintre; il y a un reste de gothique dans l'angle fort obtus que forme leur sommité. Sur les pilastres de la nef s'élève un second ordre de pilastres semblables, qui porte l'entablement servant d'appui aux galeries circulant autour de l'édifice et au-dessus des bas-côtés.

La hauteur et la largeur des arcades, la légèreté de leurs supports, sont telles que le vide l'emportant de beaucoup sur le plein, le vaisseau en reçoit une apparence d'immensité, qu'on ne trouvera point à des édifices dont les dimensions sont cependant plus considérables. Cet effet, au reste, n'a véritablement lieu que dans la nef d'entrée et ses bas-côtés. (On ne parle point ici de la coupole.) La partie du fond, qui comprend le chœur et les deux bras de la croisée, sont loin de participer au même système de dégagement et de légèreté. Le peu d'étendue de ces espaces, si on les compare à celui de la nef, et la nécessité de préparer des points d'appui ou de résistance à la coupole projetée, portèrent l'architecte à changer les légèretés de ses piliers contre des masses, que ce contraste-là même fait paraître plus lourdes. Cependant le dôme proposé par Arnolpho ne devait pas, à beaucoup près, recevoir l'étendue de la coupole que Brunelleschi y éleva dans la suite. On croit qu'Arnolpho ne devait pas porter le sommet de sa voûte centrale plus haut que la toiture de tout l'édifice.

Le monument d'Arnolpho, antérieur, comme le

prouve sa date, à ce qu'il faut appeler le véritable renouvellement des arts, sans être tout-à-fait dans le goût de la bonne architecture, ne tient plus déjà que faiblement à celui de la bâtisse gothique, goût qui dominait d'une manière plus sensible dans les premiers ouvrages de cet architecte. Il fait la nuance ou le passage entre les deux manières; aussi on ne saurait le considérer, sans y trouver un genre particulier d'intérêt, qu'aucun autre peut-être n'est dans le cas d'inspirer.

Quiconque aime à suivre, depuis sa renaissance, le développement et les progrès du goût dans les arts, et surtout dans l'architecture, regardera cet édifice comme un de ceux qui, en s'éloignant de la vieille routine, ont le plus contribué à faire reprendre les routes de l'antiquité.

Quand une fois l'art se trouve, après une suite d'essais et d'efforts tout à-la-fois, fixé par les règles et les exemples, on admire, dans les ouvrages de l'architecte, toutes sortes de mérites, qu'il doit moins à lui-même qu'à l'état dans lequel l'art lui a été transmis. Il est également, alors, mille défauts qu'on ne lui sait aucun gré d'éviter. On doit dire précisément le contraire du siècle où vécut Arnolpho. Loin de pouvoir se conduire à la lumière des règles et des exemples, il fut, si l'on peut dire, lui-même la première lueur qui, au milieu des ténèbres épaissies depuis des siècles, commença d'éclairer ses successeurs, en épurant l'art de bâtir, et en le dégageant du chaos des superfluités gothiques.

Mêlées et travesties dans un genre de bâtir né de toutes les confusions, les trois parties de l'architecture, c'est-à-dire la construction, la disposition, la décoration, ne conservaient entre elles ni mesure ni convenance. Arnolpho eut le mérite d'en faire la distinction. Si dans son monument la décoration semble occuper la moindre place, peut-être, par là, servit-il encore l'art d'une manière assez heureuse, car jamais la simplicité n'engendra les vices. L'art de décorer ne pouvait être rappelé à son véritable esprit que par le perfectionnement des autres arts, et surtout par l'étude des édifices antiques inconnus à Arnolpho. Mais s'il fut privé des ressources du bon goût de la décoration, il eut au moins l'avantage de discerner et de fuir le vice de celle qui régnait de son temps. Cette seule considération doit lui faire pardonner l'espèce de pauvreté et de nudité, si l'on peut dire, dont l'aspect de son monument porte l'empreinte ; défaut alors fort recommandable, puisqu'il semblait, par le vide même qu'il laissait, préparer les voies à l'introduction du style nouveau.

Quand on pense à tout ce que cet architecte eut d'abus et de vices à éviter et à combattre, enfin à tout ce qu'il pouvait faire de mal qu'il ne fit pas, on voit qu'indépendamment des beautés réelles, qu'on ne saurait contester à son ouvrage, il faut encore lui compter, comme mérites, tous les défauts dont il sut s'abstenir. On doit enfin reconnaître, que tout ce qu'Arnolpho a mis de louable dans cet édifice étant à lui, que tout ce qui y manque, étant le défaut de son siècle, quand le monument ne serait pas un des chefs-d'œuvre de l'art, l'artiste n'en serait pas moins un des grands hommes de l'architecture moderne.

Toujours on sera forcé d'admirer, avec Michel-Ange, dans l'église de Sainte-Marie-des-Fleurs, une conception grande et hardie, une disposition tout à-la-fois solide et légère, un ensemble de masses et de forces, combinées dans ce juste équilibre qui, s'il étonne moins au premier aspect, n'offre rien non plus qui, trahissant le secret de sa hardiesse, en détruise l'impression. Toujours on y reconnaîtra, dans la composition du plan, dans la distribution des parties, l'idée principale et le type original des plus grands temples modernes, et surtout de celui qui seul devait le surpasser, et n'a été encore surpassé par aucun autre.

GIOTTO.

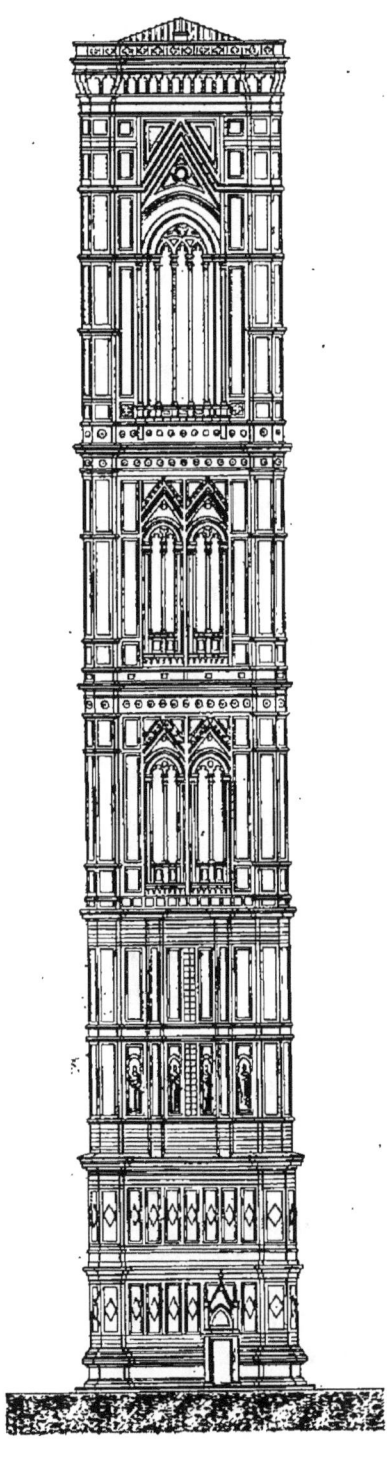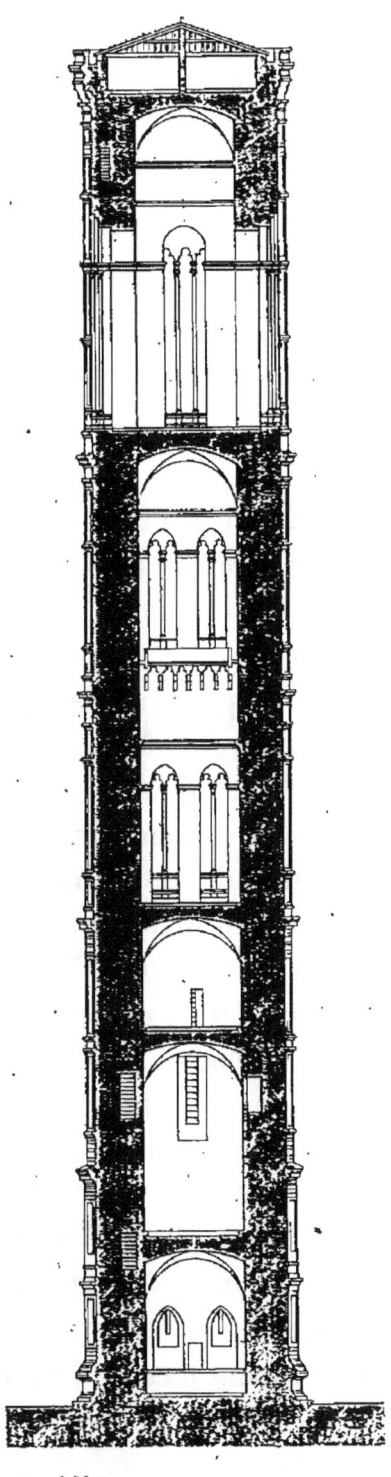

CAMPANILE DE LA CATHÉDRALE DE FLORENCE.

GIOTTO,

ARCHITECTE DU CAMPANILE DE FLORENCE,

MORT EN 1326.

Comme entre toutes les nations de l'Europe, l'Italie seule, de même entre toutes les villes d'Italie, la seule Florence peut montrer le berceau des arts modernes, et produire une succession non interrompue d'ouvrages en tout genre, qui remontent jusqu'au premier auteur, et dans lesquels, comme dans autant de pages encore bien lisibles, la critique de l'art peut parcourir son histoire.

Tels sont, en peinture, les ouvrages de Cimabué, qui fut le maître de Giotto. Il y eut toutefois entre leurs talens et leurs œuvres une distance qui paraîtrait celle de plusieurs générations. Si en effet on compte Cimabué comme le premier en date de tous les peintres, c'est en considérant encore la peinture sous un rapport par trop matériel; mais l'histoire de cet art, entendu comme imitation du vrai, ne date que de Giotto.

Cependant, quoique le disciple, par sa grande supériorité, ait en quelque sorte dérobé à son maître jusqu'à l'honneur qui tient à la priorité, la peinture ne doit pas moins de reconnaissance à Cimabué, pour avoir non-seulement formé, mais deviné le talent de Giotto.

Allant un jour de Florence à Vespignano, Cimabué

rencontra près de ce village un jeune pâtre qui, tout en gardant les troupeaux, dessinait sur une pierre polie, avec une pierre pointue, toutes sortes de figures d'animaux. C'était le jeune Giotto, alors âgé de dix ans, et déjà connu de tout le village, par des dispositions particulières pour toutes les choses d'adresse et d'intelligence. Cimabué surpris des inclinations naturelles de cet enfant, après s'être assuré du desir qu'il aurait de changer d'état, le demanda à son père, l'obtint, et le mena avec lui à Florence.

Giotto apprit à l'école de son maître tout ce qu'il pouvait y apprendre. Bientôt il soupçonna qu'il y avait une école supérieure à celle-là, dont le maître est la nature. On était, à cette époque de pratique purement routinière, fort loin des idées qui conduisent à cette étude. Il fallait, avant de se donner des modèles, soupçonner que l'art en avait besoin. Le sentiment seul de ce besoin était un grand pas fait dans la carrière de l'imitation. Giotto le fit, et il s'adonna fort heureusement à faire des portraits. Aussitôt les têtes qu'il peignait dans ses tableaux acquirent un charme jusqu'alors inconnu. Ces personnages étaient, à la vérité, fort loin du degré de vérité historique, que le sujet de la peinture eût exigé; mais enfin ils avaient le mérite qu'ont les portraits, celui d'être l'imitation d'un modèle, et de faire voir des physionomies ressemblantes à celles que donne la nature. Ce commencement d'imitation, où l'on trouve effectivement de la vérité naturelle, de la naïveté, et une bonhomie qui saisit les sens, produisit un effet que la peinture n'avait pas encore obtenu, et procura au peintre une prodigieuse célébrité.

Toutes les puissances de l'Italie sollicitèrent de Giotto la faveur de quelque ouvrage. Mais rendre compte ici des grandes entreprises qui ont, jusqu'à nos jours, rendu son nom célèbre dans les annales de la peinture, ce serait oublier que nous ne devons considérer en lui que l'architecte. Nous terminerons ce qui regarde le peintre, en disant qu'il fit le portrait du Dante, qu'on le surnomma le disciple de la nature, et que Michel-Ange lui confirma ce surnom.

Ce qu'il fit comme architecte, ne le place point à un rang moins distingué parmi les anciens maîtres de l'art de bâtir. Le Campanile de la cathédrale de Florence, le plus grand, et sans contredit, le plus beau qui existe, suffit pour immortaliser celui qui l'éleva. Giotto en jeta les fondemens en 1324. La solidité des fondations et la fermeté des terreins sur lesquels on les asseoit, sont les points les plus importans à la durée d'un genre d'édifice, qui joint à une procérité extraordinaire le désavantage de n'avoir point d'empatement; et les hors-d'aplomb de quelques-uns de ces édifices en Italie, n'ont que trop accusé l'inexpérience de plus d'un constructeur. Giotto eut le mérite d'asseoir son Campanile sur une construction inébranlable. Après avoir fouillé jusqu'à une profondeur de 20 brasses, il commença par établir une couche de pierres dures, qui reçut un massif en blocage de 12 brasses en hauteur ; les 8 autres brasses furent en pierres de taille. C'est sur une semblable assiette que s'élève, depuis cinq siècles, sans avoir manifesté le moindre symptôme d'altération, cette fameuse tour, à laquelle Charles-Quint voulait qu'on mît un étui, trouvant que c'était en prodiguer la jouissance, que de la laisser voir tous les jours.

Rien de plus simple que son plan, son élévation et sa décoration. Le plan est un quadrangle parfait, dont chaque face a 43 pieds. La hauteur entière du monument est de 252 pieds. Son élévation architecturale renferme cinq divisions principales, indiquées par des bandeaux ou des entablemens diversement profilés. L'intérieur offre six étages, que séparent autant de voûtes. Un fort bel escalier de quatre cent six marches conduit jusqu'à la plate-forme d'en haut. La décoration extérieure se borne, soit aux plates-bandes qui désignent les étages, soit à la rangée de statues et de niches pratiquées dans une des zones inférieures du monument. Mais sa principale beauté tient à son revêtissement formé du haut en bas de compartimens en marbres noir, rouge et blanc, genre de luxe particulier aux monumens de cette époque à Florence, et qui a peut-être contribué, plus qu'on ne croit, à les préserver des puériles découpures de la sculpture d'ornemens gothique. Le projet de Giotto était, dit-on, d'élever au-dessus de la plate-forme actuelle du Campanile une pyramide quadrangulaire, qui lui aurait donné en hauteur un surcroît de plus de 80 pieds. Ceux qui après lui le terminèrent, ne jugèrent pas à propos d'exécuter ce supplément gothique. On peut affirmer que la beauté du monument et l'honneur de Giotto n'ont rien perdu à cette suppression.

Giotto avait pu être induit à projeter cet amortissement par l'usage où l'on était, dans son temps, de chercher à étonner les yeux par des exhaussemens démesurés. Cependant, il avait bien prouvé qu'il pouvait se passer des effets de l'étonnement, qui remplacent mal le sentiment de l'admiration.

Si, comme on ne peut guère en douter, d'après le témoignage de Lorenzo Ghiberti, cité par Vasari, les sculptures qui ornent quelques compartimens du Campanile, sont en partie de la main de Giotto, on doit reconnaître qu'il avait plus de moyens qu'il n'en fallait, pour se dispenser de chercher la beauté de ses ouvrages, et sa propre célébrité, ailleurs que dans les ressources naturelles des trois arts dont il possédait la pratique.

Florence avait dû aux innombrables travaux de Giotto trop de renommée, pour n'être pas tenue à la reconnaissance envers leur auteur. Selon Vasari, elle lui conféra le titre de citoyen, avec une pension annuelle de cent florins d'or. Le nom de Giotto ne se trouve pas cependant (1), sur le livre *delle Riformagioni*, au nombre de ceux qui reçurent cet honneur ; mais on y lit, qu'il fut fait ordonnateur général des bâtimens de la couronne, en 1334.

Il mourut peu de temps après, emportant l'estime et les regrets de ses compatriotes, de tous les artistes et de tous les amateurs des arts. Il fut enterré dans l'église cathédrale, *Santa Maria del Fiore*, où l'on voit son tombeau avec son portrait. De toutes les épitaphes, la plus honorable pour sa mémoire, aurait pu être tirée des poésies du Dante ou de Pétrarque qui furent ses amis, et qui l'ont célébré dans leurs vers. Mais Ange Politien fut chargé, par Laurent de Médicis (l'Ancien), de lui

---

(1) Voy. la note à la fin de la vie de Giotto, par Vasari, page 333.

composer celle qu'on lit aujourd'hui au-dessous de son buste.

> Ille ego sum per quem pictura extincta revixit
>   Cui quam recta manus tam fuit et facilis
> Naturæ deerat nostræ quod defuit arti
>   Plus licuit nulli pingere nec melius
> Miraris turrem egregiam sacro aere sonantem
>   Hæc quoque de modulo crevit ad astra meo
> Denique sum Jottus : quid opus fuit illa referre
>   Hoc nomen longi carminis instar erit.

JEAN DE PISE.

VUE DE L'INTÉRIEUR DU CAMPO SANTO, A PISE.

JEAN DE PISE,

ARCHITECTE DU CAMPO SANTO, A PISE,

MORT EN 1320.

Naturellement, l'histoire des arts est soumise aux mêmes conditions que celle des peuples, dont les premières pages, bien que renfermant la durée de plusieurs siècles, ne se composent souvent que de dates ou d'époques, faute de faits qui puissent les remplir. Dans presque toute l'Europe, l'histoire de l'architecture jusqu'au seizième siècle, n'offre autre chose qu'un grand vide, et ce vide historique n'est, à proprement parler, que le règne du gothique. Ce n'est pas qu'il y manque des monumens; mais à peine connaît-on les noms de leurs auteurs. A peine y découvre-t-on des inscriptions. Du reste, peu de traditions, encore moins de descriptions. Ce règne n'est regardé en général que comme le long interrègne de l'architecture.

Il n'en fut pas tout-à-fait de même à l'égard de l'Italie. Les siècles qu'on appelle d'ignorance dans les arts, ne le furent point entièrement pour elle. Du moins, cette ignorance n'y fut jamais complète. On n'y trouve aucun siècle, à partir du dixième, qui ne puisse se vanter de quelque édifice digne, sous divers rapports, des regards de tous les âges, même les plus éclairés. Tel est le *Campo Santo*, ou le cimetière de Pise, monument toujours admirable du savoir de ce temps, de la piété publique qui en donna l'idée, et du génie qui l'exécuta.

Jean de Pise en fut l'architecte. Fils et disciple de Nicolas de Pise, il apprit de lui la sculpture et l'architecture. Nicolas n'avait pas eu de maître, mais il s'était formé à la meilleure école qu'il y eût. Je parle de celle que Buschetto avait composée dans sa cathédrale, de tous les fragmens d'antiquité que le temps avait épargnés. Il dut à ces leçons de devancer de plusieurs siècles le rétablissement du bon goût, en améliorant le style de son âge. Jean, par les mêmes études, améliora encore, et ne tarda point à surpasser, dans tous les genres, la manière et le savoir de son père.

Plusieurs villes d'Italie eurent les prémices de son talent. Un de ses premiers ouvrages fut la fontaine de Pérouse. Elle est formée par un triple rang de bassins, l'un au-dessus de l'autre. L'inférieur repose sur un soubassement de 12 degrés, à 12 pans; le bassin du milieu est porté par des colonnes qui posent sur le centre de celui d'en bas; le troisième, ou celui d'en haut, a pour support un groupe de trois figures. Les deux premiers bassins sont de marbre. Le supérieur est en bronze, ainsi que les griffons qui jettent de l'eau tout alentour. Le tout coûta cent soixante mille ducats d'or. Cette somme doit faire juger de l'importance de l'ouvrage. Ce qui peut donner une plus juste idée de sa valeur, c'est que Jean de Pise y grava son nom.

A peine ce monument était-il achevé, que Nicolas de Pise mourut. Jean retourna dans sa patrie pour recueillir la succession paternelle. Le plus difficile était d'y hériter de l'estime universelle que de grands travaux et de longs services avaient acquise et conservée à son père jusqu'au dernier moment. Mais on ne tarda point à voir que l'héritier de la fortune de Nicolas l'était aussi de son mérite. Les travaux dont Jean de Pise fut chargé dans la petite, mais très riche église de *Santa Maria della Spina*, ainsi que dans l'oratoire non moins orné de cette église, où il fit le portrait de Nicolas son père, donnèrent de son talent l'idée la plus avantageuse, et lui valurent d'être choisi pour la belle entreprise du *Campo Santo*.

Depuis long-temps, on avait conçu à Pise le projet d'un monument qui, sous le seul rapport d'institution civile, peut servir de modèle à tous les peuples.

L'usage des inhumations, dès l'origine du christianisme, tint et à des sentimens antérieurs, et aussi à des croyances propres d'une religion, qui formait alors au milieu des anciennes sociétés, une société toute nouvelle. Dans le paganisme, les sépultures, bien que soumises à certains rits religieux, n'avaient toutefois aucun rapport ni avec les cérémonies du culte ni avec les temples. Mais sitôt que la croyance chrétienne eut établi une séparation entre les fidèles et les païens pendant leur vie, il fut naturel qu'elle se perpétuât après leur mort. De là, le besoin d'établir le lieu d'inhumation dans l'église, ou dans des terrains voisins, et consacrés par son voisinage. Les cimetières environnèrent donc les églises, quand par plus d'une raison celles-ci durent cesser d'être des cimetières publics.

Lorsque de salutaires réglemens isolèrent les lieux publics de sépulture, les terrains qui leur furent assignés n'en furent pas moins des lieux réputés saints.

Une circonstance particulière vint fortifier encore cette opinion à Pise.

Vers l'an 1228, cinquante galères de cette république, parties pour aller au secours de l'empereur Frédéric Barberousse, à leur retour de la Palestine, se chargèrent, en manière de lest, des terres enlevées à Jérusalem, aux lieux occupés par le Saint-Sépulcre, et les transportèrent à Pise. La quantité qu'on en déchargea couvrit l'espace actuel du *Campo Santo*, dans une profondeur d'à-peu-près 9 pieds. Outre le prix que la dévotion donnait à cette terre, elle avait une vertu physique qui dut y ajouter quelque chose de merveilleux. On assure qu'elle avait la propriété de consumer les corps en vingt-quatre heures. Les guerres d'Italie ont donné lieu, plus d'une fois, de vérifier cette expérience. Aujourd'hui, il faut le double de temps. Sans doute que les sels dont cette terre était empregnée se sont en partie évaporés.

Autant pour honorer cette pieuse conquête d'une enceinte digne d'elle, que pour dégager leurs églises, tant au-dedans qu'au-dehors, de l'inconvénient des inhumations nombreuses, les Pisans résolurent de construire un vaste monument, où, ce qu'exigent les soins de la salubrité pour les vivans, pût être réuni au respect et aux utiles souvenirs des morts. Ce lieu, en devenant un cimetière public, devait aussi être le dépôt des mausolés qui, par trop multipliés dans les temples, en dépriment l'idée plus qu'ils n'embellissent leur aspect. Tel fut le projet que Jean de Pise eut à réaliser.

Aucun plan ne pouvait mieux convenir à sa destination, que celui d'une sorte de grand cloître, c'est-à-dire d'un vaste champ environné de galeries en portiques couverts. C'est aussi le parti qu'adopta Jean de Pise; et il développa dans son exécution, non-seulement toute l'habileté qui appartenait à son siècle, mais encore un talent qui, à bien des égards, lui fut supérieur.

Les dimensions générales et extérieures du monument peuvent donner une idée de son importance.

L'extérieur n'offre aucun percé, si ce n'est de quelques portes de nécessité. C'est un simple mur bâti en marbre blanc, du côté oriental, et décoré tout alentour d'une ordonnance de pilastres, ou colonnes carrées et adossées, qui supportent des arcades en plein ceintre, au-dessus desquelles règne un entablement continu. Ces arcades, ainsi que celles de l'enceinte intérieure, prouvent que l'usage de l'arc aigu n'avait point été naturalisé à Pise; car nous verrons que l'on n'en trouve que dans les intervalles des grandes arcades.

Deux portes latérales donnent aujourd'hui entrée dans l'intérieur du monument. C'est, comme on l'a dit, une vaste cour de 450 pieds de long, environnée de portiques formées par 62 arcades en plein ceintre. Quelques détails du goût gothique s'y font à la vérité remarquer. Je parle de ces longs fuseaux en façon de petites colonnes qui, placés dans le vide de chaque arcade, servent de support aux découpures en petits arcs aigus, qu'on trouve à toutes les fenêtres des églises gothiques, et qui servent de cadres ou d'armatures aux vitraux. Il est visible qu'on aura rempli de la même manière, et pour le même objet, les vides de ces arcades qui, comme celles de tous les cloîtres, devaient être vitrées. Si cela est, il ne faut regarder ces vestiges de structure gothique appropriée à l'usage dont on a parlé, que comme des accessoires tout-à-fait indépendans de l'architecture du *Campo Santo*, et du goût de son architecte.

Les deux grands côtés du parallélogramme ont chacun 26 arcades ; chacun des deux petits côtés en a cinq. A un de ces petits côtés est adossée la chapelle en forme de dôme, qui dépend du cimetière. Toutes les arcades posent sur des pieds droits fort exhaussés, sous lesquels règne un soubassement continu. La construction des portiques est entièrement de marbres blancs, très régulièrement équarris et appareillés, tirés pour la plupart des montagnes de Pise. Les galeries sont pavées en carreaux du même marbre. Les murs furent ornés par les peintures des plus habiles maîtres de ce siècle. Le temps les a fort dégradés; mais on peut se figurer l'intérêt que dut avoir en son temps ce vaste promenoir, ainsi décoré par les ouvrages du pinceau, et par les monumens funéraires ou honorifiques élevés aux personnages célèbres de la république de Pise.

Aussi la reine Christine donnait-elle à ces intéressantes galeries, le nom de Muséum. Dans le fait, et à en juger par ce qu'on en voit aujourd'hui, ce nom leur conviendrait assez sous quelques rapports. Il s'y trouve en effet encore, malgré la perte du plus grand nombre des peintures (dont heureusement la gravure nous a conservé les inventions) (1), assez d'objets rares et curieux, soit pour leur antiquité, soit pour le mérite de l'art. On y remarque une assez grande collection de sar-

---

(1) Voyez *Pitture del Campo Santo di Pisa*, intagliate da C. Lasinio; in-folio.

cophages antiques, tantôt élevés sur des consoles, tantôt placés sur des soubassemens à hauteur d'appui. Mais l'objet qui fixe le plus l'attention et l'intérêt du spectateur, est naturellement l'aspect de cette réunion d'hommes célèbres dont la république de Pise a consacré, sous ces portiques, les fidèles images, ou conservé sur le marbre les noms et la mémoire. Parmi les derniers qui ont reçu cet honneur, on distingue le célèbre Algarotti, auquel Frédéric-le-Grand a fait élever un tombeau, où on lit ces mots : *Algarottus non omnis*.

Le *Campo Santo*, dont on bornera la description à ce peu de détails, est le monument qui devrait servir de modèle à tous les cimetières, que de grandes villes veulent placer hors de leur enceinte. On ne saurait douter que toutes les idées morales, que tous les sentimens qui s'attachent à l'ouvrage de Jean de Pise, ne contribuent à renforcer les impressions que fait naître son architecture. C'est un de ces édifices qui parlent à l'âme, et auxquels l'imagination ne saurait manquer d'ajouter un charme particulier. Toutefois l'artiste y admirera toujours une conception grande, une élévation sage, une exécution précieuse dans ses détails, et plus voisine de la pureté d'un goût correct, qu'on ne devait l'attendre du siècle qui le vit élever.

Le *Campo Santo* fut terminé l'an 1283, comme nous l'apprend l'inscription qu'on lit sur la porte principale. A. D. MCCLXXXIII. *Tempore Dominici Friderigi Archiepiscopi Pisani, Domini Tarlatti potestatis, operario Orlando Sardella, Joanne Magistro œdificante.*

Jean de Pise n'eut pas plus tôt achevé ce grand ouvrage, qu'il fut appelé à Naples, par Charles Ier d'Anjou, pour bâtir le *Castel Nuovo*, édifice qui n'a rien de remarquable pour l'architecture. L'église des Récollets occupait une partie de l'emplacement destiné à ce château. On l'abattit, et Jean de Pise en reconstruisit une autre, qu'on nomma *Santa Maria Novella*.

Sa grande réputation le faisait rechercher partout où il y avait de grands travaux à entreprendre, ou d'anciens ouvrages à terminer. Du nombre de ces derniers furent les portails de la cathédrale de Sienne et de celle d'Orvietto. Ce sont de vastes frontispices d'un goût de composition et d'ornement demi-gothique, mais dans lesquels on découvre toujours des traces de bonne architecture, une grande pureté d'exécution, et des détails d'ornemens fort recommandables, que l'on doit attribuer à Jean de Pise.

Il employa aux travaux d'Orvietto beaucoup de sculpteurs, qui se formèrent à son école, et en propagèrent les pratiques, surtout à Rome, où Boniface VIII les mit en œuvre dans les ouvrages de sculpture de l'ancienne basilique de Saint-Pierre. Les plus distingués de ses élèves furent Augustin et Ange de Sienne, qui honorèrent leur siècle, et méritèrent d'occuper une place dans l'histoire de l'art moderne.

L'énumération de tous les travaux entrepris, exécutés ou dirigés par Jean de Pise à Arezzo, à Pérouse, à Pistoïa et en d'autres villes, ne ferait que confirmer l'opinion qu'on a dû se faire de sa célébrité, et n'ajouterait rien à l'instruction qu'on peut retirer de l'histoire des artistes, surtout à cette époque. La plupart de ces travaux se trouvèrent plus ou moins empreints du goût et des vices de l'architecture gothique. Or, telle est la nature de la décoration gothique, qu'on ne saurait ni l'analyser ni la décrire. On ne peut décrire que ce qui est ordonné, c'est-à-dire, qui est le résultat de l'ordre. Mais le goût d'ornement gothique est précisément ce qui peut le mieux donner l'idée du désordre.

Sans aucun doute, Jean de Pise fut un des premiers qui aient ramené l'architecture et l'ornement en sculpture, aux élémens d'un goût plus sage et d'une pratique plus raisonnable. Toutefois on ne doit point attendre de lui des productions entièrement exemptes du genre vicieux, qui vécut long-temps encore après qu'il eut cessé de régner.

Comblé d'honneurs et chargé d'années, il mourut dans sa patrie, où sa mémoire fut honorée comme elle devait l'être. Son tombeau fut placé dans le *Campo Santo*. C'était le seul mausolée qui lui convint.

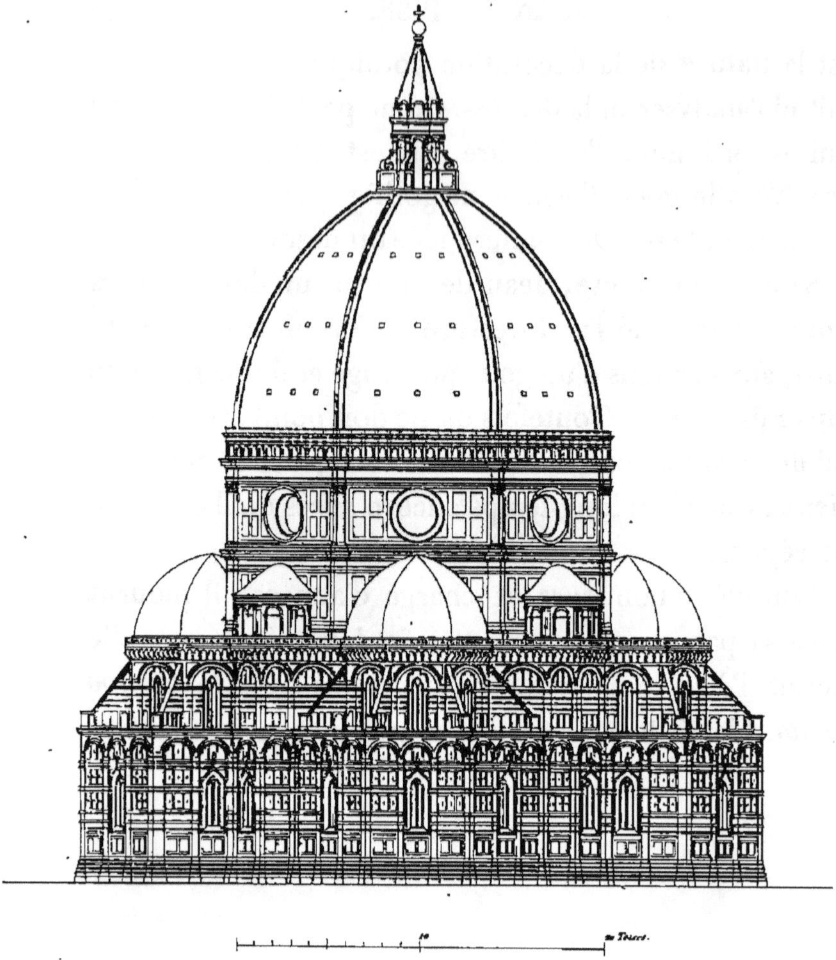

BRUNELLESCHI.

COUPOLE DE S. MARIE DES FLEURS, À FLORENCE.

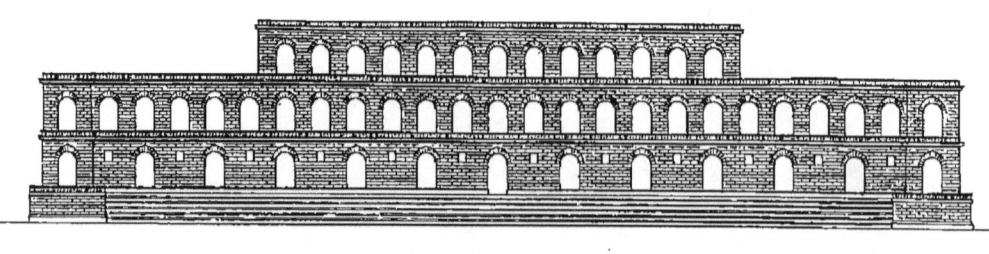

FAÇADE DU PALAIS PITTI, À FLORENCE.

BRUNELLESCHI (philippe),

ARCHITECTE DE LA COUPOLE DE SANTA MARIA DEL FIORE,

né en 1375, mort en 1444.

On peut dater de la mort de Justinien l'entière disparution du système et du goût de l'architecture grecque et romaine. Un changement de scène eut lieu dans toute l'Europe, par les invasions du nord, par les révolutions que de nouveaux conquérans produisirent chez presque toutes les nations, qu'avait civilisées la domination romaine, en y apportant aussi et ses arts et son architecture. Du mélange de toutes sortes d'élémens hétérogènes, naquit et se forma, au sein d'une ignorance complète, un nouvel art de bâtir, qui reçut le nom de gothique. Mais ce nom ne fut qu'un sobriquet, car les Goths n'eurent aucun art de bâtir à eux propre, et celui qu'on appelle de leur nom, eut réellement trop d'origines pour qu'on puisse lui en trouver une. *Proles sine matre creata.*

Partout pays où ce genre acquit son plus grand développement, on voit que la vanité de la hardiesse et la forfanterie de la légèreté avaient remplacé, dans la construction, l'apparence de la force et le caractère de la grandeur. Le désordre et la confusion de tous les élémens qui constituent l'ordonnance, présidaient à l'élévation des édifices, et le monstre de la bizarrerie était devenu le génie de leur décoration.

L'Italie cependant avait eu quelques préservatifs contre cette contagion : le goût appelé gothique ne s'y propagea ni aussi généralement ni avec la totalité de ses vices; et à l'époque où il dominait le reste de l'Europe, plus d'un architecte italien élevait des monumens qui, par la solidité de leur masse, la sagesse de leur ordonnance, et la simplicité de leurs ornemens, semblaient être déjà les avant-coureurs de la restauration du bon goût.

Telle fut, par exemple, la grande basilique de *Santa Maria del Fiore*, bâtie par Arnolphe, dans le treizième siècle. Cependant ni Arnolphe ni aucun de ses contemporains n'avaient connaissance du système de l'architecture grecque ou romaine, de ses formes, de ses procédés de construction ni du principe de ses ordres. Il paraît même qu'Arnolphe, dans la conception d'un vaste plan, qui demandait, pour la réunion de ses quatre nefs, l'addition d'une voûte immense, telle qu'il n'en existait aucun exemple, même dans l'antiquité, avait entrepris beaucoup au-delà des connaissances de son siècle, et fort au-dessus encore de ses forces. On dirait qu'il aurait moins consulté ses propres moyens, pour l'exécution de sa coupole, que prévu ceux des successeurs auxquels il léguerait à résoudre le problème d'une entreprise alors si difficultueuse. On dirait enfin qu'il l'aurait préparée exprès pour Brunelleschi.

C'est à cette époque de l'art déjà sorti de l'enfance, mais encore loin d'être formé, que Brunelleschi vit le jour. Il descendait d'une famille ancienne dans Florence, et qui comptait quelques hommes célèbres dans les sciences, et d'autres qui avaient exercé d'honorables professions. Son père, ser Brunellesco di Lippo Lapi, était notaire; il donna au nouveau-né le nom de son bisaïeul Philippe.

Le jeune Philippe fut destiné de bonne heure à l'état de son père, ou à celui de son bisaïeul qui était médecin. On le fit instruire, dès son plus bas-âge, dans tous les genres de connaissances qui peuvent conduire à l'une ou à l'autre de ces professions. Mais l'étude des belles-lettres, tout en développant les facultés de son esprit, ne servit qu'à leur donner une direction, qui n'était pas celle qu'on en avait espérée. Une aptitude naturelle à toutes les choses d'adresse, une rare et précoce intelligence pour les ouvrages de la main, étaient chez lui des signes non équivoques de ce qu'on doit appeler sa vocation. Ser Brunellesco ne voyait pas sans quelque peine ses projets contrariés; cependant il ne voulut pas combattre l'inclination de son fils, et il le plaça chez un orfèvre.

L'art de l'orfèvrerie était alors, à Florence, toute autre chose que ce qu'il est le plus souvent chez nous, et de nos jours. Cet art se liait alors intimement, et par une multitude de procédés, et par le nombre, autant que par la grandeur et le genre de ses productions, à tous les arts du dessin. Il était surtout (ainsi que le montre l'histoire de cette époque) l'apprentissage et l'école de la sculpture. Le jeune Brunelleschi, en se livrant aux travaux qui font la partie commerciale du travail des métaux, ne les avait regardés que comme des moyens applicables aux œuvres du génie.

Les charmes de la sculpture avaient bientôt captivé son goût. La liaison qui s'était formée entre lui et Donatello, jeune élève encore, mais destiné à être le premier sculpteur de son siècle, lui inspira le desir d'en devenir l'émule ; il le fut en effet dans un ouvrage où Donatello lui-même ne put s'empêcher de reconnaître sa supériorité. Ses progrès dans la sculpture furent tels, qu'on l'admit au nombre des sept compétiteurs qui se disputèrent la belle entreprise des portes de bronze du Baptistère de Florence. Il aurait même obtenu la préférence si Lorenzo Ghiberti ne se fût pas trouvé parmi les contendans. Ce manque de succès fit, au reste, beaucoup moins de tort à la réputation de son talent, que d'honneur à la générosité de son caractère. A peine en effet les ouvrages des concurrens furent-ils exposés, qu'on vit Brunelleschi et son ami Donatello s'empresser de proclamer leur vainqueur. Ils firent plus, ils sollicitèrent en sa faveur l'entreprise exclusive de l'ouvrage. Brunelleschi refusa même tout partage avec Ghiberti.

Il paraît qu'il entrait dès-lors dans ses desirs de gloire, d'en obtenir une qu'il ne partageât avec personne. Les nombreuses études qu'il avait faites dans la géométrie, dans l'optique, dans la mécanique, l'avaient initié à plus d'un genre d'art, et le mettaient à même de choisir celui qui lui promettrait une primauté hors de toute contestation. L'architecture lui offrait cette perspective. Donatello, ayant formé le projet d'aller à Rome, acheva de le décider dans cette résolution. Les deux amis partirent pour y étudier les grands modèles, l'un de la sculpture, l'autre de l'architecture antique, alors tombée dans l'oubli à Rome même, et méconnue des autres nations.

Aujourd'hui que l'antiquité, remise en honneur depuis cette époque, non-seulement a reconquis son empire sur le goût de toute l'Europe, mais par ses ouvrages reproduits et multipliés dans tous les genres, est devenue le premier objet de tous les enseignemens, aujourd'hui surtout, qu'en chaque pays, le goût de bâtir s'est modelé sur les erremens et les œuvres de l'art antique, la vue de ses modèles originaux ne saurait produire, par un contraste aussi frappant, qu'au temps dont nous parlons, cet étonnement, dont il y a cinq siècles, dut être saisi l'homme de génie qui en éprouva subitement la révélation. Encore de nos jours, n'est-il donné à aucun artiste, doué de quelque sensibilité, de recevoir, sans une vive émotion, les premières impressions de ces monumens que tant d'idées, de souvenirs, de circonstances, et le seul prodige de leur existence recommandent à son admiration.

Mais quand on pense combien, au temps de Brunelleschi, il existait encore de ces grands monumens de l'antique Rome, qui depuis ont succombé, ou sous le poids des années, ou par toutes les causes d'incurie et de destruction qui accélèrent le travail du temps, on peut se figurer ce que dut éprouver, à cette époque, l'artiste passionné, qui se trouva transporté dans cet espèce d'ancien monde, encore plein des merveilles dont il n'avait pu se former aucune idée. L'histoire en effet nous le représente comme frappé de stupeur à la vue d'un spectacle aussi nouveau pour lui. La force de l'étonnement semblait lui avoir aliéné l'esprit. Abîmé dans l'admiration, il laissait égarer ses yeux et ses pas sous les voûtes et dans les détours de ces ruines, restées dépositaires de l'antique gloire du peuple-roi. On aurait pu lui appliquer ce qu'Ammien rapporte de Constance à la vue du forum de Trajan. *Hærebat attonitus per giganteos contextus circonferens mentem, nec relatu affabiles nec rursus mortalibus appetendos.*

Revenu de cette première impression, Brunelleschi ne connaît plus le repos. Il oublie les soins de la vie, les heures des repas et du sommeil. Il n'a plus d'autre besoin que celui de lever des plans, de mesurer les édifices antiques, d'en retrouver, par des fouilles, les dimensions exactes, d'y rechercher les vrais caractères des trois ordres, et d'y retrouver ce système de raison, d'intelligence et d'harmonie, qui devait rétablir et perpétuer l'autorité de ses principes. L'ambition de devenir le restaurateur de l'architecture, et de placer son nom à côté de celui de Giotto, soutenait son courage, excitait son ardeur ; mais elle avait aussi épuisé les ressources qui pouvaient le faire subsister. Donatello était retourné à Florence; Brunelleschi eût été obligé de l'y suivre, si sa première profession d'orfèvre ne lui eût procuré les moyens de prolonger le cours de ses études à Rome.

Un motif particulier l'y retenait. C'était le secret favori de son ambition : il ne l'avait communiqué à personne, pas même à Donatello, son ami le plus intime.

Depuis long-temps Brunelleschi méditait en silence l'exécution d'une entreprise, pour laquelle son génie l'avertissait qu'il était né. C'était de réunir par une immense coupole les quatre nefs de Sainte-Marie-des-Fleurs à Florence. C'était, en prenant pour point de départ le sommet de ces nefs, de donner à sa voûte, non pas en charpente, mais en pierres et en matériaux solides, une élévation proportionnée à sa largeur et à la hauteur du reste de l'édifice. Un tel projet passait alors pour un de ces tours de force dont il n'était permis qu'à l'imagination de faire les frais. Brunelleschi n'y voyait qu'une difficulté dont la science devait triompher.

Il comprit donc qu'aux études qu'il avait déjà faites à Rome sur les principes, les règles et le goût de la véritable architecture, il lui fallait ajouter celles qui donnent ce savoir, sans lequel les créations du génie courraient risque de rester dans la région brillante des illusions. C'est sur la science de la construction qu'il se proposa d'interroger désormais les monumens de l'antiquité. Il se mit à rechercher, dans le matériel de ces ouvrages, les raisons de leur solidité, les moyens de leur exécution, les rapports de leurs masses, les procédés de la mise en œuvre des matériaux, les secrets de leur liaison, de leur transport, de leur pose, les lois mécaniques d'après lesquelles on calcule l'emploi des forces et celui des résistances, c'est-à-dire le degré jusqu'où va la hardiesse, et où commence la témérité.

C'était au prix de ces travaux que Brunelleschi achetait le droit de se croire digne d'une entreprise qui depuis long-temps était l'objet de ses vœux. Le terme de ses études devait être celui de son séjour à Rome. En 1407, une maladie altéra sa santé, et accéléra son retour dans sa patrie.

Dans cette même année, fut convoquée à Florence une assemblée d'architectes et d'ingénieurs, pour délibérer sur la meilleure manière de terminer l'église de Sainte-Marie-des-Fleurs. Brunelleschi y fut appelé. Trop adroit pour laisser deviner son projet, il se contenta d'en faire pressentir quelque partie. Il fut d'avis qu'en attendant la solution de la question principale, on élevât toujours de 15 brasses le soubassement de la coupole à venir, qu'on pratiquât une large lunette dans chacune des huit faces de ce soubassement, autant pour décharger les reins des voûtes des nefs, que pour faciliter la construction future. Son avis fut suivi, et l'ouvrage qu'il avait conseillé entrepris.

Charmé d'avoir donné le premier mouvement à cette vaste opération, il employa plusieurs mois à la composition de ses modèles. Bientôt il apprit qu'on songeait à une réunion nouvelle de constructeurs, pour une décision finale; il quitta alors subitement Florence et retourna à Rome.

Brunelleschi savait qu'on est souvent porté à estimer de loin ceux qu'on néglige de près; son absence devait le faire rechercher. Il ne se trompait pas. A peine était-il parti, qu'on se rappela la supériorité de ses raisons et de ses discours, et l'ascendant qu'il avait pris dans la première conférence sur tous ses compétiteurs. On pressentait que le sort de l'entreprise dépendait de lui; on le pria de hâter son retour : il se rendit à cette nouvelle assemblée.

Elle n'était composée que d'hommes timides par le sentiment de leur inexpérience, plus encore que par la connaissance des difficultés. Tout le temps se consumait en délibérations oiseuses et pusillanimes, où chacun à l'envi s'exagérait les obstacles. On n'était ingénieux qu'à créer de nouveaux dangers et à les grossir. Il n'était dans l'intérêt de Brunelleschi ni d'augmenter ni de trop diminuer leurs craintes, ainsi que le montre le discours fort adroit qu'il fit dans cette assemblée, et que l'histoire nous a conservé.

« Je ne vous dissimulerai point, dit-il, toute la gran-
« deur des difficultés attachées au projet qui vous oc-
« cupe : c'est le propre des grandes choses d'être diffi-
« ciles. J'entrevois même ici des obstacles et plus grands
« et en plus grand nombre que vous ne l'avez peut-être
« imaginé. Je doute que jamais les anciens aient osé
« mettre à exécution une voûte d'une aussi terrible éten-
« due que celle qu'on projette. J'ai beaucoup médité
« sur les moyens d'en armer convenablement la con-
« struction intérieure et extérieure, pour y travailler
« avec sûreté; mais la largeur et la hauteur de l'édifice
« m'effraient. Si notre voûte pouvait être circulaire,
« j'emploierais la méthode suivie par les anciens dans
« le Panthéon ou la Rotonde. Mais ici nous avons huit
« pans auxquels nous devons nous assujétir, par consé-
« quent huit chaînes de pierres à élever auxquelles il
« faudra lier le reste de la construction. La chose de-
« vient plus difficile, et personne n'en est plus convaincu
« que moi. A Dieu ne plaise cependant que je désespère.
« Qui doute que le grand auteur de toute science, en
« l'honneur de qui doit s'élever ce temple magnifique,
« ne puisse envoyer la force, l'intelligence et le génie à
« celui qui sera choisi pour une telle entreprise? Quant
« à moi qui n'en suis point chargé, en quoi puis-je vous
« être utile? Si la chose me regardait seul, j'avoue que
« je me sentirais le courage et me croirais les moyens
« d'en venir à bout, sans tant de difficultés; mais com-
« ment pourrais-je vous les indiquer, ces moyens,
« n'ayant encore rien d'arrêté à cet égard? Mon avis est
« donc que, lorsqu'on voudra procéder définitivement à
« l'exécution de ce grand projet, on ne se contente pas

« des idées que je pourrai proposer, mais qu'on assem-
« ble de toutes les parties de l'Europe les plus habiles
« maîtres de l'art; qu'on soumette à leur délibération
« contradictoire tous les points de la difficulté; et qu'en-
« fin on se détermine pour celui qui proposera les expé-
« diens les plus simples, les plus convenables, et s'an-
« noncera par la plus grande rectitude d'esprit et de
« jugement. »

Son avis fut adopté. On savait qu'il avait fait un modèle, et l'on aurait desiré qu'il en donnât connaissance, ce à quoi il se refusait. Politique adroit autant que profond architecte, il ne cherchait qu'à se dérober encore à la curiosité, pour l'exciter davantage. Supposant des lettres qui l'appelaient à Rome, il parvint à éluder les propositions prématurées qu'on lui faisait : il partit. Ce troisième voyage devait être employé encore à recueillir de nouveaux renforts pour le grand combat qu'il avait provoqué.

Déjà s'étaient réunis de toutes parts à Florence (en 1420) les architectes les plus renommés de l'Europe. Il en vint de France, d'Angleterre, d'Allemagne et d'Espagne, ainsi que de toutes les contrées de l'Italie. Les plus habiles dessinateurs de la Toscane devaient également assister à cette importante consultation. Brunelleschi arrive enfin; il s'était flatté, par cette grande convocation, d'avoir moins des compétiteurs que de nombreux témoins de son succès.

Quiconque réfléchira à ce qu'était alors l'art de bâtir, réduit par toute l'Europe aux conceptions et aux procédés du gothique, à l'oubli général où était tombée l'architecture antique, à la nouveauté d'une voûte aussi élevée, et d'un tel diamètre que sa grandeur n'a point été surpassée depuis, ne s'étonnera pas de la faiblesse ou du ridicule des projets qui furent présentés dans cette nombreuse assemblée : c'était à qui enchérirait d'ignorance et de merveilleux. Les uns proposaient d'élever des piliers d'où seraient partis des arcs qui soutiendraient la charpente destinée à porter le poids de la coupole; d'autres conseillaient d'établir un grand pilier dans le milieu, qui aurait reçu les retombées des voûtes d'arête, et aurait donné au dôme la forme d'un pavillon; quelques-uns n'imaginaient rien de mieux que de former une montagne de terre, qui eût servi d'échafaudage à toute la bâtisse. On jetterait dans cette terre un grand nombre de pièces de monnaie. L'ouvrage fini, on pourrait se reposer sur la cupidité de la multitude, du soin de faire disparaître et d'enlever l'échafaudage.

Brunelleschi n'avait pas prévu que le vrai savoir doit perdre sa cause devant un tribunal d'ignorans, qui se condamneraient eux-mêmes s'ils lui rendaient justice. Lorsqu'il eut présenté son projet, il dut s'apercevoir de sa méprise. On le railla, quand on l'entendit proposer d'élever à la hauteur de 290 pieds une coupole de 130 pieds de diamètre. On ne le comprit pas, quand il dit qu'il ferait deux coupoles inscrites l'une dans l'autre, et de manière à laisser entre elles un assez grand vide. Mais on l'injuria, on le traita tout haut d'insensé, quand il eut affirmé que, pour cintrer ces immenses voûtes, il n'emploierait aucune espèce de soutien ou de forme intérieure de charpente.

Brunelleschi crut un moment le fruit de ses travaux perdu. La consultation qu'il avait provoquée, n'avait fait que multiplier les doutes, et augmenter l'irrésolution parmi les consuls et les intendans de la fabrique. Mais un espoir restait encore dans leur division : Brunelleschi ne désespéra pas d'en tirer parti. Bien convaincu qu'il n'y avait rien à gagner avec des hommes préoccupés dans une assemblée tumultueuse ; sûr d'avoir la vérité pour lui, il ne voulut plus en exposer le sort aux préventions de juges aveugles ou partiaux.

Il se mit donc à attaquer séparément, c'est-à-dire à endoctriner chacun de ceux qu'il n'avait pu convaincre, réunis en assemblée. Il encouragea les uns, persuada les autres, et fit entrevoir à tous, avec quelques parties de ses dessins, le secret d'une méthode fort simple et que nul ne soupçonnait, à raison même de sa simplicité. Dans une réunion nouvelle, il obtint de n'avoir plus de contradicteurs.

Son modèle en relief était encore un mystère dont il n'avait donné la révélation à personne. Sa découverte, une fois rendue publique avant le moment favorable, aurait perdu de son prix : il fallait avoir auparavant obtenu l'aveu de l'impuissance de chacun. En effet, comme on l'a dit, le premier secret de Brunelleschi était la simplicité même de son procédé de construction, dont tous ses compétiteurs ignoraient les véritables élémens. Habitués aux légéretés de forme et de construction du gothique, ils ne savaient autre chose qu'élever très haut, à l'aide d'arcs-boutans, des murs évidés par toutes sortes de découpures, des voûtes en tierspoint formées de petite maçonnerie légère, et dont toute la poussée se trouvait divisée et répartie sur plusieurs points. Or il s'agissait, avant tout, dans l'érection de la coupole en projet, d'établir un nouveau système de construction, un emploi de matériaux plus puissant, un goût de formes et de masses plus simples, et susceptibles de donner des points d'appui plus solides; de faire en sorte que la construction toute seule, dans cette vaste circonférence et avec sa prodigieuse portée, se servît à elle-même et d'échafaudage et de point d'appui. C'était là ce que le modèle en relief aurait démontré aux yeux les moins expérimentés : c'était toutefois ce que Brunelleschi se contentait de montrer par le dessin et de prouver par le raisonnement.

Il parvint peu-à-peu à subjuguer toutes les résistances; le silence de ses adversaires acheva son triomphe. Il obtint enfin le suffrage de ses juges. Son premier soin fut de dissiper de plus en plus les alarmes des préposés de la fabrique qui l'avaient choisi, par un exposé fidèle et abrégé des moyens qu'il se disposait à mettre en œuvre dans cette grande et nouvelle entreprise.

Cependant la réserve qu'il n'avait cessé et qu'il continuait d'y mettre, par le mystère qu'il faisait de son modèle en relief, lui valut un retour de méfiance de la part de ceux qu'il avait en quelque sorte forcés de le croire sur parole. On ne lui permit d'élever l'ouvrage qu'à la hauteur de 12 brasses : c'était un essai qu'on voulait faire de sa capacité. Cette épreuve eût été capable de le rebuter, si l'ambition du succès, plus forte que l'amour-propre, ne lui eût fait dévorer ce désagrément.

Une contrariété plus sensible lui était encore réservée. L'envie avait été un moment réduite à l'inaction; mais le succès de Brunelleschi lui rend bientôt son activité : elle va semant partout que l'honneur de la ville est compromis par le choix d'un seul architecte; que ce choix exclusif annoncerait moins la capacité de celui qui en est l'objet, que la disette d'artistes capables d'en partager la gloire; qu'il est d'ailleurs imprudent de confier à un seul la destinée d'un si grand ouvrage; que la honte du non-succès rejaillirait sur toute la ville; qu'il importe à son honneur de donner à Brunelleschi un collègue qui, en surveillant ses travaux, rassure l'opinion de tous. L'envie se fit écouter. Qui le croirait? ce même Lorenzo Ghiberti, dont Brunelleschi avait été jadis le rival et avait refusé de devenir l'associé, accepta le partage honteux d'un ouvrage auquel il n'avait en rien concouru, et dont sa seule incapacité aurait dû l'exclure.

A cette nouvelle, Brunelleschi ne se possède plus, il veut rompre son modèle, brûler ses dessins. Il allait en un instant détruire le fruit de vingt ans de recherches et de travaux : l'idée de partager avec un autre la gloire de son invention lui était insupportable. On le vit près de dire un dernier adieu à Florence. Ses amis calmèrent ce premier transport, et parvinrent à le retenir; mais l'espoir de se venger de Ghiberti, en mettant son ignorance au grand jour, fit plus que les instances de ses amis. Il procéda alors à l'exécution d'un nouveau modèle en relief, et selon l'exactitude rigoureuse des proportions et des détails de la coupole projetée : ce devait être la règle de toutes les opérations. Ghiberti voulut en avoir connaissance. Sur le refus qu'il éprouva, il en entreprit de son côté un autre. Cette discorde allait devenir funeste, si Brunelleschi n'eût bientôt fait jouer la manœuvre qu'il méditait pour mettre un terme à cette rivalité.

Une feinte maladie fut le piège qu'il tendit à l'incapacité de Ghiberti qui, pendant son absence, restait seul, chef des ouvriers et ordonnateur des travaux. Son embarras, ses fréquentes indécisions, trahirent bientôt son insuffisance. De grossières erreurs achevèrent de la rendre sensible à tous les yeux. Brunelleschi fut enfin nommé seul architecte et directeur en chef de tout l'édifice.

De ce moment, il y donna tous ses soins. Aucun des moindres détails n'échappait ni à sa prévoyance ni à sa vigilance. Il dirigeait chaque ouvrier, et ne se fiait qu'à lui seul du choix comme de l'emploi de tous les matériaux. On ne plaçait pas une pierre, pas une brique, qu'il ne l'eût examinée par lui-même. Chaque jour on le voyait inventer de nouvelles machines, pour simplifier les procédés de la bâtisse, ou en abréger les opérations. Il avait remarqué que, plus les travaux s'élevaient, plus les ouvriers perdaient de temps en voyages fatigans pour eux-mêmes. Il remédia à cet inconvénient, en établissant sur la voûte de l'église des abris commodes et approvisionnés de ce qui était nécessaire aux besoins de la vie.

Le secret de Brunelleschi était, depuis du temps, devenu celui de tout le monde; car son grand modèle était exposé en public. On ne se lassait point d'y admirer la rare intelligence avec laquelle l'artiste, embrassant les plus grands et les plus petits rapports, avait si justement calculé d'avance les dégagemens intérieurs, les ouvertures pour le jour, les conduits pour l'écoulement des eaux, les montées, les rampes et jusqu'aux moindres précautions. Ce qui fixait surtout l'attention, c'était le système de la coupe des pierres, de leur liaison, de ce juste équilibre des forces qui, se combattant pour s'accorder, produisaient la solidité de ce grand tout.

Mais déjà l'ouvrage était assez avancé pour qu'on pût admirer comme fini, dans le monument même, tout ce que le modèle offrait en esquisse. Brunelleschi eut, avant de mourir, la satisfaction de voir sa coupole achevée, à la réserve de l'extérieur du tambour, pour la décoration duquel il avait laissé des dessins qui se perdirent, et à l'exception de la lanterne, qui devait être le couronnement final de tout l'édifice.

La coupole de Sainte-Marie-des-Fleurs a, en diamètre, dans le vif de son tambour, 130 pieds. Sa hauteur, depuis la corniche du tambour jusqu'à l'œil de la lanterne, est de 125 pieds. Du sol de l'église au sommet de la croix, on compte 330 pieds. Avant elle, il n'avait été rien construit d'aussi grand, d'aussi élevé. Le dôme de Saint-Marc à Venise, celui de la cathédrale de Pise, ont, pour la construction, aussi peu de rapport avec elle, qu'ils en sont éloignés par la hardiesse de la dimension ; elle ne le cède, et que de fort peu, à la coupole de Saint-Pierre à Rome. Il est bien probable encore que sa disposition des deux voûtes emboîtées, si l'on peut dire l'une dans l'autre, aura servi de guide à Michel-Ange, qui l'a imitée dans la basilique du Vatican. On sait assez quel respect il portait au chef-d'œuvre de Brunelleschi. Il avait coutume de dire qu'il était difficile de l'imiter, impossible de le surpasser. Michel-Ange pouvait seul faire mentir son éloge.

Cette grande et célèbre entreprise, malgré les embarras et les soins multipliés qu'elle lui procura, fut fort loin d'occuper la vie entière de Brunelleschi. Sa célébrité le fit rechercher pour tous les grands travaux qui eurent lieu de son temps, soit en architecture, soit en construction proprement dite. Il n'entendait pas moins bien l'architecture militaire que la civile.

Appelé à Milan par le duc Philippe-Marie, il y donna les plans d'une forteresse. Celle de Vico Pisano, les deux citadelles de Pise, appelées l'une la Vieille et l'autre la Neuve; les fortifications de *Ponte a Mare*, et la forteresse du port de Pesaro, qui furent aussi construites sur ses dessins, sont les preuves de l'étendue comme de la diversité de ses talens.

Le grand-duc Côme de Médicis le chargea de bâtir, à Fiesoles, l'abbaye des chanoines réguliers; ouvrage qui, selon l'inscription placée sur les murs de cette maison, lui coûta cent mille écus romains. Brunelleschi profita très habilement du site occupé par cette abbaye sur une montagne, pour réunir à l'agrément de l'aspect tous les accessoires d'utilité qu'exigeait l'établissement; ce qu'il fit, au moyen des constructions pratiquées sur la pente de la montagne, qui procurèrent, d'une part, une assiette de niveau à tout le reste de l'édifice, et donnèrent, d'autre part, le moyen d'y répartir les dépendances et les pièces commandées par le besoin.

A-peu-près vers le même temps s'élevait à Florence l'église de Saint-Laurent, sur les projets d'un homme plus versé dans les lettres que dans les arts du dessin. Jean de Médicis voulut avoir sur cet ouvrage l'avis de Brunelleschi. L'intérêt de l'art et l'amour de la vérité ne lui permirent pas de dissimuler ce qu'il en pensait; et l'ouvrage, qui n'était que commencé, fut confié à sa direction. Cette basilique a fini par devenir presque entièrement son ouvrage. S'il s'y trouve quelques incorrections, on les attribue, d'une part, aux défauts de la fondation première ; de l'autre, aux erreurs de ceux qui l'ont achevée après sa mort. Du reste, il faut y admirer la belle disposition d'un plan régulier dans ses lignes, et assez heureusement raccordé à des données premières, qui n'avaient point été conçues par lui. Brunelleschi adopta pour l'ordonnance de sa grande nef l'emploi d'arcades sur colonnes, dont plus d'un reste de l'architecture antique des bas siècles lui avait offert des modèles. Cette pratique, au reste, se trouvait très naturellement applicable à la construction des églises modernes, dont la grande étendue veut aussi dans l'intérieur un exhaussement considérable. Ce qu'il faut remarquer ici, c'est ce qu'on n'avait encore vu dans aucun monument. Jusqu'alors on avait employé les colonnes, soit telles qu'on les trouvait toutes faites, soit telles que la localité commandait de les faire, c'est-à-dire, sans égard à la beauté des formes, ou à la justesse des proportions de chaque ordre. Ici, l'on voit reparaître, pour la première fois, l'ordre corinthien avec toute la régularité de ses détails et de ses proportions, avec toute l'élégance d'exécution et de composition de son chapiteau à feuilles d'acanthe.

Côme de Médicis chargea Brunelleschi de lui faire le modèle d'un magnifique palais. L'artiste accepta avec transport cette commande flatteuse, et il ne mesura la richesse de l'édifice, que sur celle du maître qui devait l'occuper. Mais le projet parut trop vaste à Médicis, il n'osa l'entreprendre, moins à raison de la dépense que par la crainte d'éveiller indiscrètement l'envie. Brunelleschi brisa de dépit son modèle. Dans la suite Côme se repentit de sa discrétion. Nul n'appréciait mieux que lui l'homme dont il avait refusé l'ouvrage ; il avouait n'avoir jamais connu dans aucun autre un esprit aussi intelligent, une âme aussi élevée.

Si Brunelleschi eut quelquefois le désagrément de voir de belles entreprises échapper à son talent, il eut aussi, plus d'une fois, le déplaisir de ne pouvoir en terminer d'autres. Il y a dans le nombre un de ses ouvrages qui est resté jusqu'à nos jours sans être achevé. Je parle du petit temple des Anges. C'est une rotonde, dans laquelle on voit que Brunelleschi s'était souvenu des temples circulaires antiques, que l'on appelle à Rome de Bacchus, de Sainte-Constance. Ce qui subsiste encore aujourd'hui de cet édifice fait regretter qu'il en soit resté à l'entablement. On voulut depuis le faire terminer par l'Académie du dessin, à laquelle on l'aurait accordé pour y tenir ses séances. Ce second projet n'eut point encore d'exécution. Le monument est devenu une espèce de ruine, livrée à l'intempérie des élémens, et à la dégradation qu'accélèrent les plantes parasites qui y croissent spontanément.

Brunelleschi se montrait, dans le même temps, aussi ingénieux mécanicien qu'il était profond architecte. Florence alors prenait plaisir à de pieuses représentations, qui consistaient à donner une image du paradis. C'était une gloire immense, au milieu de laquelle on voyait des personnages mobiles figurant les anges et les bienheureux. Le prestige était produit par l'effet combiné d'une multitude de lumières qui, alternativement couvertes et découvertes avec la plus grande promptitude, jetaient beaucoup de variété sur ce spectacle. Il faut lire dans Vasari la description de ce jeu de machines, dont il attribue l'invention à notre architecte. Le théâtre de ces pieuses représentations, l'église du Saint-Esprit, par un contraste assez bizarre, devint la proie d'un furieux incendie.

Avant cet accident, qui la détruisit en entier, elle menaçait ruine, et Brunelleschi avait été chargé de la reconstruire sur un nouveau plan. Il fit le modèle en relief, sur lequel l'édifice fut commencé par lui, et terminé après sa mort. L'église du Saint-Esprit est, pour l'architecture, la plus belle de Florence. Rien de plus simple, de mieux entendu que son plan. C'est une basilique antique, accommodée aux usages du christianisme. Supérieure, dans sa disposition, à l'église de Saint-Laurent, elle l'emporte encore sur elle par la proportion générale, et par les détails de l'ordonnance. Son ordre corinthien offre une imitation meilleure des ouvrages de l'antiquité. On attribue quelques défauts, que la critique a relevés dans cette architecture, aux méprises des successeurs de Brunelleschi.

Son nom avait acquis une telle célébrité, que de toutes parts, et dans les pays étrangers, on lui demandait des projets et des modèles de monumens. Le marquis de Mantoue l'appela pour présider à quelques ouvrages, et pour construire des digues destinées à maintenir le Pô dans son lit.

Le pape Eugène IV demanda à Côme de Médicis un architecte, qu'il voulait charger de la construction d'un édifice, qui toutefois n'eut point d'exécution. Côme lui adressa Brunelleschi, avec une lettre conçue en ces termes. *J'en-*

voie à votre sainteté un homme d'une telle habileté, qu'il serait capable de retourner le globe. L'extérieur de Brunelleschi avait tout ce qu'il fallait pour rendre cette hyperbole encore plus démesurée. Le pape étonné du contraste que présentait la faiblesse physique de l'artiste : *Vous êtes donc*, lui dit-il, *cet homme capable de mouvoir le monde ?* — *Que votre sainteté*, répondit Brunelleschi, *me donne un point d'appui, elle verra si je n'en viens pas à bout.*

Les grandes entreprises font-elles naître les grands hommes, ou les grands hommes suscitent-ils les grandes entreprises ? Il semble qu'il doit y avoir réciprocité d'action en ce genre. Pourrait-on douter que le vaste projet de la coupole de Sainte-Marie-des-Fleurs ait dû devenir l'aiguillon qui excita le génie de Brunelleschi ? Mais qui ne voit aussi que la rencontre d'un pareil génie dut enhardir son siècle, et lui communiquer le goût des grandes entreprises ? Un essor général fut bientôt donné à l'ambition qu'eurent de simples particuliers, d'illustrer leur nom par la grandeur et la magnificence des habitations et des palais. Brunelleschi devait encore avoir l'honneur de construire en ce genre le plus grand édifice de Florence après Sainte-Marie-des-Fleurs. Je parle du célèbre palais Pitti qui, augmenté depuis par les soins d'Ammanati, est devenu le séjour des grands-ducs de Toscane.

On peut présumer que le goût de construction colossale de l'Etrurie moderne fut une tradition du goût de l'ancienne Etrurie, comme aussi qu'aux deux époques, le genre de matériaux qu'offrent les carrières d'où l'on extrait la pierre dans ce pays, aura naturellement porté les contructeurs à un emploi de blocs vraiment gigantesques. Les ruines de Fiesoles donnèrent à Florence les premières leçons en ce genre, et les restes encore existans des murailles de quelques villes étrusques furent des exemples trop frappans, pour ne pas inviter à les imiter. Il est présumable que l'emploi d'énormes bossages, qui domine dans l'architecture des modernes Toscans, fut accrédité par de plus anciennes pratiques. Ce goût était établi déjà avant Brunelleschi. Lui-même en avait encore vu à Rome, dans beaucoup de monumens antiques, d'insignes modèles, et de plus grands, et sans doute en plus grands nombre qu'il n'en existe de nos jours.

On a encore, et sans beaucoup d'invraisemblance, attribué l'emploi de ce goût, dans presque tous les grands palais de Florence, aux causes politiques du temps qui les vit élever, au milieu des troubles continuels d'une population inquiète et séditieuse. Il ne serait pas étonnant que les grands aient cherché jusque dans la construction de leurs maisons de ville, cette espèce de caractère extérieur, qui leur donne l'aspect imposant de châteaux-forts ou de citadelles.

Quoi qu'il en soit de ces raisons, Brunelleschi porta ce caractère de construction au plus haut degré, dans sa façade du palais Pitti. Il fallait, sans doute, toute la grandeur qu'on admire dans cette masse, toute la fierté et l'énergie qui y dominent, pour faire pardonner la pesante monotonie inséparable de ce genre, dans une façade qui, ayant 90 toises de longueur, n'est percée que de vingt-trois croisées. On voit qu'à cette époque, le goût de l'architecture antique, de l'emploi de ses ordres et de ses ornemens, n'était pas encore entré dans les inventions des bâtimens civils. Brunelleschi eût peut-être alors par trop contrarié les habitudes de son temps, s'il se fût écarté d'un genre de construction qui, à la vérité, ne pouvait guère admettre les agrémens et les richesses des ordres. Plein des souvenirs des grandes constructions de l'antique Rome, on dirait qu'il n'aurait voulu leur emprunter dans ses ouvrages, que les impressions qui résultent des qualités de la force et de la solidité. Ainsi, les belles arcades en bossages de l'aqueduc de l'Aqua Martia à Rome, sembleraient lui avoir inspiré les grandes ouvertures cintrées des trois étages du palais Pitti. Celles du rez-de-chaussée sont remplies, à la vérité, par de très beaux chambranles, dont on admire les profils et la pureté. On desirerait qu'une aussi grande masse fût couronnée par un entablement qui répondît au caractère de l'ensemble. Mais Brunelleschi ne conduisit l'élévation que jusqu'au second étage. Ce fut Ammanati qui l'acheva, ainsi que l'intérieur de la cour, dont les dessins originaux s'étaient perdus.

Brunelleschi forma plusieurs élèves, parmi lesquels on compte plus d'un homme habile qui se contenta d'exécuter ses projets, et de travailler sous ses ordres. Tel fut Luca Fancelli, employé à la construction du palais Pitti. Le plus célèbre de ses disciples fut Michelozzo, qui marcha sur ses traces et continua sa manière. On cite encore Antoine Manetti, et Bugiano, qui fit le buste en marbre qu'on voit aujourd'hui placé sur le tombeau de son maître.

Brunelleschi mourut âgé de soixante-neuf ans, le 16 avril 1444. Quoique la sépulture de sa famille fût dans l'église de Saint-Marc, son corps fut inhumé dans celle de Sainte-Marie-des-Fleurs, où on lit sur sa tombe les inscriptions suivantes :

D. S.

Quantum Philippus architectus arte dædalea valuerit, cum hujus celeberrimi templi mira testudo, tum plures aliæ divino ingenio ab eo adinventæ machinæ documento esse possunt. Quapropter ob eximias sui animi dotes singularesque virtutes XV Kal. Maias anno M CCCC XLIV ejus B. M. corpus in hac humo subposita grata patria sepeliri jussit.

Philippo Brunellesco antiquæ architecturæ
instauratori
S. P. Q. F. civi suo benemerenti.

Jean-Baptiste Strozzi y grava le quatrain suivant.

    Tal sopra sasso, sasso
    Di giro in giro eternamente io struzzi
    Che cosi passo passo
    Alto girando al ciel mi ricondussi.

MICHELOZZO.

PALAIS MÉDICIS DEPUIS RICARDI,
À FLORENCE.

MICHELOZZO,

ARCHITECTE FLORENTIN,

QUI DOIT ÊTRE NÉ DANS LE COMMENCEMENT DU XVe SIÈCLE.

Le genre de construction de chaque pays, et par là j'entends la nature des matériaux qui s'offrent à l'art de bâtir, et prescrivent en quelque sorte à l'architecte le mode de leur emploi, ce genre, dis-je, ne laisse pas d'exercer une grande influence et sur la conception des monumens, et sur ce qu'on appelle leur style ou leur goût. La Toscane est remplie de masses de rochers à découvert, où l'on peut tailler les plus grands blocs et de très hautes colonnes d'un seul morceau. Ces moyens naturels, qui s'étaient prêtés jadis aux constructions colossales de l'antique Etrurie, s'offrirent également aux premiers constructeurs florentins, dans les fabriques mêmes qui précédèrent le renouvellement de la bonne architecture. De grands matériaux invitent sans doute à faire de grands et solides monumens; mais pour que ce goût du grand, qui ne va jamais sans le solide, devienne général, jusque dans les constructions des particuliers, il faut que les mœurs publiques et les usages domestiques y concourent. C'est ce que nous voyons qui arriva dans la Toscane moderne, dès les époques les plus reculées. Une multitude de monumens des plus anciens qui existent encore, ou dont on voit les représentations dans les plus vieilles peintures, furent construits de pierres énormes et taillés en bossages.

Un tel genre de construction, quand il est porté à ce degré de force et de solidité, devient nécessairement dispendieux, et par cela seul il est un objet de luxe. Cette considération, quand il ne s'y joindrait pas le sentiment d'honneur attaché à la perpétuité des familles, dont les habitations étaient regardées comme des monumens domestiques, devait favoriser et propager le goût des bossages, et retarder, dans la conception des palais, l'emploi des ordres et des ornemens de l'architecture antique.

Ainsi voyons-nous que Brunelleschi, bien qu'il ait été le rénovateur de cette architecture, ne fit, dans la grande masse extérieure du palais Pitti, que continuer le goût qu'il avait trouvé établi. Ce ne fut que graduellement qu'on vit ce genre perdre un peu de son austérité, et se mêler avec agrément à toutes les combinaisons des ordonnances que l'esprit de variété se plut à y introduire. Et déjà l'on peut observer dans les façades des palais Riccardi et Strozzi que la lourdeur et la monotonie du palais Pitti ont fait place à un style plus tempéré, et où des nuances de ton diminuent, selon les étages, l'austère uniformité de l'emploi continu et absolu du bossage. Cela se remarque surtout au palais Médicis, ou Ricardi, ouvrage de Michelozzo.

Avant d'entrer à l'école de Brunelleschi, Michelozzo avait d'abord étudié la sculpture à celle de Donatello, et il s'était appliqué à presque toutes les parties du dessin; aussi se rendit-il habile dans tous les arts. Mais un de ces arts devait prendre l'avantage sur tous les autres : je veux parler de l'architecture, qui finit par obtenir sa préférence, et bientôt on s'aperçut que Brunelleschi avait trouvé son successeur.

La construction et la disposition des maisons et des palais sont subordonnés aux changemens qui surviennent dans les habitudes particulières et publiques. Lorsque l'accroissement des richesses, ou d'autres causes, ont amené de nouveaux besoins, il survient aussi un art nouveau, c'est celui d'y assortir les distributions intérieures, en respectant toutefois, autant qu'il est possible, le goût de l'extérieur.

Michelozzo passa pour l'homme de son temps le plus ingénieux, dans l'art d'adapter aux dispositions peu recherchées des édifices d'un autre âge, la variété des convenances et des sujétions imposées par le luxe de son siècle.

Cosme de Médicis avait su distinguer son talent en ce genre. Il le mit plus d'une fois à l'épreuve, comme on verra, et d'abord dans un édifice entièrement de sa composition. Brunelleschi lui avait fait précédemment un modèle de palais, dont il paraît que le défaut avait été d'être trop vaste et trop dispendieux. Michelozzo, averti par cet exemple, et connaissant les intentions de Cosme, lui présenta un modèle en relief du palais qui depuis a passé dans la famille Ricardi, et en a porté le nom.

Cosme agréa le projet, et l'on vit s'élever à Florence le premier palais qui réunit à la solidité, au luxe de la construction et aux recherches de l'architecture, le mérite intérieur de distributions à-la-fois spacieuses et commodes. Vasari, qui donne quelques détails de ces appartemens, ajoute qu'il n'en est pas un qui ne soit capable de loger les plus grands princes de l'Europe. Bien que ce palais, continue-t-il, ait été commandé et construit par et pour un simple citoyen, qu'était alors Cosme de Médicis, cependant il a reçu depuis, et fort convenablement, rois, empereurs, papes, et tout ce que l'Europe a de plus éminens personnages.

Le palais Médicis (aujourd'hui Ricardi) est une des masses les plus imposantes entre toutes celles des palais de Florence. L'emploi des bossages, sans perdre son caractère de force, y est ménagé avec plus de variété qu'au palais Pitti. Les fenêtres y sont, comme à ce dernier, en arcades divisées par une colonne qui y fait deux ouvertures. Le soubassement du palais est occupé par cinq arcades diversement espacées, et dont une est la porte; les autres sont remplies par de beaux chambranles de fenêtres. Le palais est couronné par un entablement riche, mais un peu massif, et généralement inférieur à celui d'un palais du même genre, le palais Strozzi, que commença Benedetto da Mayano, et que Cronaca termina par un entablement, qui passe pour le plus beau qu'ait produit l'architecture des palais modernes.

On regrette que la disposition intérieure du palais Ricardi ne réponde pas à l'aspect grandiose et majestueux de sa façade, c'est-à-dire qu'une cour vaste et spacieuse, comme on en a pratiqué depuis ailleurs, n'ait pas été mise en rapport avec ce que l'extérieur annonce. Plus d'une cause, puisée dans les mœurs du temps, pourrait nous en rendre raison. Quoi qu'il en soit, le plan du palais comprend deux cours d'une grandeur inégale.

La moins spacieuse est toutefois la plus remarquable. Elle se compose d'un portique quadrangulaire, avec arcades supportées par des colonnes, au-dessus desquelles règne l'étage principal, surmonté d'une *loggia* dont les colonnes correspondent à celles du portique inférieur.

En 1433, Cosme de Médicis, exilé de Florence, se retira à Venise. Michelozzo l'accompagna dans sa disgrâce en cette ville, où il trouva plus d'un emploi de son talent, soit en modèles de maisons pour de riches particuliers, soit en embellissemens de monumens publics, soit en secondant Cosme dans les projets qui occupaient ses loisirs. De ce nombre fut la belle bibliothèque de Saint-Georges Majeur, entreprise, et terminée aux dépens de l'illustre exilé, qui l'année suivante fut rappelé dans sa patrie. Ce retour fut un triomphe pour Cosme, et Michelozzo en eut sa part.

Cosme de Médicis le chargea bientôt de réparer le grand édifice de Florence appelé le *Palais de la Seigneurie*, aujourd'hui le *Palais Vieux*. Par le mot réparer, il faut entendre ici non-seulement ce qui regardait la solidité de cette grande masse, élevée, à ce qu'il paraît, avec peu de soin, en 1298, par Arnolpho, mais aussi ce qui se rapportait à la distribution de son intérieur, distribution sans art, et telle que le comportaient les usages moins exigeans de ce siècle.

Les travaux de Michelozzo, dans cette grande restauration, eurent un double mérite, celui d'une rare habileté quant à l'ouvrage, et celui d'un grand désintéressement d'amour-propre de la part de l'architecte. Il est en effet fort peu d'entreprises moins flatteuses que celles qui consistent à reprendre en sous-œuvre des piliers, des colonnes, des masses de bâtisse; à substituer des matériaux nouveaux aux anciens, à renforcer des arcs, à doubler des contreforts, à boucher des lézardes, à redresser des plafonds, à redonner un seul niveau à des pièces jadis établies sur des plans différens, à pratiquer pour d'autres dispositions de nouvelles ouvertures. Tout cela exige beaucoup de soins, de prudence et d'intelligence, dans les moyens d'étayer et de soutenir les masses auxquelles on veut redonner d'autres supports, dans l'art de raccorder le nouveau à l'ancien, et de cacher ces raccordemens.

Michelozzo répondit avec un rare succès aux intentions de Médicis. Après avoir satisfait à tout ce qu'exigeait la solidité, il eut encore le mérite de donner à ce vaste intérieur une certaine unité d'ensemble qu'il n'avait jamais eue, et qu'il acquit, par une distribution nouvelle qui, en liant toutes les parties, leur donnait aussi des dégagemens tels que les *Seigneurs,* qui jadis n'avaient qu'une seule grande salle à l'usage de tous, y eurent chacun un appartement séparé.

Vasari s'est plu à détailler ces travaux de Michelozzo qui, en améliorant l'ouvrage de l'âge précédent, ne laissa pas moins à faire au siècle suivant, pour redonner à cet intérieur de palais une disposition encore plus commode.

Un nouveau Médicis, Cosme II, ayant voulu, en 1538, habiter le palais vieux, desira qu'un goût plus moderne en rajeunît de nouveau et la distribution et la décoration. Mal compris et plus mal servi par ceux auxquels il s'était adressé, il fit venir de Rome Vasari, qui, au bout de six mois, lui présenta un modèle en bois du palais, ramené dans tous ses détails à une disposition fort différente. Médicis adopta le projet. Vasari se mit à l'œuvre, et selon ses propres paroles, fit du palais vieux un palais tout nouveau : « Tellement, dit-il, que « si les premiers architectes Arnolpho et Michelozzo re- « venaient au monde, ils ne reconnaîtraient plus leur « ouvrage. »

Ce palais, dont on admire aujourd'hui les intérieurs, a cessé depuis long-temps d'être la demeure des grands-ducs. Si quelqu'un des princes actuels voulait de nouveau en faire sa résidence, il est très probable que le bâtiment serait encore obligé de subir une nouvelle métamorphose. Lorsque l'architecture ne commande point aux usages, il faut bien que les usages se soumettent l'architecture.

On cite un assez grand nombre d'ouvrages de Michelozzo, qui, malgré leur peu de célébrité, n'en témoignent pas moins de la fécondité de son talent. Tels sont, à Florence, le couvent des Dominicains et le noviciat de Sainte-Croix ; à Mugello, le palais Cafaggiuolo, élevé par ordre de Médicis dans le goût d'une forteresse ; à deux milles de Florence, le palais de la Villa Careggi, ouvrage remarquable par sa magnificence ; à Fiesoles, pour Jean de Médicis, fils de Cosme I, un superbe palais dans lequel l'architecte se montra aussi habile qu'ingénieux à réunir l'utile à l'agréable, à profiter des dispositions du terrain montueux où il éleva son bâtiment, pour placer dans les constructions inférieures pratiquées en voûtes, les écuries, les caves, tous les accessoires et toutes les dépendances de nécessité, réservant aux parties supérieures, la distribution des étages propres à l'habitation.

Dans le même temps, Michelozzo donna les projets d'un hospice pour les pélerins de la Terre-Sainte, et Cosme en envoya le modèle à Jérusalem, pour l'y faire exécuter à ses dépens.

Il n'y avait point d'entreprises que Cosme ne confiât à Michelozzo. C'est ainsi qu'il eut recours à lui pour faire arriver à Assise des eaux dont cette ville manquait. Occupé de ce travail, Michelozzo en préparait un autre : c'était le plan de la citadelle de Pérouse. Ramené à Florence, il y bâtit le palais *Torna Buoni*, dans le genre à-peu-près de celui de Médicis, excepté qu'il n'y employa point le bossage, et ne lui fit pas un couronnement aussi riche.

Lorsque François Sforce, duc de Milan, eut fait présent d'un des palais de sa capitale à Cosme Ier, celui-ci, pour prouver au duc le prix qu'il attachait à ce don, voulut que son architecte favori le mît à même d'exprimer ce sentiment, en ornant cette habitation par les ressources de l'art les plus propres à en augmenter la valeur.

Michelozzo avait été l'ami de Cosme Ier, autant que son architecte. Pierre de Médicis, ayant succédé à son père, hérita des mêmes dispositions, ce qu'il fit bien voir dans le monument qu'il consacra à sa mémoire, je parle de la chapelle de l'Annonciade de l'église des Servites, à Florence. Il voulut que ce monument s'élevât sur les dessins et sous les yeux de Michelozzo, que l'âge rendait déjà moins capable de suffire en personne à tous les travaux que sa réputation lui procurait. Ce fut

MICHELOZZO.

seulement sous sa direction que fut exécutée cette célèbre chapelle, où Pagno di Lapo Partigiani, sculpteur de Fiesoles, sut réunir avec tant de goût les richesses de la sculpture à celles de l'architecture.

Michelozzo mourut à soixante-huit ans; il fut enterré dans l'église de Sainte-Marie-des-Fleurs, à Florence.

LEON-BATISTA ALBERTI.

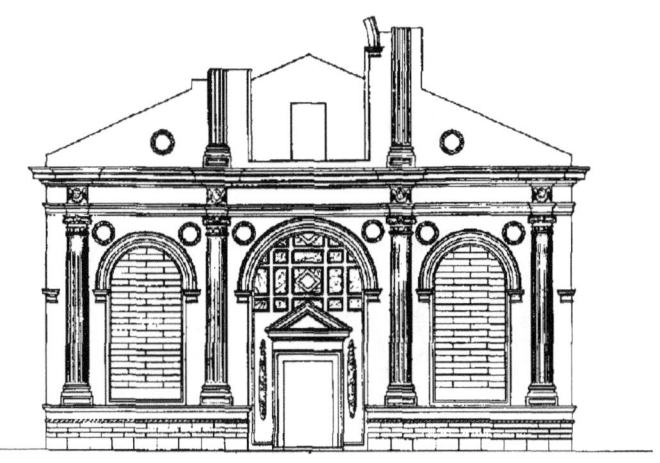

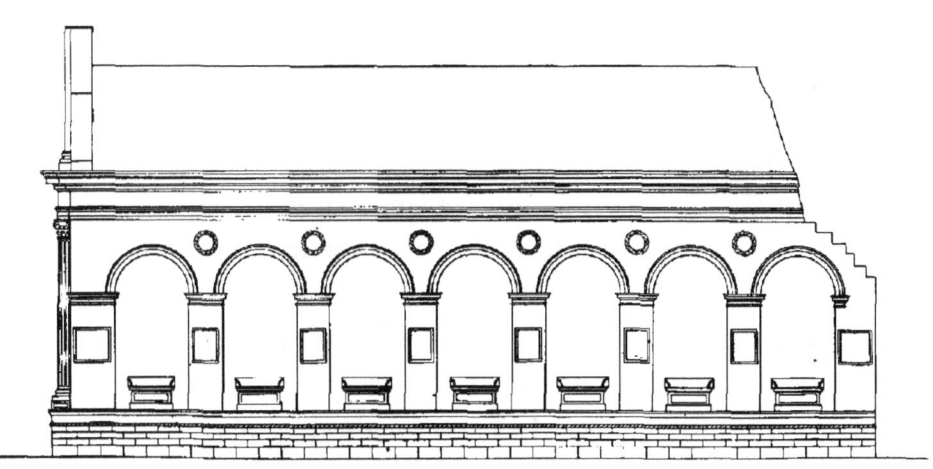

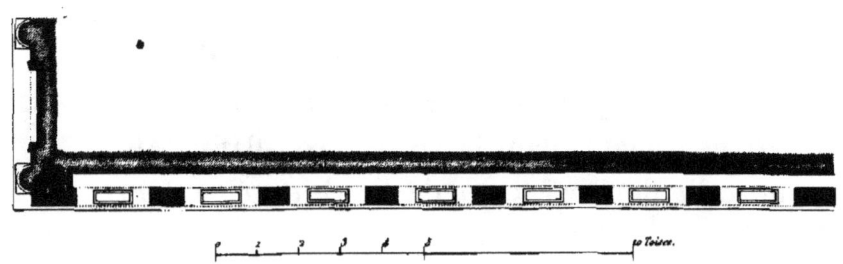

VUES ANTÉRIEURE ET LATÉRALE DE S. FRANÇOIS DE RIMINI.

LEON-BATISTA ALBERTI,

ARCHITECTE FLORENTIN,

NÉ EN 1398.

Leon-Batista Alberti doit occuper une des premières places dans l'histoire des hommes qui contribuèrent à la renaissance des arts, et au renouvellement du bon goût, en architecture surtout. Quoique précédé par des artistes qui le surpassèrent pour la grandeur des entreprises, et suivi par d'autres qui portèrent plus loin l'application des belles proportions, du style et des modèles de l'antiquité, il se présente à la reconnaissance de l'art avec un ouvrage qui n'avait pas encore eu d'exemple chez les modernes, et qui a servi de règle à ceux qui vinrent après: je veux parler de sa *Théorie de l'art de bien bâtir* (De re ædificatoriâ).

On a reproché à Vasari d'avoir été fort économe de notions sur un homme qui fut une sorte de prodige en son temps, par une étonnante réunion de qualités, de connaissances et de talens; et même d'avoir omis sur son compte certaines particularités dont il aurait pu, sans de très grandes recherches, se procurer l'indication. Le reproche peut être fondé, et toutefois il nous semble qu'il y a moyen de l'atténuer, en considérant que Vasari ne traitant, dans la vie de Leon-Batista Alberti, que celle de l'artiste ou de l'architecte, a fort bien pu regarder tous ses autres talens et ses nombreux travaux en tout genre, non-seulement comme étrangers à l'architecture, mais même comme l'ayant détourné de la profession expresse de cet art, ce que les faits eux-mêmes nous montreront. Enfin on dirait que Vasari l'aurait considéré plutôt comme amateur que comme artiste.

Quoi qu'il en soit, sans tomber dans l'excès opposé, nous nous permettrons de présenter ici, d'après les renseignemens les plus authentiques des contemporains, le portrait entier de Leon-Batista Alberti, c'est-à-dire, quoique encore fort en abrégé, l'ensemble de tous les dons de la nature et de l'étude, qui en firent un homme rare et privilégié, et qui lui aurait acquis une juste célébrité, indépendamment de celle qu'il dut à l'art de l'architecture.

Leon-Batista Alberti descendait de l'illustre et antique famille des Alberti. Fils de Lorenzo et neveu du cardinal Alberto degli Alberti. Il trouva chez ses plus proches parens de ces exemples qui, dans la jeunesse, peuvent suppléer aux leçons; mais celles-ci ne lui manquèrent pas non plus, car il reçut de son père la meilleure éducation. Soins vigilans, et discernement dans le choix des études et l'emploi du temps, rien ne fut négligé. La connaissance des langues anciennes, à quoi se borne souvent la science de certains savans, ne fut, par l'usage qu'il en fit, que la clef de la science des anciens. De là provint en lui un appétit prodigieux, un desir universel de tout savoir.

On trouve, en embrassant l'histoire tout entière d'Alberti, qu'il y aurait de quoi suffire à la renommée de plusieurs hommes célèbres. Les dons de l'esprit ne furent pas seuls à captiver son ambition. Chez les Grecs on aurait vanté ses qualités corporelles. On cite de lui des traits de force surprenante, des traits d'une agilité, comme d'une adresse prodigieuse à la course, aux jeux de la lance, et dans le maniement des chevaux les plus fougueux. La recherche des qualités de pur agrément était entrée aussi dans les soins de son éducation. *Se promener dans la ville, se faire voir à cheval, parler en public*, c'étaient, disait-il, trois choses auxquelles il fallait mettre non-seulement de l'art et de l'étude, mais encore de cet art sous lequel l'étude se cache.

La musique reçut ses premiers hommages. Il l'apprit sans maître, et le devint bientôt, surtout dans la partie instrumentale, et surtout dans l'instrument qu'il avait adopté. On le comptait parmi les premiers organistes de son temps.

Alberti ne pouvait guère manquer d'être poète. Le grand maître de l'art des vers, l'amour, lui en donna les premières leçons. Ses essais furent donc, selon l'usage d'alors, des poésies galantes. La langue de Virgile et d'Ovide était devenue la sienne, on peut le dire, dans toute l'étendue du mot. Il eut en quelque sorte besoin de rapprendre l'italien, et il mérita toutefois d'être cité comme modèle dans l'idiome maternel: mais sa prédilection pour le latin ne l'abandonna point. C'est dans cette langue qu'il a composé le plus grand nombre de ses ouvrages et de ses poésies. On le donne même pour le premier auteur du projet de latiniser la versification italienne, en la soumettant au mètre des vers grecs et latins, comme le prouve l'épître qui commence par ces deux vers, que Vasari rapporte :

> Questa per estrema miserabile epistola mando
> A te che spregi miseramente noi.

Cette tentative, renouvelée depuis par Claudio Tolomei de Sienne, n'était, au fond, que l'effet d'une méprise sur les formations originaires des langues. Il faut, pour produire une versification métrique, qu'un long usage ait assigné à la prononciation de chaque mot et de chaque syllabe, une mesure fixe de durée ; et, cette condition, il n'est donné à personne de la faire entrer, après coup, dans les habitudes du langage.

Une semblable méprise ne prouve toutefois, de la part d'Alberti, que l'excès de sa passion pour les muses grecque et latine. Mais ce qui en témoigne encore plus, ce fut sa comédie de *Philodoxeos*, qu'il donna pour l'œuvre d'un poète antique. Un seul mot en fait l'éloge. Alde Manuce le jeune y fut trompé, et la publia sérieusement comme une production du poète comique ancien Lepidus.

Cet ouvrage avait servi de passe-temps à Leon-Batista Alberti, pendant la convalescence d'une assez longue maladie, qu'on eut quelque raison d'attribuer à une trop grande intempérance de travail ; car les travaux de l'esprit étaient pour lui le délassement des études auxquelles il se livrait, dans les genres les plus sérieux, tels que le droit civil et canonique.

Les excès de l'étude sont peut-être les plus dangereux de tous, dans le jeune âge. Les fibres n'ont pas encore acquis la force de supporter une application continue, cent fois plus pénible alors que la fatigue des travaux corporels. Alberti en fit la triste expérience. Une première maladie ne l'avait pas rendu plus réservé. Il en essuya bientôt une seconde, qui fut accompagnée de symptômes remarquables. L'histoire qui en a conservé le détail ne permet pas de douter que ç'ait été chez lui une sorte de détente, un relâchement total du genre nerveux. Il éprouvait les plus singulières variations dans l'organe de la mémoire, oubliant les noms de ses parens et de ses domestiques. Les médecins avaient deviné sans peine la cause du mal: ils lui imposèrent une diète sévère, c'est-à-dire l'abstinence de toute étude.

Alberti recouvra la santé : toutefois il lui resta une sorte de dérangement dans l'équilibre des humeurs. Comme il se portait à tout avec une passion extrême, il usait promptement ce ressort de l'appétit moral, dont l'abus amène bientôt après lui le dégoût. Quand la fureur de la lecture le prenait, rien ne pouvait l'arracher de dessus les livres; il y oubliait jusqu'aux besoins de la vie. Quand la satiété était venue, la vue seule d'un livre lui était odieuse. Il passait alors des sciences et des lettres à la musique, au dessin, à l'architecture, aux jeux de la gymnastique.

Dans un de ces passages produits par le désordre d'appétit dont on a parlé, il écrivit, toujours dans sa langue favorite, son traité sur les avantages et les inconvéniens des lettres, *de commodis litterarum atque incommodis*. Mais il fit honneur à la langue toscane de son ouvrage intitulé *de famiglia*. A des comédies fort divertissantes, telles que celle qui a pour titre *la Veuve et le défunt*, succédaient des ouvrages sur les mathématiques; à ceux-ci, des travaux théoriques et pratiques sur les arts.

Il est certain qu'il fut peintre, et qu'il s'adonna surtout à l'art du portrait et à celui de la perspective. Vasari cite, comme l'ayant vu, le portrait d'Alberti peint par lui-même. C'était le suffrage des enfans qu'il recherchait dans les portraits qu'il faisait : sans doute il est le plus véridique, s'il s'agit de la ressemblance. Le temps lui a envié l'approbation non moins suspecte de la postérité, quant aux autres mérites. Il ne reste non plus que des souvenirs de quelques-unes de ses perspectives peintes.

Mais la peinture lui a deux obligations particulières qu'on ne saurait ici passer sous silence : l'une est son traité de l'art de peindre, divisé en trois livres qu'il écrivit en latin, mais qui, depuis lui, traduits en italien, méritèrent plus d'une édition, et furent encore ajoutés, dans le siècle suivant, au traité, sur le même sujet, de Léonard de Vinci. L'autre monument de son talent pittoresque est moins une œuvre de peinture qu'un moyen multiplicateur des effets de cet art, un procédé qui en agrandit le domaine : je parle de l'invention du mécanisme de l'optique, et des vues enluminées qui, soumises à la répétition du miroir, rivalisent avec la nature.

L'habitude nous a aujourd'hui familiarisés aux prestiges de cette invention; mais elle excita et elle dut exciter, alors qu'elle parut, la plus vive admiration. Il paraît que son auteur lui avait déjà donné une très grande perfection, et avait déjà su ajouter, à l'illusion du procédé lui-même, les accessoires de ces spectacles mouvans qui portent le merveilleux de la réalité au plus haut degré. On a été jusqu'à rapprocher cette découverte de celle de l'imprimerie, par leur date commune qui fut l'an 1437.

Si l'on compare les deux inventions, sous le rapport moral de leurs effets et de leur importance, la comparaison pourra manquer de justesse; considérées matériellement, on y trouvera d'assez heureux rapprochemens. L'imprimerie multiplie les jouissances des ouvrages de l'esprit, l'optique celles des ouvrages de l'art et de la nature; l'imprimerie fait participer les hommes les plus éloignés entre eux aux avantages de leurs productions réciproques, l'optique transporte les pays eux-mêmes, leurs habitans, leurs costumes, leurs monumens, dans d'autres pays, à d'autres hommes, et établit dans le monde une sorte de communication qui fait, pour les choses, ce que l'imprimerie fait pour les idées.

Les loisirs de Leon-Batista Alberti auraient été de sérieuses occupations pour un autre. La curiosité de tout, le besoin de tout apprendre, étaient entrés dans ses habitudes et dans tous ses passe-temps. Tantôt il recherchait avidement la société des savans, et tantôt il se plaisait à trouver de l'instruction parmi les ignorans. Convaincu qu'il y a toujours quelque chose à apprendre d'eux, il en empruntait souvent le personnage. Sous ce déguisement, il parcourait les ateliers, les boutiques, s'enquérant à toutes sortes d'ouvriers, de leurs pratiques, dont il leur dérobait ainsi les secrets. C'était au reste pour les leur rendre, et avec usure; car bientôt, de tous ces innocens larcins qu'il faisait de côté et d'autre, sortaient quelques découvertes, quelques nouveaux procédés mécaniques qui enrichissaient et les arts et les ouvriers.

Comment, entre tant de goûts divers, le goût de l'architecture n'aurait-il pas obtenu d'Alberti une distinction particulière? Déjà plus d'un voyage entrepris par lui, en diverses contrées de l'Italie, avaient eu pour objet la recherche des monumens de l'architecture antique. Mais ce fut à Rome qu'il acheva d'en étudier les principes et de s'en approprier le style et la manière. Il y parvint avec tant de succès, que, dans le trop petit nombre d'ouvrages qui nous restent de lui, il n'y a trace ni d'emprunt ni d'acquisition pénible : tout y semble tradition ou légitime héritage de l'antiquité.

Quelquefois les grands artistes ont manqué aux grands ouvrages, d'autres fois il est arrivé que les grandes entreprises ont manqué à de grands talens. On doit regretter que de plus vastes travaux ne se soient pas offerts au génie d'Alberti. Il se serait trouvé bien de mesure avec un Saint-Pierre de Rome, et peut-être eût-il imprimé à un tel monument plus de caractère que ne l'a fait Bramante; peut-être aussi, comme lui, aurait-il péché du côté de la science de la construction, partie dans laquelle on trouve, il est vrai, à se faire suppléer. Ainsi le faisait Alberti, qui, comme on le sait, eut l'art d'employer des mains habiles à l'exécution de ses édifices. On peut toutefois pardonner d'avoir été médiocre dans la pratique, à celui qui se montra si habile dans la théorie. Le traité de l'art de bien bâtir d'Alberti lui assure une des premières places parmi les maîtres de cet art.

Avant d'en rendre compte, il convient de passer en revue les monumens dont il fut l'auteur.

Quatre villes d'Italie, Rome, Florence, Mantoue et Rimini, employèrent son talent. Il ne reste à Rome que quelques souvenirs de ses ouvrages. Le pape Nicolas V avait su distinguer son mérite; il en fit son conseil dans toutes les entreprises d'embellissement qu'il avait projetées. Mais il lui confia encore des travaux auxquels fut associé Bernard Rosselino, sculpteur et architecte florentin. De ce nombre furent quelques améliorations au palais du pape, à l'église de Sainte-Marie-Majeure, et encore la restauration de l'aqueduc de l'*aqua vergine* ou de Trevi. Alberti avait, sur la place de ce nom, élevé la fontaine qui a disparu depuis, pour faire place à celle que la munificence de Clément XII y a substituée à grands frais, vers le milieu du dernier siècle, sur les dessins de Nicolas Salvi. Vasari possédait le dessin d'un autre projet d'Alberti : c'était une galerie ouverte dans la longueur de l'un et de l'autre côté du pont Saint-Ange, pour l'abri et la commodité des gens de pied. Cela se liait aux vastes idées qu'avait conçues, dans tout ce quartier, le pape Nicolas V; idées qui moururent avec ce pontife, le plus grand amateur des arts et de l'architecture que Rome ait possédé.

Plus heureuse que Rome, Florence montre encore aujourd'hui des ouvrages fort remarquables d'Alberti. C'est à tort, cependant, qu'on a prétendu lui attribuer la façade de Santa Maria Novella; sa réputation en souffrirait, si le goût demi-gothique de cette architecture ne suffisait pas pour repousser même tout partage dans cette composition. Il n'y a réellement de lui que la porte, une des plus belles qu'on puisse citer, et qui démontre assez que son auteur n'a pu avoir aucune part dans tout le reste.

Mais Alberti a donné encore mieux le démenti à cette opinion vulgaire, par la belle façade du palais Rucellaï, *Strada della Vigna*, et par la *loggia* qui est en face. Le style de ces ouvrages est celui de la meilleure architecture grecque. C'est pourtant cette belle *loggia* qui donna lieu à Vasari de faire quelques réflexions fort judicieuces, sur la nécessité d'unir la pratique à la théorie de l'architecture. Alberti en fournit effectivement l'occasion, par quelques écarts dans la disposition de son plan et l'érection de ses arcades, ce qui l'obligea à quelques ressauts dont la régularité du reste de l'ouvrage dénonce l'inconvenance.

S'il paya ici un tribut à la critique, on doit dire que, dans un autre palais Rucellaï (*Strada della Scala*), il donna peut-être, sur un point important, le premier exemple du retour aux véritables principes de l'art, et aux maximes du bon goût : je veux parler de la double *loggia* qui accompagne ce palais. On le vit renoncer à l'usage des bas temps de l'architecture antique; usage renouvelé dans presque tous les bâtimens d'alors, et qui consistait à faire porter des arcades sur des colonnes. Les arcades, ou produisent par le fait, ou offrent en apparence, l'effet d'une poussée qui demande une résistance. La colonne, par sa faiblesse apparente ou réelle, ne satisfait, sur ce point, ni la raison ni le goût : l'une et l'autre disent que des arcades veulent être supportées par des pieds-droits. On ne veut pas nier que, vers la fin de l'empire et au renouvellement des arts, il n'ait été élevé, avec solidité, des arcades en briques sur des colonnes de marbre, dans des édifices que, du reste, leur goût recommande encore; et l'on avouera aussi que quelquefois la nécessité, l'opportunité des matériaux propices et des convenances locales, ont pu faire excuser cet emploi. Il était général au temps d'Alberti; mais il eut l'honneur de ramener les ordonnances de colonnes au système des plates-bandes ou architraves; et la double *loggia* du palais Rucellaï fut le premier monument où l'on vit reparaître, dans toute sa pureté, le système classique de l'architecture grecque.

La chapelle Rucellaï, à l'église San Pancrazio, est encore un ouvrage fort estimé d'Alberti; on y retrouve employée la même méthode, qui devint bientôt celle de tous les vrais architectes, et de tous ceux qui ont appris que l'architecture ne doit ses beautés qu'à leur accord avec la raison.

On met au rang des belles choses, à Florence, et des meilleures de Leon-Batista Alberti, le chœur et la tribune de l'église de l'Annonciade, en forme de rotonde, dont la voûte, égale à celle du Panthéon de Rome, sans fenêtres ni ouverture, a été peinte à fresque par Balthazar Franceschini dit Il Volterrano. L'architecte pratiqua, dans la circonférence de cette rotonde, neuf chapelles en renfoncement, formées par neuf arcades qui sont autant de grandes niches. On sait quel est l'effet produit par les bandeaux des cintres inscrits sur une surface circulaire et concave : quand on les voit de côté, ils semblent biais et hors d'à plomb. Vasari a critiqué sur ce point Alberti, tout en accordant de grandes beautés à l'ouvrage. On a peine à croire, cependant, que ç'ait été là, de la part d'Alberti, un manque d'expérience : c'est un de ces effets de perspective qui blessent, si l'on veut, la vue d'un certain point, mais que l'œil apprend bientôt à redresser. Il se peut au reste que, dans de semblables élévations, il vaille mieux supprimer, au-dessus des cintres, les moulures qui donnent lieu à l'inconvénient d'optique dont on a parlé.

Louis de Gonzague, marquis de Mantoue, venait de faire l'essai des talens d'Alberti, dans l'ouvrage de l'église de l'Annonciade. Il voulut s'en emparer tout-à-fait pour l'ornement de sa ville : il le conduisit à Mantoue, pour y établir une école d'architecture. Enfin, vers 1472, il le chargea de lui faire le modèle d'un temple sous l'invocation de saint André. Ce modèle fut confié par Alberti à l'exécution d'un certain Luca de Florence, homme intelligent, et dont l'architecte eut à se louer, ne pouvant présider partout, en personne, aux diverses constructions dont il était chargé. On a remarqué qu'il fut encore heureux d'avoir eu, pour la conduite de ses travaux à Florence, Salvestro Fancelli; mais un semblable bonheur n'est-il pas l'effet d'un bon choix, effet lui-même du savoir de l'architecte en chef?

En voyant le plan de l'église de Saint-André, on reconnaît aisément qu'il a servi de modèle à beaucoup d'églises construites postérieurement, et qu'il réunit, dès cette époque, beaucoup de qualités qu'on chercherait vainement depuis dans ses imitations. Le frontispice du temple offre une élévation simple et riche tout à-la-fois. On croit y apercevoir une réminiscence de l'arc de Rimini, ou de quelques autres arcs de triomphe qu'Alberti avait vus à Rome, et sur lesquels il avait formé son style.

L'intérieur de l'église présente une ordonnance fort régulière, en pilastres corinthiens qu'on ne saurait dire accouplés, tant est large l'espace qui les sépare, sur les pieds-droits qui servent de support aux arcades. Cette ordonnance est couronnée par un bel entablement, au-dessus duquel s'élève un superbe berceau en grands caissons, dont la riche distribution rappelle les plus beaux ouvrages de l'antiquité en ce genre. Selon les intentions d'Alberti, la nef ne devait recevoir de jour que par une fenêtre au-dessus de la porte principale, et par les vitraux du fond des chapelles et du dôme, et sur ce point l'architecte avait été fidèle aux principes établis par lui-même, en traitant de la manière d'éclairer les temples. Mais la mort l'avait surpris avant qu'il eût pu présider à l'exécution de son modèle.

Cette église, un des ouvrages les plus purs en ce genre de l'architecture moderne, ne passe pas encore pour être le chef-d'œuvre d'Alberti. Les architectes s'accordent à donner le prix à l'église de Saint-François de Rimini.

Ce monument est vraiment remarquable sous deux points de vue. Si on le considère spécialement sous le rapport de l'art, il est certain qu'on y voit (nous parlons du dehors, l'intérieur tient encore du gothique) un parti alors tout-à-fait nouveau de portiques entourant l'église, à la manière des colonnades aux temples périptères des Grecs. Ces portiques, de la plus noble proportion et de la forme la plus pure, s'élèvent sur un soubassement continu, d'un beau caractère, qui règne tout à l'entour, jusque sous l'ordre de la façade d'entrée, où il n'est interrompu que par la porte. Cette façade, dont la partie supérieure n'a point été terminée, offre trois arcades dont les pieds-droits, ornés de colonnes corinthiennes, rappellent encore la disposition des arcs antiques, et surtout de celui de Rimini. Tous les détails de cette architecture peuvent être considérés comme des traditions de l'antiquité, et on dirait qu'Alberti aurait eu l'intention de fixer là, par des exemples réels et pratiques, les principes théoriques de son traité *De' re œdificatoria.*

Mais il est un autre point de vue sous lequel ce monument acquiert un intérêt qui le rend tout-à-fait particulier. Quoique l'architecte n'ait fait, à cet égard, que seconder les vues de celui qui commanda l'ouvrage, on doit à la justice de reconnaître qu'une belle idée trouva fort heureusement, chez Alberti, le génie propre à lui donner toute sa valeur. Sigismond Malatesta, célèbre guerrier du quinzième siècle, s'était plu à réunir auprès de lui ce qu'il y avait, en tout genre, d'hommes de talent. Il s'en composait une sorte de cortège. Après les avoir protégés et récompensés vivans, il voulut encore qu'après leur mort, leur réunion donnât un intérêt nouveau au temple, dont il avait fait le monument de sa piété, de sa gloire et de sa puissance. Alberti fut appelé à satisfaire cette noble et touchante ambition, dans la composition qui devait donner une nouvelle forme à l'extérieur de l'ancien édifice.

Il imagina donc de l'entourer, dans chacune de ses parties latérales, d'une longue file d'arcades de 100 pieds en longueur, formant galerie, et de placer entre chacune, sur le soubassement continu dont on a parlé, des sarcophages uniformes, dans le goût antique, où seraient déposés les corps. Chaque pied-droit offre, dans sa largeur, une table propre à recevoir les épitaphes et inscriptions. Entre les archivoltes est sculptée une grande couronne : il n'y a pas d'autre ornement. On comprend que la décoration d'un pareil monument consiste précisément dans l'absence de toute décoration.

Le monument, sans contredit le plus durable, de la science architecturale de Leon-Batista Alberti, est son Traité de l'Architecture (*De re œdificatoria*); il fut écrit par lui en latin. Cosme Bartoli, prévôt de Saint-Jean de Florence, le traduisit en italien, l'an 1546; et en 1550, Jean Martin, secrétaire du cardinal de Lenoncourt, en fit une traduction française. Le français de ce siècle est, si l'on peut dire, une autre langue que celle d'aujourd'hui. Aussi doit-on pardonner à beaucoup d'architectes d'ignorer qu'il y a d'Alberti une traduction en français. Il suffira, pour inspirer le desir de la connaître, du peu de notions que nous allons donner de l'ouvrage original.

Le premier livre traite de l'origine de l'architecture et de son utilité; de la manière de choisir le sol et l'exposition, de préparer le terrain, de le mesurer et diviser conformément à la destination que doivent avoir les édifices; des colonnes et des pilastres; des différentes natures de toits, de portes, de fenêtres, de leur nombre ainsi que de leurs proportions; des diverses espèces d'escaliers ou montées, de leurs retraites ou paliers; des issues pour les eaux, des égouts, et de la situation qui leur convient.

Dans le second livre, il est question du choix des matériaux; des précautions à prendre avant de commencer un bâtiment; des modèles qu'on doit faire, soit en bois, soit en pierre tendre, en carton, en cire, en plâtre ou talc, etc.; du choix des ouvriers; des arbres propres à la construction, du temps où il faut les couper, des moyens d'empêcher la pourriture des bois, et de les rendre incombustibles; des pierres; des diverses espèces de briques; de la tuile, de la chaux, du sable et des cimens.

Le troisième livre roule sur les procédés de la contruction; sur les différens genres de fondations, selon la variété des terrains; sur l'appareil des pierres, des moellons, des blocages, etc.; sur la manière de faire les revêtemens des murs; sur les poutres, les solives et leur assemblage; sur les planchers, les arcades, les voûtes, les toitures, les pavemens; sur les saisons où il faut commencer et achever certains ouvrages.

Le quatrième livre est occupé par des considérations de théorie générale. L'auteur fait observer que les hommes ont toujours varié dans leurs constructions, à raison de la diversité des sols, des climats et des gouvernemens. Il parle ensuite de la situation favorable aux villes, de la grandeur qu'on peut leur donner, de la forme de leurs murailles, des pratiques et cérémonies des anciens relatives à cet objet; des fortifications; des tours, des portes, des remparts, des ponts de bois et de pierre, des égouts, des ports et havres; des places nécessaires à une ville.

Le cinquième livre donne les règles pour bâtir les palais des bons princes, les châteaux-forts des tyrans, les maisons d'une république, les temples grands et petits, les académies, les écoles publiques, les hôpitaux, les palais des sénateurs. On y trouve des notions sur l'architecture militaire et navale, sur celle des fermes, métairies et maisons de campagne.

Le sixième livre contient des notions théoriques sur l'architecture proprement dite, et un abrégé sur l'histoire de cet art. Viennent ensuite plusieurs chapitres qui enseignent la science des machines, les procédés propres à scier le marbre, à tailler et élever les colonnes, à faire les revêtemens, soit en dalles de marbre, soit en stuc.

Dans le septième livre, continuant de traiter des ornemens de l'architecture et principalement des colonnes, Alberti s'occupe des édifices à la décoration desquels on les emploie. A l'instar de Vitruve, qui avait fait un livre sur les temples, il en consacre aussi un aux églises. Il dit quelle espèce de colonnes et de pilastres convient le mieux à ces édifices ; quel emploi on doit y faire des statues, et de quelle matière il convient qu'on les fasse.

Le huitième livre contient un grand nombre de notions relatives aux chemins et aux voies publiques, aux tombeaux, aux pyramides, aux autels, aux inscriptions, aux rues des villes, aux ornemens que doivent recevoir les portes, les ponts, les carrefours, les marchés. L'auteur embrasse les places publiques, les promenades, les théâtres, les cirques, les bains, les bibliothèques, les collèges, enfin la construction et la décoration des édifices publics.

Le neuvième livre est une continuation du précédent. On y trouve les préceptes relatifs à la décoration des palais des rois, à l'ornement des maisons de ville et de campagne, aux peintures et sculptures qui doivent y trouver place.

Le dixième et dernier livre roule principalement sur les moyens de trouver de l'eau, sur la manière d'arroser les jardins, et d'entretenir la fraîcheur dans les appartemens de la ville et de la campagne. Il se termine par quelques recettes applicables aux besoins domestiques.

Cette courte analyse, ou, pour mieux dire, cette table de chapitres, n'est guère propre qu'à faire connaître l'étendue du traité de Leon-Batista Alberti; mais nous en avons assez dit sur l'auteur, pour nous croire dispensé de recommander la lecture de l'ouvrage.

Il faut terminer la vie d'Alberti : c'est plus facile que de l'épuiser, car il resterait encore bien des détails à donner de ses autres travaux littéraires. Il resterait à tracer le tableau de ses mœurs, de son caractère, et de toutes les qualités du cœur et de l'esprit, qui avaient fait de lui un de ces modèles, dont la nature n'est malheureusement que trop avare.

Aimable, généreux, ne portant ombrage à personne, parce que sa supériorité seule le mettait à l'abri de toute rivalité, Alberti mourut en sa patrie, et dans un âge fort avancé. On ignore la date précise de sa mort. Il fut enterré à *Santa Croce*, dans le tombeau de sa famille.

PALAIS STROZZI, À FLORENCE.

CRONACA (SIMONE),

NÉ EN 1454, MORT EN 1509.

Des deux noms sous lesquels fut connu ce grand et célèbre architecte, aucun ne fut le sien propre. L'un, comme on le voit, était son nom de baptême, et l'autre fut un sobriquet sous lequel il ne cessa point d'être connu. Vasari, dans la vie d'Andrea Contucci, *dal monte Sansovino*, l'appelle Pollaiuolo ; et dans sa vie, il nous dit qu'il était parent de ce célèbre sculpteur. Quoi qu'il en soit, le surnom de *Cronaca* qui lui est resté, autrement dit en français, le *Chroniqueur*, il le dut à l'habitude qu'il avait contractée de raconter sans cesse, et de faire de perpétuels récits de son voyage et de son séjour à Rome.

On ne sait point quelle cause le fit enfuir de Florence, et se réfugier à Rome, où son goût le porta de préférence à l'étude de l'architecture antique, dont les modèles étaient alors et beaucoup plus nombreux, et bien mieux conservés qu'aujourd'hui. Sa continuelle occupation fut de les dessiner et de les mesurer avec la plus grande exactitude. Lorsqu'il eut fait une ample provision de toutes ces études, il retourna à Florence.

On ne tarda point à l'y distinguer et à reconnaître en lui un jugement sûr et exercé, une élévation de goût et de style, qui lui donnaient une supériorité marquée sur tous ceux qui, formés dans leurs écoles particulières, ne savaient que répéter ce qu'avaient répété leurs maîtres. Pour Cronaca, il ne suivait d'autres leçons que celles de l'antique et de Vitruve, en y joignant toutefois les exemples de celui qui l'avait précédé sur les mêmes routes, et dans la mise en œuvre des mêmes doctrines de l'art à Florence, je veux parler du célèbre Brunelleschi.

Déjà ce grand architecte avait introduit, et dans ses monumens, et dans ceux de ses successeurs, avec l'imitation des lignes sévères, des masses imposantes et des formes grandioses de la construction antique, la richesse et la pureté des ordonnances de colonnes; et déjà plus d'un palais, en effaçant par sa grandeur les constructions du moyen âge, s'était distingué encore par l'emploi des proportions, des formes et des ornemens de l'architecture grecque. De ce nombre avaient été les ouvrages de Brunelleschi, de Michelozzo, de Giuliano et de Benedetto da Maiano.

Ce dernier avait été chargé par Philippe Strozzi l'ancien, de satisfaire l'ambition qu'il avait, ambition alors commune à tout grand ou riche personnage, de laisser de soi un souvenir durable dans la construction d'un magnifique palais. Jamais ce genre d'ambition ne fut mieux servi. Trois siècles et demi ont déjà passé sur ce palais, sans y effacer le nom de Strozzi; et en voyant aujourd'hui cet édifice aussi neuf que le premier jour, on peut présumer qu'à moins de causes de destruction étrangères, il remplira long-temps encore les intentions de son fondateur.

Benedetto da Maiano, qui le commença sur un plan

quadrangulaire et isolé, éprouva des difficultés pour en réaliser l'ensemble, de la part des propriétaires voisins qui se refusaient aux cessions des terrains contigus; aussi ne put-il lui donner son complément : toutefois il acheva une bonne partie de sa construction. Il s'était modelé sur le goût et le caractère grandioses de ses prédécesseurs; mais en pratiquant dans sa devanture ce genre colossal de bossages alors en usage, il en avait tempéré l'austérité, et su corriger l'uniformité, par quelques variétés dans le degré de force et de saillie qu'il leur donna. Ainsi, comme l'a observé Vasari, il eut l'art d'en graduer les effets en diminuant leur épaisseur de bas en haut. L'ouvrage de l'extérieur était encore loin d'être terminé, lorsque Benedetto da Maiano quitta, on ne sait pourquoi, Florence. Par un hasard fort heureux, Cronaca, ayant quitté Rome, venait d'y arriver.

Il fut employé sur-le-champ, par Philippe Strozzi, à lui faire un modèle complet de son palais, tant intérieur qu'extérieur. En dehors, l'étage supérieur n'était pas fini, et il manquait à cette grande façade ce qui devait en être le principal mérite, c'est-à-dire l'entablement. Rien non plus n'avait été arrêté à l'égard des appartemens, de l'escalier et de la cour.

C'est surtout par la terminaison extérieure de la devanture du palais, que Cronaca s'est acquis un honneur particulier. Hors de l'Italie, et dans les temps surtout où l'architecture travaille rarement en grand et en grandes masses de palais, on est moins porté à comprendre comment un entablement peut faire la renommée d'un architecte; car, nous ne le dissimulons pas, c'est celui du palais de Strozzi qui est le chef-d'œuvre de Cronaca. Pour en sentir toute la valeur, il faut se représenter quelle est la grandeur linéaire et morale de la masse imposante de ce palais, quelle est l'énergie de son genre colossal de construction, surtout d'après la mesure et la dureté des pierres qui composent son appareil. Il faut encore y comparer tous les bâtimens de quelque importance, qui se terminent ainsi en ligne droite par un entablement diversement profilé, et se rendre compte ensuite de la difficulté d'établir les plus justes rapports de mesure, de goût, de forme, de proportion et d'ornement, entre ce qui devient la tête, et ce qui est le corps d'un tel ouvrage.

Ces considérations sont nécessaires pour s'expliquer comment il se fait que, entre tant de couronnemens de palais, deux seuls soient cités comme modèles de ce genre en grand, savoir : celui du palais Farnèse, à Rome, par Michel-Ange; et à Florence, celui du palais Strozzi, par Cronaca. Du reste, le mérite de ces sortes d'ouvrages ne peut être rendu sensible que par le dessin; aussi ne nous flattons-nous pas que le trait placé en tête de cette notice, puisse suppléer la vue de l'original, pour ceux qui ne le connaissent pas. Une attention de Cronaca qu'on doit faire remarquer, c'est qu'ayant à établir les profils de son entablement, dans le haut d'une surface de bâtiment, taillée en bossages plus ou moins saillans, et propres à détruire l'effet des profils, il imagina de laisser entre les rangs de bossages et les moulures, un intervalle de trois assises, ou rangs de pierres lisses, sur lesquels il trouva le moyen de détacher fort heureusement son entablement.

On prétend que Cronaca emprunta la modénature de son entablement à un ouvrage antique; mais rien de plus difficile, et souvent de plus dangereux, que de semblables emprunts, tant sont divers les rapports de dimension, de forme, de caractère, de lieu, d'emplacement et d'effet, qui résultent de la nature particulière de chaque monument. Il y a donc dans ce genre une manière d'emprunter sans être débiteur, c'est-à-dire d'imiter sans être copiste; et cette manière consiste à s'approprier, non le résultat de l'œuvre d'autrui, mais ce qui en fut le principe, c'est-à-dire ce qui appartient à tout le monde.

Vasari s'est plu à vanter l'extrême perfection apportée par Cronaca, dans l'appareil et la liaison des blocs dont il forma ce vaste couronnement, ainsi que les soins avec lesquels fut conduite toute la construction du palais. Ces soins, dit-il, furent tels que ce grand ensemble paraît non un assemblage de pierres, mais comme taillé dans un seul bloc. Deux cent cinquante ans se sont écoulés depuis ce jugement de Vasari, et l'on peut affirmer qu'encore aujourd'hui l'œil ne saurait y découvrir une seule pierre dont la moindre désunion puisse démentir cet éloge.

La cour intérieure du palais, quoique ornée de deux ordres de colonnes, les unes doriques, les autres corinthiennes, de fort beaux portiques et de tous les détails d'architecture les plus soignés, ne paraît pas répondre, surtout par son étendue, à ce que semblerait devoir annoncer l'importance de l'extérieur. Mais on a déjà vu que, dès l'origine, l'architecte se trouva borné par l'exigence du terrain. Cronaca ensuite trouva dans l'ouvrage déjà commencé, avant lui, de la devanture du palais, des sujétions auxquelles il dut se subordonner, particulièrement pour ce qui regarde certaines dispositions intérieures, comme les distributions des appartemens et la construction de l'escalier, dont les pentes ont trop de roideur.

Nous aimerons à répéter avec Vasari que, malgré ce qu'on peut y desirer, le palais Strozzi est resté le chef-d'œuvre de cette prodigieuse et imposante architecture florentine, qui, sous le rapport de force et de grandeur, n'a été ni surpassée ni égalée; mais nous croyons pouvoir ajouter que, nonobstant tout ce qui depuis a été entrepris de grand en Europe, si l'on veut bien entendre ce mot, autrement que sous le rapport d'étendue, rien n'a pu faire descendre du premier rang qu'il occupe, l'ouvrage de Simon Cronaca.

De lui est encore à Florence la sacristie de l'église du Saint-Esprit. C'est dans le fait un petit temple octogone d'une très jolie proportion, et dont l'exécution est des plus soignées. Entre autres détails qu'on y admire, il faut remarquer certains chapiteaux corinthiens, travaillés avec cette extrême perfection qui distingua le ciseau du célèbre *Andrea Contucci da Monte Sansovino*.

C'est à Cronaca qu'est due l'architecture de la belle église appelée *San Francesco al Monte*, hors de Florence, sur la colline de *San Miniato*. Cette église, que Michel-Ange appelait *la sua bella Villanella*, étant devenue postérieurement celle d'une autre institution religieuse vouée à la pauvreté, a perdu toute la richesse de sa décoration; mais elle n'a pas cessé d'être recommandable aux yeux de l'architecte, par la pureté de son goût et la simplicité de son ordonnance. Elle n'a qu'une seule nef ornée de six colonnes de chaque côté. Le couvent attenant l'église fut aussi l'ouvrage de Cronaca, et mérita d'être vanté; mais il n'en reste plus rien aujourd'hui, par l'effet des changemens et des augmentations qui survinrent.

Cronaca eut encore l'honneur d'une des plus grandes constructions qui ont eu lieu de son temps à Florence. Il s'agissait d'élever la vaste salle du conseil, dans le palais de la Seigneurie. Les plus habiles architectes du temps, Michel-Ange, Julien de San Gallo, Baccio d'Agnolo, furent appelés, avec Cronaca, pour donner les plans et décider des moyens de construction de ce grand local. Savonarola, alors en crédit et ami de Cronaca, favorisa ses projets, et contribua à lui en faire adjuger l'exécution. Cette salle passe pour être la plus grande qu'il y ait en Italie. Son étendue, et surtout sa largeur, exigèrent, pour sa couverture, des moyens de charpente extraordinaires, et Cronaca y fit preuve de beaucoup d'adresse et de capacité. Il ne reste de lui aujourd'hui, comme lui appartenant, que les murs et la toiture; tout l'intérieur a été changé et modifié par Vasari, qui a décrit, en plus d'un endroit et avec beaucoup de détails, les améliorations dont il fut l'auteur.

Cronaca, dans ses dernières années, s'était entièrement dévoué au parti de Savonarola, et il avait embrassé toutes les opinions de ce fanatique prédicateur. Il n'eut bientôt plus ni d'autres pensées ni d'autre entretien. Ce fut en cet état que la mort vint l'enlever, à l'âge de cinquante-cinq ans, après une assez longue maladie.

Il fut enterré dans l'église de Saint-Ambroise, à Florence, où, peu de temps après, on plaça sur sa sépulture l'épitaphe suivante, que composa Jean-Baptiste Strozzi.

CRONACA

> Vivrà, e mille, e mille anni, e mille ancora
> Mercè de' vivi miei palazzi, e tempi,
> Bella Roma, vivrà l'alma mia Flora.

BRAMANTE.

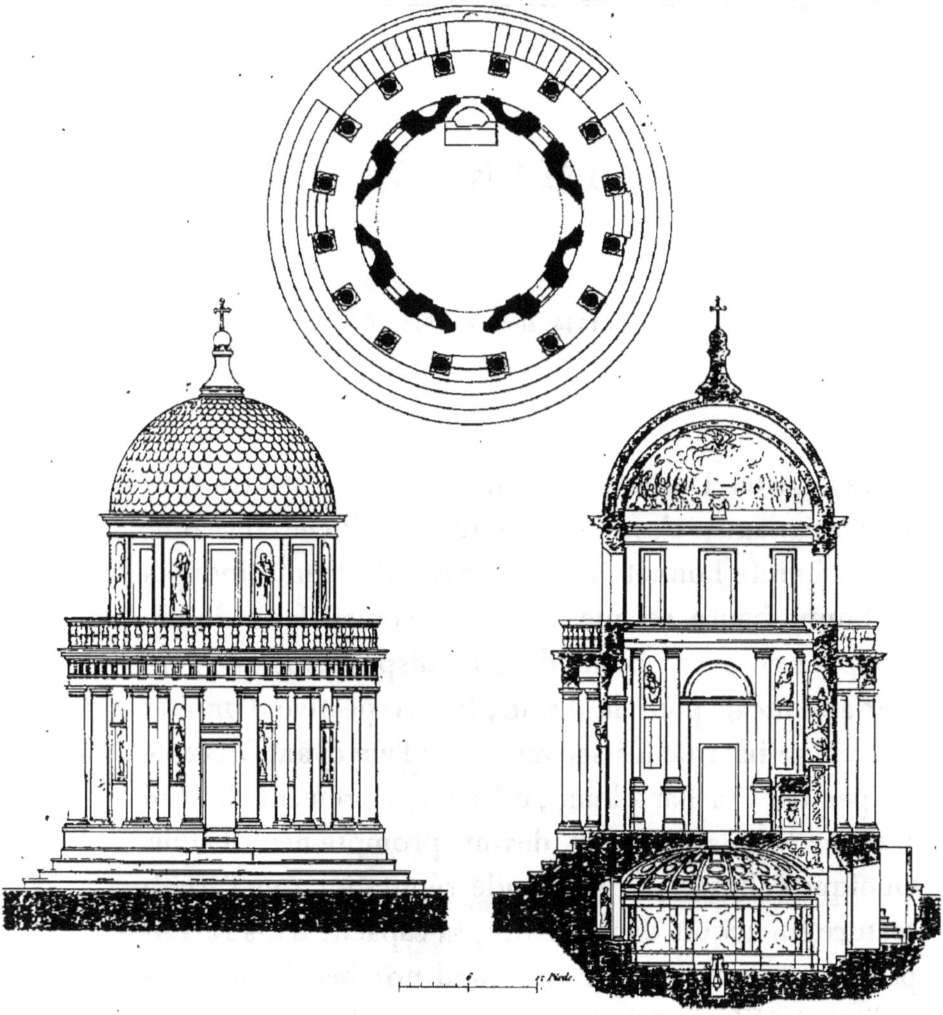

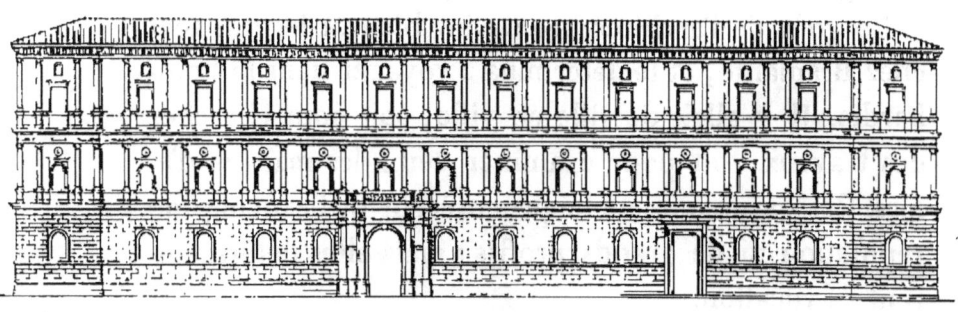

PETIT TEMPLE CIRCULAIRE DE S. PIETRO IN MONTORIO.

E. Ollivier sc.

PALAIS DE LA CHANCELLERIE,

À ROME

BRAMANTE,

NÉ EN 1444, MORT EN 1514.

Né à Castel Durante, suivant les uns, selon d'autres à Fermignano, c'est-à-dire dans le duché d'Urbin, d'une famille honnête mais pauvre, Bramante indiqua de bonne heure ce que la nature voulait faire de lui. Son père vit avec plaisir, dans les dispositions que l'enfant annonçait pour le dessin, la perspective d'un état utile. Il se hâta de les seconder, en l'envoyant à l'école du peintre Fra Bartolomo, d'Urbin, autrement dit *Fra Carnovale*. Bramante y devint promptement habile. Quoique éclipsée par la grande réputation que l'architecture lui acquit dans la suite, sa capacité dans l'art de peindre est prouvée par un grand nombre de tableaux qu'il fit à Milan. Mais le détail en serait aussi inutile à sa gloire, qu'il deviendrait, surtout dans cette histoire, étranger à ce qui doit en être l'objet.

Le goût de l'architecture devint bientôt le plus fort chez Bramante, et le détermina à voyager dans la Lombardie. Il y allait de ville en ville, soit pour chercher des travaux, soit pour examiner ceux des maîtres d'alors. Ces excursions ne lui procurèrent ni beaucoup de réputation ni de grands profits ; mais elles déterminèrent sa vocation.

La cathédrale de Milan, alors en construction, était le grand œuvre du siècle. L'architecte qui conduisait l'ouvrage, Bernardino de Trevi, était un constructeur habile, fort estimé de Léonard de Vinci, mais dont le goût tenait encore de la sécheresse du gothique. Bramante suivit avec attention tous ces travaux; et peut-être dut-il lui-même, à l'influence des exemples dont il reçut ces premières impressions que rien souvent n'efface, certaine tendance à un style un peu maigre et sec, qui caractérise ses premiers ouvrages. Quoi qu'il en soit, la grande entreprise de Milan acheva de fixer son goût pour l'architecture.

Il vint à Rome, et s'y fit d'abord connaître par quelques peintures à fresque, dans l'église de Saint-Jean-de-Latran. Ces ouvrages de peu d'importance ne subsistent plus. Bientôt un autre ordre de travaux et d'études produisit en lui, avec une ambition nouvelle, un changement total de vie et de conduite.

Bramante, ainsi que Condivi nous l'apprend dans sa vie de Michel-Ange, était naturellement porté au plaisir et à la dépense, et sa manière de vivre l'a suffisamment prouvé dans la suite. Mais une fois décidé à devenir architecte, il se condamna à la plus sévère parcimonie, résolu à acheter, par des privations de tout genre, l'aisance dont il avait besoin pour se livrer exclusivement aux études peu fructueuses des ouvrages de l'antiquité. Solitaire et retiré en lui-même, il n'entretint plus de commerce qu'avec les monumens. En peu de temps, on le vit dessiner et mesurer tous ceux de Rome et de ses environs. A Tivoli, il fit des recherches particulières sur la *villa Adriana*. Il visita la Campanie, poussa jusqu'à Naples ses savantes excursions, s'emparant, par le dessin, de tout ce que le temps avait épargné d'édifices romains.

Le cardinal de Naples, Olivier Caraffa, avait remarqué ce grand zèle de Bramante pour l'architecture. Il lui confia bientôt, à Rome, la construction du cloître du couvent *della Pace,* qu'il voulait refaire sur un nouveau dessin. L'ouvrage fut entrepris, conduit et terminé avec autant d'intelligence que de célérité; et quoiqu'il fût le coup d'essai de l'artiste, et encore loin de la perfection de l'art, il le mit en grande considération. Rome comptait alors peu d'architectes en crédit par le savoir, le goût, et cette intelligente activité qui double les ressources de l'artiste.

La protection du pape Alexandre VI fut le prix du succès que Bramante venait d'obtenir. Il fut employé par le pontife, comme architecte en second, à la direction des travaux de la fontaine de Transtevere et de celle de Saint-Pierre. L'une et l'autre ont depuis été remplacées par de plus magnifiques. Il coopéra, mais uniquement par ses avis, à l'agrandissement de l'église de Saint-Jacques-des-Espagnols, et à la construction de celle de l'*Anima,* qui fut confiée à un Allemand; mais il eut une part plus active dans le projet de la belle chapelle de *Santa Maria del Popolo.*

Nous avons déjà donné à entendre que les premiers ouvrages de Bramante, durent retenir quelque chose du goût maigre, auquel le genre appelé gothique avait si long-temps habitué les yeux. Comme, en architecture, il y a une exécution qui dépend de mains étrangères à l'architecte, il devait arriver que la routine ouvrière porterait l'influence d'une pratique ancienne, dans des ouvrages d'un goût nouveau. Or cela peut encore expliquer cette tradition de maigreur et de sécheresse, qui se remarque surtout au palais Sora, près la Chiesa Nuova, et qu'on est assez fondé à juger comme un des premiers ouvrages de Bramante : la date de sa construction est 1504. Ce n'est ni par l'ensemble de la disposition, en général bien conçue, ni par la proportion et l'accord des parties, que cette grande construction le cède à ses autres ouvrages. C'est par les détails mesquins des fenêtres, par la maigreur des petits pilastres de leurs chambranles, par une exécution dénuée du relief et de la valeur que demandait une aussi grande masse.

Ces observations critiques sont encore plus ou moins applicables au palais jadis du roi d'Angleterre (puis palais Giraud), commencé en 1503, rue *Borgo Nuovo*, mais qui ne fut achevé que plusieurs années après. Ce qui forme l'ensemble et les détails de son ordonnance est, si l'on peut dire, trop de bas-relief; et j'entends par là que les chambranles du premier étage, par exemple, que les deux ordres de pilastres qui décorent la façade, que l'entablement et ses profils produisent, par leur peu de saillie, un aspect froid; que l'exécution y manque de cette ampleur qui est aussi une richesse. Cependant, comme les mots dont on use pour caractériser les impressions des ouvrages de l'art, ne sauraient exprimer ni rendre, dans une mesure précise, les nuances d'effet et de valeur, dont les yeux seuls peuvent discerner et fixer les variétés, il faudrait se garder de prendre ici dans un sens trop absolu, les expressions de maigreur ou de froideur. Il faut entendre, à l'égard du style de Bramante, un excès de pureté qui dépendit chez lui, moins de son propre goût, que d'un manque de développement total dans l'art même, à l'époque où il parut. Cette timidité de style est, en effet, du même genre que celle qu'on remarque, en peinture, dans les premiers ouvrages de Raphaël; c'est, si l'on peut dire, l'adolescence, ce n'est pas encore l'âge viril du talent. Il règne toutefois, dans tout ce palais, beaucoup d'élégance, et sa façade est du nombre de celles où les artistes se plaisent à se figurer ce qu'avaient pu être le genre, l'apparence et la masse des palais de l'ancienne Rome, surtout dans ses derniers siècles.

Un reste d'analogie semblait, en effet, régner à cette époque, entre les usages de l'art de bâtir sous le règne des derniers Césars, et les mœurs des nouveaux riches de la Rome moderne. Beaucoup de débris de l'antiquité, qui subsistaient alors, durent servir de modèle aux architectes qui en renouvelèrent les traditions. On a peine du moins à se faire l'idée des somptueuses habitations des anciens Romains, sous une image différente de celle que nous offrent les palais bâtis par Bramante.

Tel est, sans doute, le vaste palais de la Chancellerie, qu'il construisit vers le commencement du seizième siècle. Il y a peu d'édifices, dans Rome et ailleurs, plus remarquables à tous égards. La grandeur de ses dimensions le fait toujours distinguer entre les masses les plus imposantes qu'elle renferme. Sa façade, longue de 254 pieds, est en pierre travertine; sa cour, composée de deux étages de portiques ou d'arcades supportées par des colonnes de granit, est une des plus spacieuses, des plus dégagées qu'on puisse voir. Tout l'intérieur du palais présente de vastes et commodes distributions.

L'ordonnance de la décoration extérieure a de la ressemblance avec celle du palais de *Borgo Nuovo*, dont on a parlé plus haut. Ce sont de même deux ordres de pilastres ornant les larges trumeaux des deux principaux étages; l'étage du rez-de-chaussée n'a que des fenêtres qui s'élèvent au-dessus d'un soubassement en bossages. Quoique l'œil desire aussi, tant dans l'entablement qui couronne cette grande masse, que dans les détails des chambranles, une saillie et une valeur de relief, plus en proportion avec la grandeur de l'ensemble, on ne peut s'empêcher d'y admirer la pureté de style, la sagesse de composition, et une harmonie de détails où rien ne se dément, et qui en fait un véritable tout : mérite qu'on doit y remarquer, d'autant plus que, selon Vasari, Bramante n'aurait pas présidé seul à son exécution.

Chez lui, une extrême facilité d'invention s'unissait à une égale promptitude dans la construction. Cette double capacité le fit rechercher par tout ce qu'il y avait de grands dans Rome, et les plus importans travaux venaient au-devant de lui. Les grandes entreprises dans l'art de bâtir ne peuvent naître, indépendamment des circonstances propices, que du concours toujours fort rare d'une noble ambition qui les ordonne, et d'un talent supérieur qui les réalise. Bramante et Jules II se rencontrèrent, et le Vatican sortit de terre.

Jules II avait conçu l'idée de faire enfin un grand tout, des parties détachées et incohérentes de l'ancien palais pontifical, et du Belvédère. L'espace qui les séparait était un terrain montueux et irrégulier. Il fallait un projet qui non-seulement corrigeât ces défauts, mais qui les transformât en beautés : c'est ce que fit celui de Bramante, qui seul aurait suffi à la gloire de cet architecte. Il réunit d'abord les deux édifices par deux ailes de galeries qui conduisent de l'un à l'autre. L'entre-deux, dans le plan primitif, formait une cour de 400 pas de longueur. A une des extrémités, il éleva cette immense niche, couronnée d'une galerie circulaire, que l'on aperçoit de toutes les parties de Rome, et qui porte aujourd'hui le nom de Belvédère. A l'autre extrémité, c'est-à-dire contre les murs du palais vieux, il construisuit un vaste amphithéâtre en gradins de pierre, d'où un grand nombre de spectateurs pouvaient assister aux jeux qui se donnaient dans la cour. L'aire de cette cour présentait deux plans : l'un plus bas, du côté du théâtre, l'autre plus haut, du côté de la grande niche dont on a parlé. Un escalier à double rampe, avec deux étages de colonnes, conduisait de la cour inférieure à la supérieure.

La partie de cette composition la plus remarquable, quant à l'architecture, était la double galerie dont on a parlé. De ces deux ailes de la grande cour, Bramante n'acheva que celle qui donne du côté de la ville, et encore à l'exception du troisième étage. L'autre, dont il jeta seulement les fondations, fut continuée et terminée selon ses dessins après sa mort. Il s'était donné pour modèle dans les proportions de ses ordres, celles du théâtre de Marcellus. Les arcades de l'étage inférieur avaient leurs pieds-droits ornés de pilastres doriques. L'étage au-dessus était en portiques et en pilastres ioniques. Le troisième étage formant *loge* continue se composait de colonnes corinthiennes.

Malheureusement, on ne peut plus guère se former

qu'en imagination, l'idée complète et originale de cette grande composition. Quoique toutes les parties en existent encore, le besoin de les renforcer, et de leur donner, par de nouveaux massifs, la solidité nécessaire, leur a fait perdre précisément ce qui en constituait l'effet et l'agrément. L'impatience de Jules II fut cause de la légèreté et du peu de soin qu'on apporta dans les fondations de tout l'ouvrage. Il aurait fallu au pape, pour architecte, un enchanteur qui, à son ordre, fît sortir de terre les édifices tout formés. Bramante ne se prêta que trop à cet empressement inconsidéré. Il faisait travailler de nuit aux fondations. Ses agens le trompaient; il se fit des mal-façons de tout genre. Aussi la bâtisse à peine achevée éprouva-t-elle, de toutes parts, des tassemens et des lézardes. Quatre restaurations successives eurent lieu dans toute cette construction; et à chaque remaniement, l'architecture perdit en beauté ce que la bâtisse gagnait en solidité.

De plus notables changemens sont encore survenus dans l'intérieur de ce monument. Le théâtre a disparu, et à l'endroit de la montée qui divisait ce vaste espace, Sixte-Quint éleva, pour y placer la bibliothèque du Vatican, un corps de bâtiment qui le coupa en deux parties, dont l'une est aujourd'hui une cour assez triste, et l'autre une sorte de jardin ou de parterre, d'où la grande et belle niche du Belvédère peut paraître disproportionnée.

L'honneur de tout ce qu'il y a de grand et de beau dans le Vatican n'en appartient pas moins à Bramante, quels que soient les changemens que ses conceptions y ont subis.

On peut cependant y citer un de ses ouvrages, qui nous est parvenu intact. C'est le bel escalier en spirale, porté sur des colonnes doriques, ioniques et corinthiennes. Chacun de ces ordres s'y succède dans les révolutions de la montée, laquelle est tenue d'une pente si douce, que les chevaux la parcourent facilement. Cette production est réputée une des plus heureuses de Bramante, quoiqu'il n'y ait pas eu le mérite de l'invention. Nicolas de Pise avait construit un escalier semblable dans le campanile de Saint-Nicolas-des-Augustins à Pise, au milieu du treizième siècle. On en trouve la description faite par Vasari dans la vie de cet ancien architecte.

Jules II combla de faveurs l'artiste qui servait si bien son goût favori. Il accorda à Bramante l'office *del Piombo*, ou de directeur du sceau à la chancellerie. Il le conduisit avec lui dans la guerre qu'il avait alors à soutenir, et l'employa comme ingénieur. En tout, il le traitait moins comme son architecte, que comme un de ses favoris.

On a soupçonné Bramante d'avoir abusé de son crédit auprès du pape, pour s'approprier toutes les entreprises, et même d'avoir tenté de décréditer dans son esprit Michel-Ange, le seul rival qu'il pût avoir. Vasari et Condivi sont assez d'accord sur ce point. Il paraît constant que Bramante qui venait de produire Raphaël à la cour de Jules II, pour terminer la décoration du Vatican, cherchait à détourner le pape des grands travaux de sculpture déjà confiés à Michel-Ange. Le fait est qu'il réussit à le dégoûter de l'entreprise du vaste tombeau, dont quelques parties s'exécutaient déjà, et cela, sous prétexte qu'un pareil projet était d'un fâcheux augure. Après l'avoir fait avorter, il insinua au pape d'employer Michel-Ange à peindre la chapelle Sixtine. Il espérait, disent les deux historiens qu'on vient de citer, ou que Michel-Ange, qui n'avait pas la pratique de la fresque, échouerait dans cette entreprise, et que cela relèverait d'autant le mérite de Raphaël, son parent et son protégé, ou que le refus que ferait Michel-Ange de se prêter aux vues du pape lui en attirerait la disgrâce.

Quoique tout cela ne manque pas de vraisemblance, on peut présumer encore, sans qu'il soit nécessaire de prêter à Bramante des intentions peu honorables, qu'il voyait avec peine le pape engagé dans des dépenses exorbitantes pour le mausolée projeté, et qu'il craignait que cette entreprise ne nuisît au succès des siennes. Dans le fait, raisonnant comme architecte du Vatican, Bramante devait mieux aimer faire employer Michel-Ange à la décoration de ce palais, qu'à la sculpture d'un tombeau qui pour le moment n'avait aucune destination.

Ce fut cependant ce fameux tombeau, objet de tant de contestations, qui occasiona l'érection de la nouvelle basilique de Saint-Pierre. Condivi nous l'apprend, et les détails qu'il nous donne à ce sujet, il les tenait de Michel-Ange lui-même, dont il fut l'élève et le confident.

Cet immense mausolée, qui devait se composer de quarante statues, avait été projeté, dessiné et commencé, sans qu'on sût encore quel emplacement le recevrait. Jules II chargea enfin Michel-Ange du soin de lui en trouver un.

La vieille église de Saint-Pierre menaçait ruine depuis long-temps. Le projet d'en construire une nouvelle avait déjà occupé le pape Nicolas V, homme à grandes entreprises, savant en architecture, et d'un génie élevé. Il avait même fait plus que projeter. Au chevet de l'ancienne basilique, on avait commencé d'élever ce que les Italiens appellent la *tribuna*, ce que nous appellerions ou l'hémicycle, ou le rond point du nouveau temple, dont Bernard Rossellino avait donné les dessins. La construction était déjà de 4 à 5 pieds hors de terre, quand Nicolas V mourut. Bientôt, et la construction et le projet tombèrent dans l'oubli. Michel-Ange, cherchant un emplacement pour son mausolée, retrouva la *tribuna* de Rossellino, proposa au pape d'en terminer la construction, et d'en faire le lieu de sa sépulture, moyennant une somme de cent mille écus romains. *Deux cent mille, s'il le faut*, répondit le pape enchanté, et sur-le-champ il manda Julien de san Gallo, et Bramante, pour examiner le local, et lui faire un projet en conséquence.

Une idée souvent conduit à une autre. Celle-ci réveilla dans l'esprit de Jules II la grande pensée de faire un nouveau Saint-Pierre. Il ne fut plus question de la *tribune* de Nicolas V que pour reprendre, dans sa totalité, le plan dont elle n'avait été qu'une très petite partie. Jules II consulta les plus habiles architectes du temps ; mais dans le fait, il n'y eut de débats qu'entre Julien de san Gallo et Bramante. Ce dernier l'emporta, et d'un grand nombre de projets qu'il présenta, le pape choisit celui sur lequel Saint-Pierre fut enfin commencé.

Le véritable projet de Bramante se retrouve à peine dans le plan actuel de la Basilique du Vatican. Il ne s'y en est conservé, en définitive, que l'idée générale, et ce qu'on doit appeler la conception primitive. Les nombreuses vicissitudes qu'a éprouvées ce monument sont consignées dans l'histoire que le jésuite Bonnani en a faite; et il faut avouer que peu de monumens ont subi, avant d'être terminés, autant de variations. Bramante mort, ses projets et ses dessins, s'il en laissa de complets sur Saint-Pierre, furent dispersés. Ce que nous en connaissons, nous le devons au soin que prit Raphaël de recueillir ses pensées, et de les reproduire dans un plan général, dont Serlio a depuis orné son traité d'architecture. C'est donc sur ce plan, dont la vie de Raphaël nous donnera occasion de parler avec plus de détails, qu'on peut apprécier ce que Bramante avait eu l'intention de faire. Aucun plan, comme nous le dirons de nouveau alors, ne présente une plus parfaite unité, une plus belle harmonie dans ses lignes, un meilleur accord entre toutes ses parties, et n'eût donné l'idée d'un plus vaste intérieur. Le Saint-Pierre d'aujourd'hui paraît moins grand qu'il ne l'est en effet. Le Saint-Pierre de Bramante aurait certainement été plus grand encore en apparence qu'en réalité.

L'extérieur aurait complètement répondu au mérite de l'intérieur. Le péristyle devait être à trois rangs de colonnes en profondeur, quoique inégalement espacées entre elles. La coupole eût été le Panthéon, extérieurement orné d'un rang de colonnes. Bramante l'imitait jusque dans les rangs de gradins, qui circulent autour de la calotte de cette voûte antique. A en croire des

DIOTI SALVI.

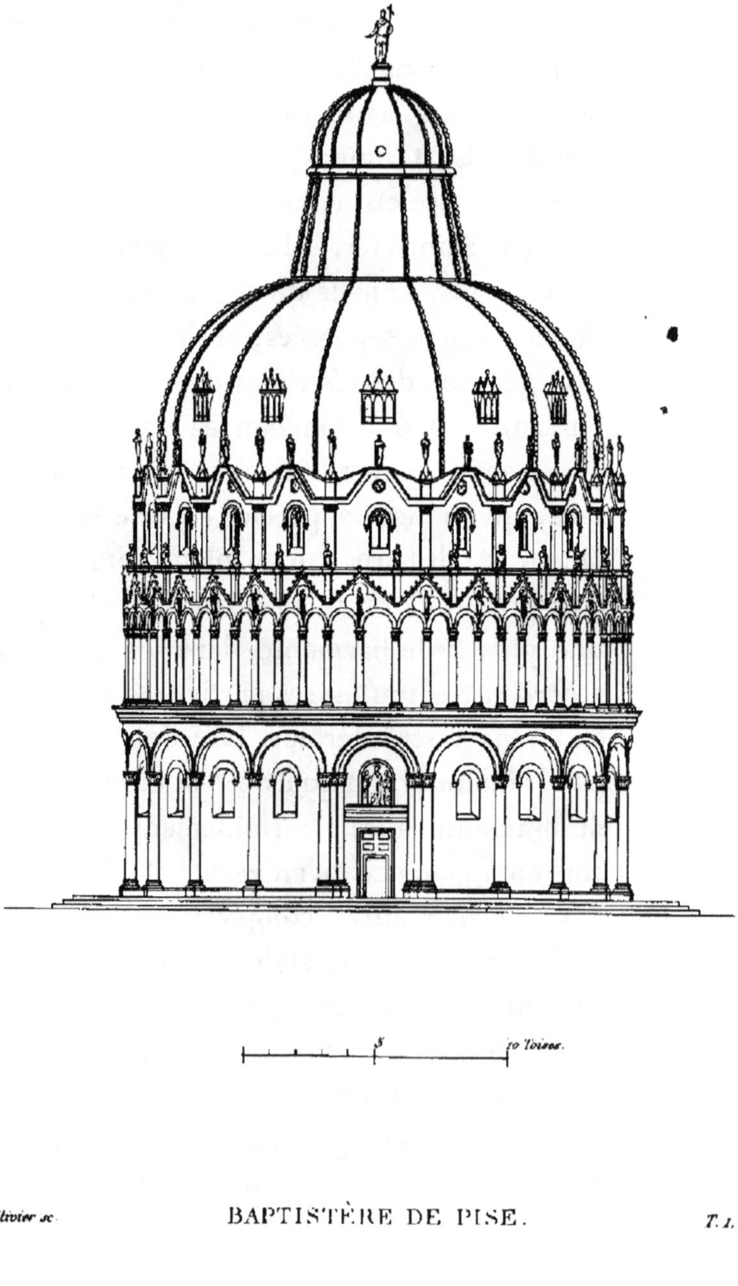

E. Ollivier sc.

BAPTISTÈRE DE PISE.

T. I. p. 11.

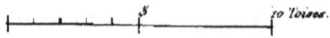

médailles contemporaines, gravées par Coradosso, et frappées sous Jules II et Léon X, lesquelles représentent le frontispice de la basilique projetée par Bramante, l'extérieur du monument aurait été accompagné de deux campaniles, si toutefois on doit prendre pour une autorité décisive le témoignage d'une médaille.

La pensée d'élever le Panthéon sur les voûtes du temple de la Paix est donc la propriété de Bramante, bien que depuis on en ait fait honneur à Michel-Ange. Celui-ci eut la gloire d'exécuter ce que l'autre avait projeté.

Mais Bramante, en supposant qu'il eût assez vécu, aurait-il pu réaliser son projet, d'après les données du plan dont on vient de faire mention? Tout le monde est d'accord que non, et voilà ce qui dans l'opinion ne laisse pas de diminuer le mérite de sa composition. Il est, par exemple, assez démontré que les piliers du dôme auraient été insuffisans pour la charge qui leur aurait été imposée; car on croit encore que le poids de sa coupole eût été plus considérable que celui de la coupole de Michel-Ange, et cependant Michel-Ange crut devoir donner à ses piliers trois fois plus d'épaisseur que Bramante n'en donnait aux siens.

Toutefois le dessin de celui-ci adopté par Jules II fut mis sur-le-champ à exécution, avec une hardiesse et une promptitude dont Bramante et Jules II étaient seuls capables. On abattit la moitié de la vieille basilique le 18 avril 1506. La première pierre fut posée par le pape, au pilier du dôme qu'on appelle celui de Sainte-Véronique. Bientôt on vit élever les quatre piliers, les quatre grands arcs furent cintrés, et l'hémicycle fut terminé. Mais bientôt aussi le poids des voûtes fit fléchir leurs supports, il s'y manifesta de toutes parts des lézardes. Ainsi l'édifice, dans les parties destinées à soutenir la coupole, n'avait encore reçu ni l'élévation ni la charge qui devaient lui être imposées, et déjà il menaçait ruine. Le trop de précipitation dans la bâtisse avait encore contribué à ces effets; car les matériaux ont aussi besoin de l'action du temps, pour éprouver successivement le tassement auquel ils sont sujets.

Bramante étant mort sur ces entrefaites, Raphaël, Joconde et Julien de san Gallo, ensuite Balthazar Peruzzi et Antoine san Gallo avisèrent aux moyens de réparer les effets menaçans de cette construction. Tous, soit ensemble, soit les uns après les autres, furent d'avis de renforcer prodigieusement les piliers du dôme. Enfin Michel-Ange s'empara de l'entreprise et la conduisit à sa fin, comme on le verra dans sa vie. Mais le seul changement opéré dans l'épaisseur des piliers du dôme, devait occasioner les modifications qui ont altéré tout le plan, tel que l'avait conçu Bramante.

Il résulte de ceci, qu'excepté l'idée générale du monument, et les quatre grands arcs du dôme, il ne reste guère d'autre gloire pour cet architecte, dans Saint-Pierre, que d'en avoir été le premier auteur et le vrai fondateur; car on ne saurait au fond attribuer ce mérite à Bernard Rossellini, quoiqu'il ait planté, si l'on peut dire, le germe de cette grande basilique.

Bramante eut toutefois plus d'une occasion, dans ce qu'il y exécuta, de faire preuve d'invention et d'une rare intelligence. Par exemple, on lui doit d'avoir renouvelé, en construisant ses voûtes, un procédé des anciens, en vertu duquel les voûtes, lorsqu'on les décintre, se trouvent entièrement sculptées et ornées de tous leurs compartimens. Ce procédé consiste en ce que l'on commence la voûte, par l'opération qui semblerait devoir être la dernière dans l'ordre des travaux. On établit sur le cintre des moules de bois, où sont sculptés en creux les fleurons, les moulures et les autres ornemens des caissons, dont la voûte doit être décorée. On y coule le stuc fait avec de la chaux et de la poussière de marbre; par-dessus on établit les briques ou autres matériaux dont le corps de la voûte doit être formé. Quand la construction est terminée, les ornemens ainsi moulés n'ont besoin après le décintrement que d'un léger réparage.

Bramante employa encore, pour construire les voûtes de Saint-Pierre, l'ingénieuse charpente mobile et suspendue qui passa depuis pour avoir été inventée par San-Gallo: d'autres en attribuent l'invention à Michel-Ange, lorsqu'il peignit la chapelle Sixtine. On sait que Bramante y avait établi un échafaud suspendu par des cordes, qui passaient au travers de trous pratiquées dans la voûte. Michel-Ange lui demanda ironiquement de quelle manière il boucherait tous ces trous après que l'échafaud serait enlevé, et il en imagina un mobile et suspendu, sans aucun secours de cordes. Il y a bien de l'apparence que Bramante comprit la question de Michel-Ange, et sut profiter de la leçon.

La rivalité qu'on sait avoir existé, sur plus d'un point, entre ces deux grands artistes, n'altéra point le sentiment de l'estime qu'ils avaient l'un pour l'autre. Michel-Ange, quoique changeant beaucoup de choses du projet de Bramante, ne se donnait toutefois que pour son continuateur. Il avait été des premiers à reconnaître les fautes de construction, cependant, tout en y portant remède, il ne parut jamais s'en prévaloir. Nous voyons au contraire, par une de ses lettres, qu'il avait conservé une haute opinion de son prédécesseur. « On ne saurait « nier, écrit-il, que Bramante n'ait été aussi habile en « architecture qu'aucun autre, depuis les anciens jus- « qu'à nous. Il posa les fondemens de Saint-Pierre, sur « un plan simple, net, dégagé, clair et isolé de toutes « parts, de manière à ne porter aucun inconvénient au « palais. Son invention fut admirée, et il est reconnu « que quiconque s'écartera des dispositions de Bramante, « comme l'a fait san Gallo dans son modèle, s'éloignera « de la vérité. »

La cour qu'on appelle au Vatican la Cour-des-Loges, avait été commencée par Bramante, et il paraît que la première idée de son élévation fut de lui. On pourrait croire la même chose de l'exécution, si Vasari ne nous apprenait que Raphaël, héritier de ses projets, fit en bois un nouveau modèle de cette cour, et que, par suite de ce modèle, les loges furent construites avec plus de richesse que ne leur en avait donné leur premier auteur.

On aperçoit encore dans la strada Giulia que Jules II fit ouvrir et aligner par Bramante, quelques vestiges d'un grand palais, dont cet architecte avait donné les projets, et qui devait être le chef-lieu de l'administration. L'édifice en resta aux fondations; mais ce qu'on voit de quelques parties de son soubassement, annonce que le monument aurait été un des plus grands de Rome, car Jules II ne projetait pas en petit.

Bramante a prouvé qu'il n'avait pas toujours besoin de grands projets pour faire du grand. Son petit temple circulaire de *San Pietro in Montorio* est, pour la dimension un des moindres morceaux d'architecture qu'il y ait: c'est à coup sûr un des plus parfaits. On le prendrait pour un modèle, ou une copie, en diminutif, d'un plan antique. Il occupe le milieu du cloître de *San Pietro in Montorio*. Mais ce cloître, selon les projets de Bramante, aurait dû être toute autre chose que ce qu'il est. Il devait former une enceinte circulaire en portiques soutenus sur des colonnes isolées. Cette enceinte aurait eu quatre portes d'entrée, quatre chapelles, et une niche entre chaque chapelle et chaque porte d'entrée. L'ensemble en eût été simple à-la-fois et varié. La critique s'est exercée sur quelques détails du petit temple ciculaire. On a reproché au chambranle de la porte d'empiéter sur les deux pilastres qui l'accompagnent, à l'attique d'être un peu trop élevé, à l'amortissement de la coupole d'avoir de la lourdeur. Mais on ne fait de ces sortes de critiques qu'aux bons ouvrages; et il n'est donné à aucune architecture d'en être exempte, parce que la perfection absolue n'est au pouvoir d'aucun artiste.

Nous devons mettre au nombre des plus agréables productions de Bramante le palais qui fut celui de Raphaël, et dont le dessin s'est conservé dans les recueils des palais de Rome. Quelques-uns, il est vrai, en attribuent l'architecture à Raphaël lui-même, et il n'est pas étonnant qu'il y ait du doute à cet égard, tant était grande la conformité de leur goût. Ce charmant édifice fut détruit lorsqu'on éleva les colonnades de Saint-Pierre.

Il serait inutile et trop long de citer le grand nombre de projets d'églises ou de palais donnés par Bramante, tant à Rome que dans les États de l'Église. Nous nous sommes borné ici à la mention de ceux de ses ouvrages, ou qui existent encore, ou dont on ne lui conteste pas d'avoir été l'auteur.

Bramante mourut à l'âge de soixante-et-dix ans. La cour du pape, et tous ceux qui cultivaient les beaux arts, assistèrent aux funérailles pompeuses qui lui furent faites dans l'ancienne église de Saint-Pierre, où il fut inhumé.

BALTHAZAR PERUZZI.

VUE D'UN PETIT PALAIS PRÈS LE PALAIS SPADA.

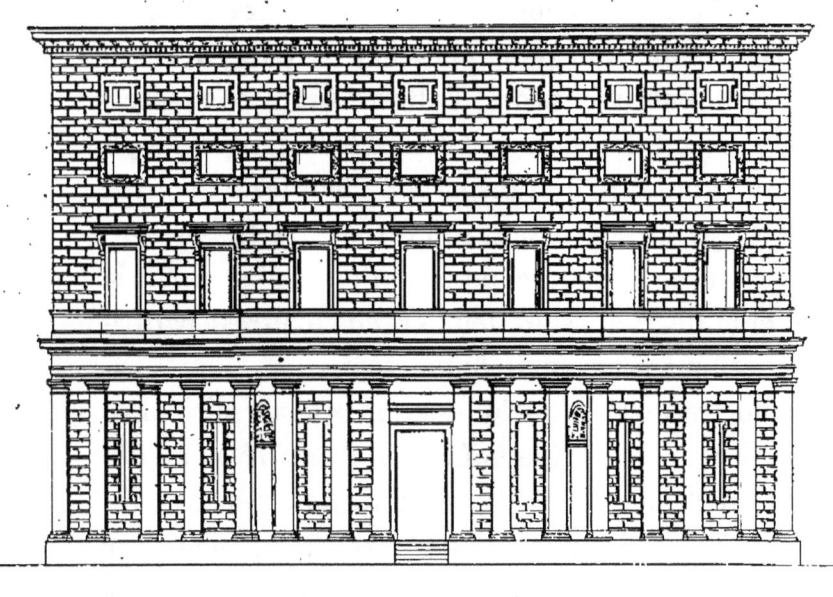

PALAIS MASSIMI, À ROME.

BALTHAZAR PERUZZI,

NÉ EN 1481, MORT EN 1536.

Trois villes d'Italie se sont disputé l'honneur d'avoir produit ce célèbre architecte. Chacune des trois, en effet, a quelque droit de le revendiquer; Florence pour avoir été la patrie de sa famille, Volterre pour l'avoir vu naître, et Sienne pour l'avoir fait artiste.

Antoine Peruzzi, pour fuir les troubles des guerres civiles dont Florence était alors le foyer, se réfugia à Volterre. Il s'y maria, et y donna le jour à une fille nommée Virginie, et à un fils nommé Balthazar; il était venu dans cette ville pour chercher la paix, mais la guerre l'y poursuivit encore. Volterre fut prise et saccagée. Il y perdit toute sa fortune, heureux d'avoir pu sauver sa famille qu'il transporta à Sienne. Il mourut peu de temps après, laissant son fils encore en bas âge, et sans aucune ressource pour son éducation; mais la nature et la nécessité sont deux grands maîtres: Balthazar Peruzzi sut profiter de leurs leçons.

La connaissance de quelques artistes avait fait naître de bonne heure en lui le goût du dessin. L'état de dénûment où l'avait réduit la mort de son père, ne lui permettait plus de cultiver les arts uniquement par goût, il en fit une étude sérieuse. Il rechercha les peintures des meilleurs maîtres, les copia, fut bientôt maître lui-même, et assez habile, non-seulement pour vivre du produit de ses tableaux, mais pour soutenir sa mère et sa sœur, et se livrer encore à des occupations infructueuses.

Ses premiers ouvrages se trouvent à Sienne et à Volterre. Là il se lia d'amitié avec un peintre de cette ville nommé Pierre, que le pape Alexandre VI employait à peindre dans le Vatican. Ce peintre le conduisit à Rome, dans l'intention de lui faire partager ses travaux. La mort du pape rompit ce projet de société, et Balthazar se livra à divers ouvrages de fresque, tels que ceux qu'on voit à Saint-Roch, et qui commencèrent à lui faire une réputation dans Rome. Cet heureux début lui procura des travaux plus considérables à Ostia, où il peignit en clair-obscur une bataille dans le style antique. Le costume y fut observé avec soin; les armures, les boucliers, les cuirasses, les instrumens de guerre, tout y est une répétition fidèle des bas-reliefs et des monumens de l'antiquité. Cesare da Sesto l'aida dans cette entreprise qui acheva de le faire connaître pour ce qu'il valait.

De retour à Rome, Balthazar Peruzzi se lia d'une étroite amitié avec le célèbre amateur Augustin Chigi, de Sienne, qui, voyant en lui un compatriote à produire, y trouva un grand talent à encourager : cette liaison fut aussi utile aux arts. On lui dut les beaux ouvrages que le goût de l'amateur avait besoin de commander à l'artiste; mais Peruzzi lui dut le loisir et les ressources qui lui permirent de se livrer à l'étude de l'architecture. Il en embrassa toutes les parties; et en devenant grand architecte, il parvint encore à faire tourner au profit de l'art de bâtir les rares connaissances qu'il avait acquises dans l'art de peindre. L'architecture feinte, dont le succès exige la réunion de deux talens, et par conséquent une double capacité, lui fut redevable, sinon de sa naissance (à proprement parler), du moins de cette supériorité et de ce point de perfection d'où, par la suite a daté, sous le rapport du goût, l'origine de ce genre d'art.

Jusqu'alors la science de la perspective n'était guère sortie des livres assez obscurs de quelques savans. Les peintres du quinzième siècle la mettaient en pratique dans les fonds de leurs tableaux; mais les compositions de ce temps étaient, pour la plupart, si simples, que le dessin de leurs édifices pouvait être exécuté par les procédés les plus élémentaires. A l'époque de Peruzzi, les grands ouvrages de Raphaël, en étendant la sphère de la peinture, avaient à la vérité rendu indispensable l'union de la théorie et de la pratique en ce genre.

Cependant, pour que cette science pût, comme on le vit depuis, produire une sorte d'imitation particulière (celle qu'on connaît sous le nom d'*architecture feinte*), il fallait que son application à une branche nouvelle de la peinture lui donnât un plus grand développement; et cette branche devait être celle des décorations scéniques. Mais l'art dramatique était dans l'enfance, et le décorateur ne s'était encore livré qu'à l'exécution des spectacles mécaniques dont on a parlé dans la vie de Brunelleschi. En se livrant, comme il fit, aux profondes études de la théorie et des pratiques de la perspective, Peruzzi semblait pressentir qu'il était destiné à renouveler, dans tout son éclat, l'art de la décoration de théâtre.

La perfection où il paraît avoir porté, du premier coup, les ouvrages de cet art semble difficile à croire, quand on sait par combien de degrés toute imitation doit avoir passé, avant d'atteindre ce qui est son dernier but. Mais il se donne aussi tel genre d'imitation qui n'est qu'une combinaison nouvelle de plusieurs, et il suffit d'un homme qui ait étudié chacun de leurs procédés, et qui en ait les talens divers. On voit alors paraître, comme par enchantement, un art tout formé, dont on ne soupçonnait pas l'existence.

Ces observations étaient nécessaires pour expliquer comment Balthazar Peruzzi, le premier des modernes qui, selon l'histoire, ait peint des décorations de théâtre, a peut-être été le plus habile en ce genre. Il était peintre, architecte, grand perspectiviste, dessinateur et peintre d'architecture. Que fallait-il de plus pour faire de lui un grand décorateur scénique? Une occasion. Elle se présenta dans les fêtes qui furent données à Julien de Médicis.

Vasari parle en deux endroits des décorations de Peruzzi, d'abord à l'occasion des fêtes en question, et ensuite au sujet de la comédie de Bibiena, intitulée *la Calandra*, que Léon X fit représenter devant lui, ce qui fait croire que cet artiste eut plus d'une occasion de s'exercer dans cet art; mais partout il en parle avec cet enthousiasme, que le genre porté à sa perfection pouvait seul exciter chez un aussi bon juge.

« Balthazar, dit Vasari, s'acquit d'autant plus d'hon-
« neur par ses décorations de théâtre, que cet art
« n'était pas encore connu, vu la désuétude dans la-

« quelle étaient tombés le talent et le goût de la poésie
« et de la représentation dramatique. Mais les décora-
« tions dont il s'agit, pour avoir été les premières, n'en
« furent pas moins le modèle et le régulateur de celles
« qu'on fit depuis. On a peine à concevoir avec quelle
« habileté notre décorateur, dans un espace si resserré,
« sut représenter un si grand nombre d'édifices, de palais,
« de portiques, d'entablemens, de profils; tout cela
« d'une telle vérité, qu'on croyait voir des objets réels, et
« que le spectateur, devant une toile peinte, se croyait
« transporté au milieu d'une place véritable et maté-
« rielle, tant l'illusion était portée loin. Balthazar sut
« aussi disposer, pour produire ces effets, et avec une
« admirable intelligence, l'éclairage des châssis, ainsi
« que toutes les machines qui ont rapport au jeu de la
« scène. »

Que l'on fasse si l'on veut, dans cet éloge, la part de
l'excès d'admiration que produit naturellement un spectacle nouveau; on y trouvera toujours renfermée l'idée
de tous les genres de mérite que réunit l'art de la décoration scénique. Il en est un cependant dont Vasari n'a
point fait mention, sans doute parce que ce fut celui
qui, dans le temps, dut étonner le moins : je veux parler du beau style de l'architecture, de la noblesse et de
la pureté des formes, que, depuis, certains préjugés
avaient fait croire inconciliables avec les charmes de la
composition, et de l'effet pittoresque sur la scène. Il est
vrai qu'en peignant dans ses décorations de l'architecture antique, Peruzzi ne fit que ce qu'il n'aurait pu
s'empêcher de faire. Au reste, il est malheureux qu'il ne
reste de tout cela que d'assez inutiles mentions. Tel est

le sort de ce genre d'ouvrages, sort commun à beaucoup de choses, qui durent d'autant moins qu'elles brillent plus.

Si cependant il est encore permis aujourd'hui de se figurer ce que put être l'exécution de ces peintures, et ce que fut le talent du peintre, c'est à la Farnesine qu'on pourra s'en faire l'idée. Plus d'un rapport, en effet, existe entre le talent de la décoration de théâtre, et l'art de peindre, dans les édifices, ce qu'on appelle l'architecture feinte. Or il nous est resté de Peruzzi des témoignages qui nous prouvent, qu'en ce genre, il avait atteint le plus haut degré de perfection. Il ne paraît pas qu'on ait porté plus loin le genre d'illusion, objet et principale condition de cette sorte d'imitation, que dans la galerie de la Farnesine, qui donne sur le jardin, et où est peinte l'histoire de Méduse. On a raconté de tout temps plusieurs méprises d'animaux, d'oiseaux surtout, trompés par les prestiges de la perspective linéaire, réunis à ceux de la couleur, dans des vues d'architecture. L'ouvrage de Peruzzi fit plus : il trompa non-seulement des hommes, mais les plus habiles peintres. Titien, conduit un jour par Vasari dans cette salle, fut tellement induit en erreur par le relief apparent des ornemens et des profils peints, que déjà détrompé par son guide, il voulut qu'une échelle lui donnât le moyen de désenchanter encore sa vue par le tact. Telle est effectivement la perfection de cette architecture feinte, qu'encore aujourd'hui, tout averti qu'il est d'éviter la méprise, l'œil ne laisse pas encore de s'y complaire.

Ce qu'on appelle maintenant la *Farnesina,* ou le petit palais Farnèse, fut jadis celui d'Augustin Chigi. Son architecture est de Balthazar Peruzzi. Quoique l'extérieur ait perdu la plupart des agrémens de détail qui l'embellissaient, ce ne laisse pas d'être encore un des plus charmans édifices de Rome. Sa façade principale, c'est-à-dire celle de l'entrée, du côté de la cour, offre au rez-de-chaussée une belle galerie (*loggia*) ou un portique, qui se compose de cinq arcades. C'est là que Raphaël a peint la fable de Psyché. Ce portique, ainsi que le corps principal du bâtiment, est en retraite des deux ailes qui, par conséquent, en sont les avant-corps. Une ordonnance de pilastres doriques règne dans toute la circonférence de l'étage inférieur, sans aucune inégalité d'entre-colonnement. L'ouverture des cinq arcades dont on a parlé, étant de la même largeur que les entre-pilastres, ce premier portique met de la variété dans la masse, sans rompre l'unité de sa composition. L'étage qui s'élève au-dessus du rez-de-chaussée présente, avec une semblable distribution, la même ordonnance de pilastres doriques, appliquée aux trumeaux des fenêtres, dans tout le pourtour de l'édifice. Il y aurait bien à reprocher là un peu de monotonie, résultat de la répétition du même ordre en deux étages. On se demande aussi pourquoi l'ordre inférieur est tenu plus élégant et plus allongé que le supérieur. Quelque importance que la critique puisse mettre à ces observations, voulût-on même y voir un véritable défaut, nous devons dire qu'il n'ôte rien à l'accord, à la grâce, à l'eurythmie de l'ensemble. La frise qui surmonte l'étage principal est ornée de festons soutenus par des génies et des candélabres, qui font une heureuse diversion aux petites ouvertures des fenêtres pratiquées entre eux, dans cette espèce de *mezzanino*. Tous les détails des profils y sont purs, de cette sorte de pureté qu'on ne saurait bien définir qu'en l'appelant de l'élégance attique.

Ce petit palais, encore aujourd'hui, une des plus élégantes créations de l'architecture dut être à son premier âge une sorte de merveille pour l'artiste, par la réunion que Peruzzi y avait faite, des charmes de la peinture décorative, et des agrémens de l'ordonnance architecturale. Tous les dehors en étaient ornés de sujets en grisaille, aujourd'hui effacés. On ne peut plus appeler que l'imagination, à se former une idée de cet édifice. Quand on pense au double talent de l'artiste qui l'exécuta, et comme architecte, et comme peintre, difficilement peut-on se flatter de bien comprendre, ce que dut offrir d'harmonie, un ensemble né d'une telle conjonction de circonstances. Dès-lors s'explique clairement l'éloge que Vasari en a fait, par ce peu de mots, *si vede non murato, ma veramente nato*. C'est ce qu'on peut dire de mieux, sur tous les ouvrages, qui paraissent être la production facile du sentiment qui crée, plutôt que l'effort du savoir qui copie.

Balthazar Peruzzi excellait dans ce genre de peinture d'ornement, que les Italiens appellent *a teretta*. On en usait volontiers alors, pour l'embellissement extérieur des bâtimens. C'était une combinaison de terre argilleuse, de charbon pilé, et de poussière de travertin, ou de pierre calcaire. Le dessin se traçait en creux sur l'enduit, et les lignes ainsi tracées étaient remplies de blanc ou de noir, pour produire les grands clairs ou les ombres. Rien ne jouait mieux l'apparence de la sculpture, et c'était une manière à-la-fois expéditive et économique de faire ou des ornemens, ou des bas-reliefs simulés. Malheureusement pour les productions de quelques habiles maîtres en ce genre, leur durée n'a pas égalé leur mérite, et le temps ne les a pas épargnées plus que d'autres. On chercherait en vain aujourd'hui celles de Peruzzi à Rome; il n'en existe plus que des souvenirs.

Etant allé à Bologne, il y fit deux projets en grand, avec leurs coupes, pour la façade de San-Petronio; l'un était dans le goût nouveau, l'autre selon le style gothique. Il les accompagna de détails fort ingénieux, pour approprier la construction nouvelle à l'ancienne, sans endommager celle-ci. Ces projets furent admirés, mais ils restèrent sans exécution. On cite comme son ouvrage la porte de l'église de San-Michel in Bosco, beau couvent situé hors de Bologne; la Cathédrale de Carpi exécutée sur ses dessins, et l'église de Saint-Nicolas dans la même ville, dont il commença les travaux, qu'il fut forcé d'abandonner, pour se livrer à ceux des fortifications de la ville de Sienne.

De retour à Rome, il fut employé par Léon X, à la construction de la nouvelle église de Saint-Pierre. Bramante en avait jeté les fondemens, avec cette précipitation qu'il mettait, ou, si l'on veut, que Jules II lui faisait mettre dans la plupart de ses constructions. Après la mort de l'un et de l'autre, on fut effrayé de la grandeur des masses, et de la faiblesse des points d'appui. On n'avisa plus qu'aux moyens de diminuer les unes et d'augmenter les autres.

Balthazar Peruzzi fut, après divers prédécesseurs, chargé aussi de présenter son modèle, que Serlio nous a conservé en dessin. C'est une croix grecque, dont les quatre branches se terminent en hémicycle. Entre chacun de ces hémicycles, s'élève en dehors, et sur un plan quadrangulaire, une sacristie. Les masses des quatre sacristies devaient servir de soubassement à autant de campaniles. Chaque hémicycle a une porte, qui s'ouvre sur un portique demi-circulaire, d'où l'on entre dans l'église. Le grand autel est entre les quatre piliers, qui portent une coupole de 188 palmes de diamètre. Elle est accompagnée de quatre petites coupoles de 65 palmes de diamètre, qui s'élèvent au point central du croisement des petites nefs. Tout ce plan est conçu avec une symétrie parfaite, et la plus grande intelligence. Quoiqu'il n'ait pas eu d'exécution, il n'en est pas moins une des plus belles conceptions des architectes de cette époque.

Peruzzi y donna la preuve que son génie était de niveau avec les plus hautes idées de l'architecture, et que celui qui savait ainsi modifier le plan de Bramante, était bien en état de lui succéder. Cependant, soit que la fortune des grands talens en architecture dépende d'un certain concours de circonstances, soit que les grands talens aient besoin d'un certain art de faire fortune, art que le caractère timide et réservé de Peruzzi ne lui permit pas d'apprendre, la construction de Saint-Pierre ne fit que languir sous sa direction indécise. Malgré la protection de plusieurs grands personnages, qui savaient apprécier son mérite, il fut de préférence employé à de plus petits ouvrages, c'est-à-dire, à la construction de palais, qui n'ont toutefois de petit, que l'étendue de leur masse ou de leur superficie.

On sait en effet qu'il y a en architecture une sorte de grandeur, qui n'est ni tributaire du compas ni appréciable par les mesures. Produite par le génie, elle n'a de juge que le goût. Le vrai connaisseur passera, sans en recevoir aucune impression, devant plusieurs de ces vastes palais, qui renferment dans leur enceinte des arpens de superficie; mais il se sentira involontairement arrêté, à l'aspect des charmantes façades, dont Balthazar Peruzzi a orné diverses demeures plus modestes. Ces masses élégantes, vrais modèles du genre qui convient au plus grand nombre des propriétaires, seront toujours l'objet des études de celui qui desirera mettre le goût de la bonne architecture, à la portée des classes moins opulentes de la société. C'est de semblables édifices que Poussin semble avoir fait un recueil, pour en orner les fonds de ses tableaux, et composer ces belles perspectives de villes antiques, qui dans plus d'un de ses ouvrages, partagent, avec leurs figures, l'admiration du spectateur.

Du nombre de ces maisons, qu'on prendrait pour des restes de l'antique Rome, sont celles, par exemple, que l'on voit rue Borgo Nuovo, et à l'entrée de la rue qui conduit en face du palais Farnèse. Elles sont gravées dans le recueil des palais de Rome par Falda. Toute description, du reste, serait insuffisante à l'égard de semblables ouvrages, dont le principal mérite tient à une certaine grâce de diction, si l'on peut dire, qui ne saurait être comprise, et définie que par un sentiment qu'on ne définit pas. Que dire en effet de ces élévations, si ce n'est qu'on y trouve un choix exquis des plus belles formes de fenêtres, et de chambranles, qu'on y voit les profils les plus purs, que les rapports entre les pleins et les vides y sont dans un accord parfait, qu'il y règne un ensemble de solidité sans lourdeur, de richesse sans luxe, de caractère sans affectation?

Les ouvrages de ce genre ne sauraient donc être trop étudiés par les jeunes architectes qui, frappés des grandeurs de l'antique Rome, oublient trop souvent que les villes se composent de maisons, et que leur beauté dépend plus du bon goût répandu par l'art, dans les simples ordonnances des habitations particulières, que de l'érection de grands monumens, dont plusieurs siècles parviennent à peine à voir la fin. Les moindres constructions de Peruzzi, comme de Palladio, sont une sorte d'école pratique, du genre d'architecture qui peut convenir aux besoins même des villes de commerce. On peut citer de ces architectes, telle maison avec boutiques et entresols, qui n'en est pas moins un chef-d'œuvre de bon goût.

Il est fort à regretter que ce beau style qui commençait à devenir dans Rome le style dominant, et, comme cela arrive toujours, une sorte de mode, n'ait pas régné plus long-temps. Le projet de Léon X se serait réalisé, et une véritable image de Rome antique aurait reparu dans Rome moderne. Mais lorsque tous les arts, d'un pas égal et rapide, semblaient devoir remonter à leur ancienne hauteur, trois évènemens successifs en arrêtèrent la marche.

Le premier fut la mort si prématurée de Raphaël. La grande école dont il était l'âme, perdit tout son ressort, et commença à se dissoudre. Les hommes habiles qui la composaient répandirent, si l'on veut, par leur dispersion, sur plusieurs points, les lumières de l'antiquité. Mais ces rayons épars et divergens ne produisirent plus que de faibles clartés.

Le second coup porté au progrès de l'art fut la mort de Léon X, qui arriva peu de temps après, et produisit pour les artistes, une sorte d'interrègne pendant le pontificat d'Adrien VI, jusqu'à ce qu'un nouveau Médicis, Clément VII, élu pape en 1524, eut fait rentrer avec lui, dans Rome, les espérances qui s'attachaient à son seul nom.

Mais le dernier et le plus fatal des évènemens fut la prise et le sac de Rome, par le connétable de Bourbon, en 1527. Alors disparut tout espoir de rassembler de nouveau les élémens de cette célèbre génération de talens qu'avait réunis Léon X. Beaucoup périrent dans cette catastrophe; le reste fut réduit à chercher son salut dans la fuite.

Balthazar Peruzzi courut, pendant cette crise, les plus grands dangers. Sa physionomie, tout à-la-fois noble, aimable et sérieuse, le fit prendre pour quelque prélat déguisé, ou pour un homme bon à mettre à contribution. On le fit prisonnier, et il eut à essuyer toutes sortes d'outrages et de mauvais traitemens. Parvenu enfin à faire croire aux soldats, qu'il n'était qu'un pauvre peintre, il fut encore obligé pour les en convaincre, de leur faire le portrait du connétable de Bourbon, qui avait été tué à son entrée dans Rome. A ce prix sa liberté lui fut rendue. Echappé de leurs mains, il s'embarqua pour Porto-Ercole, d'où il gagnait Sienne, lorsque, sur la route, il fut pris de nouveau, et dépouillé de tout. Ce fut en ce triste état, qu'il arriva dans la ville de Sienne, qui était sa patrie de prédilection.

Peruzzi y trouva des amis qui s'empressèrent de le secourir, et lui procurèrent des travaux ; ce furent pour la plupart des constructions de maisons particulières, ce fut aussi la décoration de l'orgue dans l'église *del Carmine*. On l'employa encore à rachever les fortifications de Sienne précédemment commencées d'après ses projets.

A-peu-près, vers le même temps, Clément VII, qui connaissait sa capacité en ce genre, voulut l'occuper, comme ingénieur, aux travaux du siège de Florence, qu'il faisait avec l'armée impériale. Mais Peruzzi sacrifiant la faveur du pape à l'amour de sa ville chérie, refusa la commission. Le pape conserva quelque ressentiment de ce refus, et l'artiste après la paix générale eut besoin aussi de faire la sienne avec le pontife. Les cardinaux Salviati, Trivulzi et Cesarino intervinrent dans cette petite négociation.

Balthazar Peruzzi reprit à Rome ses travaux ordinaires. Il donna aux princes Orsini différens dessins de palais qui furent bâtis, les uns près de Viterbe, les autres dans la Pouille. La cour du palais Altemps, à Rome, passe aussi pour avoir été son ouvrage. On le croirait assez, au goût sage qui y règne : en tout cas, ce ne fut qu'une espèce de restauration.

Mais un édifice tout entier de lui, vraiment original sous tous les rapports, qu'on regarde comme son chef-d'œuvre, et qui se distingue parmi tous ceux de l'architecture moderne à Rome, est le palais Massimi. L'art sans doute en a produit de plus grands et de plus magnifiques. Aucun n'offre dans une dimension moyenne, et sur un terrein borné, un parti plus neuf, et plus ingénieux, un aspect qui donne mieux l'idée de ce que furent les habitations de l'antique Rome.

Le premier mérite de l'architecte dans cet ouvrage, fut d'avoir su tirer un parti aussi heureux d'un site ingrat, étroit et irrégulier. Cette disposition est telle, qu'on la croirait une invention libre, et non pas conçue sous la dictée du besoin. La façade du palais, pour obéir au contour de la rue, consiste en une élévation circulaire, ornée de refends dans toute son étendue. Une ordonnance dorique embrasse le contour du rez-de-chaussée, dont le milieu est un vestibule, formé de colonnes isolées, disposées deux par deux (ce qui ne signifie pas accouplées). L'entre-colonnement de l'entrée est plus large que les autres. Il conduit à un petit portique ou vestibule, que l'on croirait volontiers un *atrium* antique. Son plafond est décoré de compartimens en stuc très élégans. A chacune des extrémités est une grande niche. La porte fait face à l'entre-colonnement de l'entrée, et l'ordonnance de l'extérieur règne dans tout l'intérieur.

Rien de plus pur, de plus classique, tant au-dedans qu'au-dehors, dans le portique d'entrée, comme dans ceux de la cour, que toute cette architecture. Ce qu'admire l'œil intelligent, qui se rend compte du charme qu'il y éprouve, est précisément ce qui, pour tout autre architecte, eût pu être l'écueil de son talent. En effet, tout dans cet ensemble, a rencontré les sujétions les plus gênantes. Cependant on dirait qu'au lieu d'obéir à l'emplacement, l'architecte l'aurait commandé lui-même. L'espace est étroit et petit. Tout ce qui le remplit est grand, et y paraît à l'aise. Malheureusement il n'y a pas eu moyen d'élargir la rue sur laquelle donne la façade du palais. Aussi n'y jouit-on pas comme on le voudrait, des beaux chambranles de fenêtres du premier étage, et du riche entablement qui couronne la masse de tout l'édifice.

Ce fut le dernier ouvrage de Balthazar Peruzzi. Il n'eut pas même l'avantage d'en voir la fin. La mort le surprit avant qu'il eût pu le terminer, et lorsqu'il était encore dans la force de son talent. Il y eut dans le temps quelques soupçons, que cette mort prématurée avait pu être l'effet du poison, et les soupçons tombèrent sur un de ses envieux, qui ambitionnait sa place d'architecte de Saint-Pierre. Cependant on n'eut des indices de cette cause, que lorsqu'il n'y avait plus de remède. Il mourut âgé de cinquante-six ans, regretté de ses amis et de sa famille, à laquelle il ne laissait pour tout héritage, qu'un nom qui devait encore devenir plus célèbre après lui. Les artistes lui firent d'honorables funérailles, et sa sépulture fut placée dans le Panthéon à côté de celle de Raphaël.

Peruzzi vécut et mourut pauvre. Son seul revenu consistait en deux cent cinquante écus que lui valait la place d'architecte de Saint-Pierre. C'était son unique ressource pour l'entretien de sa famille. Le pape Paul III n'eut connaissance de son état de détresse, que dans sa dernière maladie. Ce fut à la veille de le perdre, qu'il parut sentir la perte que les arts allaient faire. Il lui fit compter cent écus accompagnés d'offres de service, et des témoignages flatteurs d'une obligeance tardive.

Le caractère timide de cet artiste avait toujours nui à sa fortune. Une sorte de délicatesse qu'il portait à

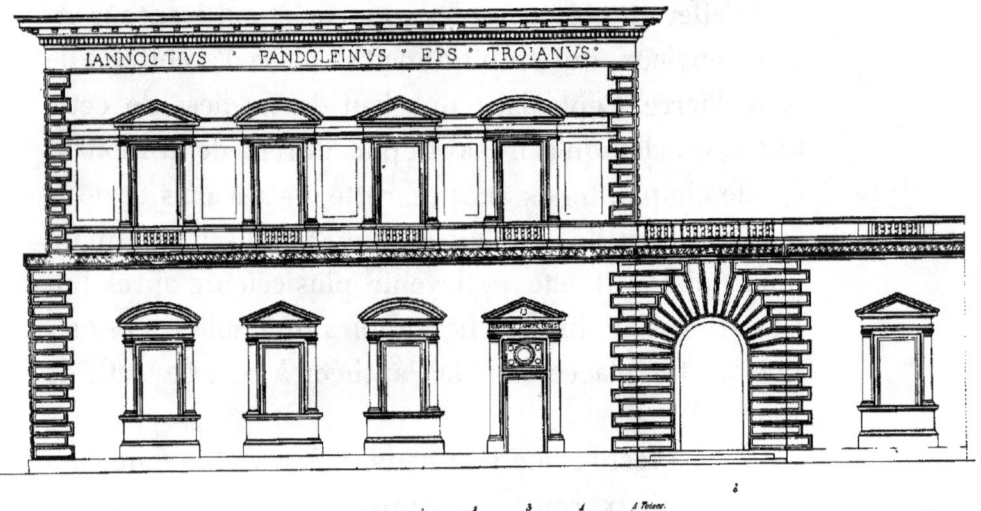

PALAIS PANDOLFINI, À FLORENCE.

l'excès, l'empêcha de se prévaloir, autant qu'il aurait pu le faire, des occasions de mettre son talent à profit, et il arriva que ceux auxquels il avait affaire se prévalaient trop souvent de sa retenue. Occupé pour des hommes riches, et par de grands personnages, il ne put ni sortir de la détresse ni se décider à en révéler le secret. Son amour pour l'étude conspirait aussi contre sa fortune. Tous les momens que lui laissait la pratique, il les donnait à la théorie de son art, et à des recherches savantes.

Sébastien Serlio hérita en partie de ses écrits, et des dessins d'antiquité qu'il laissa. Il en a enrichi son traité d'architecture, principalement ses troisième et quatrième livres, qui contiennent les monumens antiques de Rome.

RAPHAEL SANZIO,

NÉ A URBIN EN 1483, MORT A ROME EN 1520.

On ne saurait prononcer le nom du prince des peintres modernes, sans qu'il rappelle ce nombre prodigieux de peintures qui l'ont immortalisé. Telle est la renommée des œuvres de son pinceau, qu'elle a comme absorbé la réputation qu'il a méritée encore dans un autre genre; car beaucoup, même de ses plus grands admirateurs, ignorent jusqu'à quel point les architectes ont droit de le compter parmi ceux qui ont illustré l'art de bâtir.

Il nous semble tout-à-fait inutile de rappeler ici, ce qu'enseigne l'histoire de presque tous les artistes des quinzième, seizième et dix-septième siècles, savoir que la théorie et la pratique des trois arts, se réunissant alors dans une étude commune à tous, ainsi que l'est le principe qui les rassemble, la connaissance de l'architecture faisait partie de l'enseignement que le jeune peintre recevait de son maître. La chose nous est bien prouvée, par les ouvrages qu'on pourrait appeler de l'enfance de Raphaël.

Un de ses premiers tableaux connus, qu'il paraît avoir fait avant l'âge de vingt ans, et qui représente le mariage de la Vierge, se fait remarquer par un fond d'architecture (1), où l'on est obligé de reconnaître un talent déjà consommé dans la délinéation de cet art, et dans la science de la perspective. Ce fond est occupé presqu'en entier, par un fort beau temple circulaire, environné de colonnes. Le style, les formes et les détails joignent aux difficultés de la composition une telle justesse d'exécution, que Vasari n'a pu s'empêcher d'admirer le talent, qui s'était plu à se donner une semblable tâche, *cosa mirabile a vedere le difficoltà che andava cercando*. Or, il ne faudrait pas supposer que Raphaël aurait pu avoir recours, sur ce point, à la main exercée d'un autre. Nous le voyons en effet, très jeune encore, avant d'aller à Rome, faisant à Florence échange de connaissances, avec Fra-Bartolomeo, et lui enseignant la pratique de la perspective.

Le second tableau qu'il fit à Rome, dans les salles du Vatican (je veux parler de l'école d'Athènes), présente dans son fond, une composition architectonique aussi noble d'invention, que pure d'exécution. Si quelque chose a pu accréditer l'opinion avancée par Vasari, que Bramante avait tracé à Raphaël le dessin de cette perspective, c'est qu'effectivement, cet ensemble a quelque rapport avec le plan de Saint-Pierre, puisqu'on y voit une coupole avec pendentifs, au milieu de quatre nefs, et que le projet de Bramante put en suggérer l'imitation à Raphaël.

Il nous semble que jamais aucun peintre n'eut moins besoin d'emprunter à autrui l'exécution et la composition de ces accessoires de tableaux, dont la peinture est

---

(1) Ce tableau a été gravé par Longhi.

redevable au génie de l'architecture. On peut invoquer à cet égard le témoignage de toutes les fresques de Raphaël au Vatican, et les fonds de ses célèbres cartons. Il suffira de citer les sujets d'Héliodore, du miracle de Bolsène, de l'incendie de Borgo, des apôtres guérissant un boiteux, de saint Paul et Barnabé dans la ville de Listres, pour se convaincre que de semblables fonds n'ont pu être ni pensés ni tracés qu'avec les connaissances précises de l'architecture, et que Raphaël les possédait.

Or, ce qui pourrait être encore un objet de doute, à l'égard de celui qui n'aurait jamais pratiqué l'architecture, ne saurait l'être vis-à-vis de Raphaël que nous voyons devenir le successeur de Bramante, et dans les travaux du Vatican, et dans la construction de Saint-Pierre.

Bramante, avant sa mort, n'avait fait que jeter les fondemens de la cour du Vatican, qu'on appelle la *cour des loges*. Raphaël chargé d'en faire l'élévation, exécuta le modèle en bois, d'après lequel toute cette grande construction fut achevée. Il la porta à trois étages, où rangs de galeries l'un sur l'autre, qui circulent dans ses trois côtés. Les deux rangs inférieurs sont en arcades, avec pieds-droits ornés de pilastres. Le rang supérieur est tout en colonnes. C'est dans une des ailes de la galerie du second étage, distribuée en autant de petites voûtes qu'on y compte d'arcades, que sont exécutées les célèbres arabesques, dont Raphaël déroba à l'antiquité le goût et le beau style, depuis long-temps oubliés. C'est encore là qu'est peinte cette suite de cinquante-deux sujets de l'ancien et du nouveau testament, qu'on appelle la bible de Raphaël.

On ne saurait dire si, dans l'architecture de cette cour, Raphaël aurait pu profiter des idées et des inspirations de Bramante. On croit y voir toutefois, avec la même pureté de manière qui distingue son prédécesseur, moins de cette maigreur qui lui a été reprochée.

En 1515, Léon X allant à Florence, où il fit une entrée solennelle, conduisit avec lui Michel-Ange et Raphaël, pour avoir de chacun d'eux, un projet du grand frontispice, ou portail, dont il avait dessein d'orner l'église de Saint-Laurent, bâtie jadis par les Médicis. Cette résolution n'eut aucune suite; mais il paraît constant, que Raphaël avait conçu et dessiné une fort belle composition, qu'Algarotti nous apprend avoir vue, dans la collection du baron de Stosch, et dont il obtint de tirer une copie.

Ce fut indubitablement pendant le séjour qu'il fit alors à Florence, que Raphaël eut l'occasion de bâtir les deux élégans palais que cette ville compte parmi ses plus rares monumens d'architecture.

Le palais degl' Uguccioni, qu'on voit sur la place du Grand Duc, a été attribué par quelques-uns à Michel-Ange; mais il ne faut pas des yeux fort exercés à reconnaître la manière de chaque maître, pour réfuter cette opinion. D'abord il est visible que le goût ou le style de l'élévation de ce palais est tout-à-fait conforme à celui d'autres palais bien connus, à Rome, pour être de Raphaël. Ensuite on ne trouve point ici cette sorte de cachet qui fait si bien distinguer l'architecture de Michel-Ange, je veux parler de certains petits détails d'ornement capricieux qui lui furent particuliers.

La façade du palais dont il s'agit offre, dans un petit

espace, un ensemble qui a de la grandeur, un aspect simple et riche. Sur un soubassement rustique, composé de trois arcades, s'élèvent deux étages ornés d'ordonnances de colonnes engagées. L'étage principal a une *ringhiera*, ou balcon continu, dont les balustres, à double renflement, sont sculptés en feuillages. L'ordre du premier étage est ionique, celui du second est corinthien. Bramante et Raphaël eurent assez l'usage d'accoupler les colonnes ou les pilastres contre les trumeaux des entre-croisées. La largeur qu'on donne encore aujourd'hui à ces trumeaux, dans les palais d'Italie, fut favorable à cette pratique. Du reste, la façade de ce palais se distingue par un goût de *modénature* ou de profils fort corrects, par une belle exécution de détails, par la noblesse et la forme des chambranles qui servent d'encadrement aux fenêtres.

On admire cependant encore plus, à Florence, le palais élevé sur les dessins de Raphaël, dans la rue San Gallo, pour l'évêque de Troia, Giannozzo Pandolfini, qui était son grand ami (*Vasari*). Il n'y a certainement d'aucun architecte, une élévation de palais plus noble, d'un style plus pur, d'une plus élégante et d'une plus sage ordonnance. Ni Balthazar Peruzzi, ni les San Gallo, ni Palladio, n'ont produit un meilleur ensemble avec de plus beaux détails, ni dans de plus agréables proportions. Nulle part l'architecture ne présente de fenêtres encadrées par de plus beaux chambranles, ni d'étages espacés de manière à produire, avec plus de goût, ces repos ou ces parties lisses qui font briller d'autant les richesses des détails et des ornemens. L'entablement qui couronne, avec beaucoup de grâce, la masse du palais, se trouve cité au rang des modèles vraiment classiques, dans le recueil des plus beaux détails des monumens de Florence, par Ruggieri.

Raphaël occupa dans Borgo Nuovo, à Rome, un fort joli palais qui fut détruit pour faire place aux colonnades de la place Saint-Pierre. Vasari en a parlé en deux endroits, à la vie de Bramante et à celle de Raphaël. Dans celle-ci, il nous apprend que Raphaël, pour laisser un souvenir de lui, *per lasciar memoria di se*, se fit construire un palais, *fece murare un palazzo*, que Bramante *fece condurre di getto*. Ces expressions se rapportent au procédé de maçonnerie inventé par Bramante, lequel consistait à jeter en moule les colonnes et les bossages. Ce procédé, Vasari le décrit dans le passage de la vie de Bramante, où il dit que cet architecte *fece fare il palazzo che fu di Raphaello*. Les mots *fece fare* ne pourraient-ils pas signifier qu'au lieu d'être son propre ouvrage, le palais dont il s'agit aurait simplement été exécuté sous sa direction, et par les moyens d'exécution dont il était l'inventeur?

Effectivement, en rapprochant les faits et les dates, nous voyons d'abord que Raphaël était déjà parvenu à un très haut point de réputation et de fortune, lorsqu'il ambitionna d'avoir un palais, ce qui ne put arriver que vers la fin du pontificat de Jules II. Le dessin qui s'est conservé de ce palais (1), nous y fait voir les armes de Léon X, qui fut fait pape en 1513 : or Bramante mourut l'année suivante. Mais nous savons ensuite, comme on peut le voir dans la vie d'Antoine San Gallo, que

---

(1) Voy. *Palazzi Roma, di Pietro Ferrerio* ; Lib. 1, p. 15.

Bramante était paralytique depuis plusieurs années ; et que, pour dessiner, il était forcé d'employer une main étrangère. Aurait-il donc eu besoin d'une autre main que de celle de Raphaël, et celui-ci n'était-il donc pas capable de donner le projet, le plan et l'élévation de son palais? En rapprochant ces circonstances des paroles de Vasari, on comprend comment et pourquoi il ne donne, clairement et positivement, l'architecture de ce palais ni à Bramante ni à Raphaël. Bramante, placé à la tête des plus grandes entreprises, avait à sa disposition tous les moyens mécaniques et matériels de construction, qui alors ne pouvaient pas être à la portée de Raphaël. Probablement celui-ci fit le projet, et Bramante le lui fit exécuter.

Ce qui le persuaderait encore, c'est que d'une part, en examinant le goût de cette architecture, on n'y distingue ni la manière de profiler un peu maigre ni l'espèce de sécheresse, habituelles dans les œuvres de Bramante; et que, de l'autre, cette jolie façade nous fait voir les mêmes chambranles à colonnes du palais Pandolfini, qu'on ne retrouve dans aucune des élévations de Bramante.

Une autre circonstance, celle d'une parfaite identité de goût et de manière, entre Raphaël et Jules Romain, a souvent empêché de discerner la part du maître, et celle qu'eut l'élève à l'exécution de quelques-uns des plus charmans édifices de Rome. Déjà la critique des contemporains attribuait indistinctement à l'un et à l'autre certains monumens qui, dans le fait, sont le produit d'un seul et même génie. Si l'on en croit Vasari, la jolie *villa*, appelée *Villa del Papa*, puis et encore aujourd'hui

Villa Madama, serait du dessin de Raphaël. C'est aussi l'opinion de Piacenza, qui croit toutefois que Jules Romain y eut part, ce qui est indubitable, quant à l'exécution des ornemens et des peintures.

Il n'y a pas moins de doute sur quelques autres petits palais, chefs-d'œuvre de grâce et de goût; édifices vraiment classiques, qu'on ne saurait mieux désigner aux amateurs, qu'en disant qu'ils se détachent dans Rome, au milieu des autres bâtimens, comme des restes d'antiquité parmi les ouvrages modernes.

Mais un petit bâtiment qu'on s'accorde à regarder comme la production de Raphaël seul, est celui d'Augustin Chigi, à la *Longara*. Ce qui fait l'éloge de son goût et de son style, et ce qui aurait pu, par le voisinage, être défavorable à beaucoup d'autres, c'est qu'il fait face et sert de pendant à un des plus élégans édifices de Balthazar Peruzzi, je veux dire la Farnesine, et que les deux architectures semblent être du même auteur.

On cite à Rome et l'on y admire, comme l'ouvrage tout à-la-fois le plus authentique de Raphaël, et dans son genre, le plus considérable, un assez grand palais qu'il faut désigner ainsi qu'on le connaît, comme étant dans le voisinage de *Sant'Andrea della Valle*. Sa façade, des mieux ordonnées, se compose de douze fenêtres dont les trumeaux reçoivent un ordre de colonnes doriques accouplées, qui forment l'étage principal, et sont couronnées d'un fort bel entablement avec des triglyphes. Le soubassement est tout en bossages répartis avec beaucoup de variété. Dans toute cette élévation, les pleins et les vides alternent entre eux avec un accord, qui semblerait n'avoir été inspiré que par l'esprit de la décoration, lorsqu'il est permis de croire qu'il a dû résulter aussi de plus d'une sujétion locale.

D'après les témoignages qu'on vient de rapporter, et plusieurs autres moins décisifs, et qu'on omet, de la capacité de Raphaël dans l'art de bâtir, il n'y a point lieu de s'étonner que Bramante mort, Léon X ait, selon le vœu de cet architecte, nommé Raphaël pour lui succéder, comme ordonnateur en chef de la construction de Saint-Pierre. Le bref du pape qui lui conféra cet emploi se fonde non-seulement sur le suffrage de Bramante, mais encore sur ce que Raphaël l'avait déjà justifié, dans le nouveau projet donné par lui de cet édifice.

Ce qu'on appelle ici projet, consista réellement dans un véritable modèle en relief, selon l'usage universellement suivi alors. Or c'est ce qu'indique aussi, dans le texte latin du bref, le mot *forma*, et c'est ce que confirme encore plus positivement la lettre de Raphaël à Balthazar Castiglione. « Notre saint-père, dit-il, m'a mis
« un grand fardeau sur les épaules, en me chargeant de
« la construction de Saint-Pierre; j'espère ne pas y suc-
« comber. Ce qui me rassure, c'est que le *modèle* que
« j'ai fait plaît à sa sainteté, et a le suffrage de beaucoup
« d'habiles gens. Mais je porte mes vues plus haut, je
« voudrais retrouver les belles formes des édifices anti-
« ques. Mon vol sera-t-il celui d'Icare? Vitruve me donne
« sans doute de grandes lumières, mais pas autant qu'il
« m'en faudrait. »

Raphaël s'étudiait donc à se rapprocher de plus en plus du goût et des formes de l'architecture antique. Vitruve ne remplissait pas l'idée qu'il s'en était formée; il visait plus haut. Instruit qu'il devait être, et comme on l'était de son temps, par les réfugiés de Constantinople, que la Grèce avait conservé plus d'un monument du beau siècle des arts, il semblait pressentir la supériorité de ces originaux sur les imitations que l'ancienne Rome en avait faites. Il aspirait à s'en procurer la connaissance par de nouvelles recherches. A cet effet, il entretenait des dessinateurs dans l'Italie méridionale, et il en envoyait, dit Vasari, jusqu'en Grèce.

Quand on connaît la connexion de principe et de goût qui lie tous les arts du dessin entre eux, et quand on pense à ce qu'elle doit produire, quand ses effets émanent d'un seul et même génie, qui pourrait dire ce que l'architecture de Saint-Pierre aurait pu devenir sous la direction de Raphaël? Qui sait quelle pureté de profils, quelle harmonie de formes et de proportions, quel caractère d'élégance et de noblesse dans ses détails et ses ornemens, ce vaste édifice eût acquis, par un système d'imitation de l'antique, tel que Raphaël l'eût conçu. On ne saurait s'empêcher de regretter qu'il n'ait pu être élevé sur les dessins de celui qui, dans un autre genre, n'a pu encore être ni égalé ni remplacé.

Regrets superflus! non-seulement le modèle de Saint-Pierre fait en relief, par Raphaël, a disparu; mais il n'en est resté qu'un seul dessin, celui du plan. C'est Serlio qui nous l'a conservé dans son traité d'architecture. Selon lui, et cette notion s'accorde avec celles de la vie de Bramante, cet architecte étant mort sans laisser de Saint-Pierre un projet complètement rédigé, ce fut Raphaël qui ramena le vaste ensemble de sa disposition, à la forme qu'en présente le dessin qu'on vient de citer.

Ce plan est, sans contredit, le plus beau qu'on ait

imaginé selon le système de construction des grandes églises modernes. On sait que Bramante, dans sa conception première, s'était proposé de réunir en un tout l'imitation des grandes voûtes du temple de la paix, pour ses nefs, et de la forme ainsi que de la dimension du Panthéon, pour la coupole qui devait servir de point de centre aux quatre nefs. Obligé de remplacer la vieille basilique de Saint-Pierre, dont les nefs en colonnes étaient surmontées d'un plafond de charpente, par une immense construction en voûtes, il lui fallut substituer des pieds-droits aux colonnes, et de vastes cintres aux plates-bandes.

Ce genre admis, et Raphaël n'avait plus à choisir, il faut convenir qu'on n'a jamais, en ce genre, tracé un plan plus simple, plus grandiose, mieux dégagé, et d'une plus parfaite harmonie. Qui prendra la peine d'examiner chaque partie de ce plan, verra qu'il n'y a, par exemple, dans les parties circulaires ou de l'apside, ou des deux croisillons, aucune forme qui ne soit une heureuse imitation, ici du Panthéon, là de quelque autre monument antique. A part les raisons où nous n'entrerons point ici, qui dans la suite forcèrent d'augmenter de volume les piliers de la coupole (ce qui obligea, de proche en proche, à des changemens dans tout l'ensemble arrêté par le plan de Raphaël), on accordera que la disposition de celui-ci est très supérieure à celle qui l'a remplacée; et doit, à parler théoriquement en faire regretter l'abandon.

Raphaël avait été nommé architecte de la nouvelle église de Saint-Pierre, par Léon X, au mois d'août 1515. Un bref du même pape, daté du même mois de l'année suivante, lui conféra la surintendance générale de tous les restes d'antiquité, tant des matériaux qui pouvaient servir à la décoration de la basilique nouvelle, que de tout ce qui présentait des objets dignes d'être conservés. Le même bref faisait défense à tous marbriers de scier ou de tailler aucune pierre écrite, sans l'ordre ou le consentement de Raphaël, auquel était donné le pouvoir d'imposer aux contrevenans des amendes de cent à trois cents écus d'or.

Paul Jove, contemporain de Raphaël, dans l'éloge latin qu'il consacra à sa mémoire, dit en propres termes, qu'il avait étudié et mesuré les restes de l'antique Rome, de manière à réintégrer l'ensemble de cette ville, et la remettre sous les yeux des architectes, *ut integram urbem architectorum oculis considerandam proponeret.*

Calcagnini, écrivain célèbre et contemporain de Raphaël, rapporte la même chose, en termes beaucoup plus emphatiques. « Je ne parlerai pas, dit-il, de la basilique « du Vatican, dont Raphaël dirigea l'architecture, mais « bien de la ville entière de Rome, rappelée par lui à son « ancien état, et rendue à sa première beauté, avec le « secours des écrivains, de leurs descriptions et de leurs « récits. Aussi excita-t-il à un tel point l'admiration du « pape Léon X et de tous les Romains, que chacun le « regarda comme une sorte de dieu descendu du ciel « pour faire revoir dans son antique splendeur la ville « éternelle ». *Ut quasi cœlitus demissum numen, ad æternam urbem in pristinam majestatem reparandam omnes homines suspiciant.* Il reste donc prouvé que Raphaël qui, comme on l'a vu plus haut, envoyait des dessinateurs jusqu'en Grèce, avait embrassé, dans un travail général, la restitution de tous les édifices antiques de Rome.

Dès-lors doit acquérir plus de probabilité l'opinion qu'une lettre, ou plutôt comme on dirait aujourd'hui, un rapport ou mémoire, adressé à Léon X, et attribué à Balthazar Castiglione, parce qu'il fut trouvé dans ses papiers, après sa mort, est, du moins pour la plus grande et la plus importante partie, l'ouvrage même de Raphaël.

On ne saurait se refuser à le croire, lorsqu'on lit dans ce rapport, qui était accompagné de dessins, un exposé de considérations, de projets, de travaux graphiques, qui n'ont pu être que le fait de l'artiste, et ne sauraient convenir à l'auteur du *Cortegiano*. Comment se persuader que le pape aurait commandé un pareil travail à Castiglione, mêlé alors dans toutes les affaires d'intérêt entre le saint-siège et le duché d'Urbin, et non à Raphaël, son architecte, surintendant et conservateur des antiquités? Peut-on se prêter à cette idée, lorsque l'auteur de la lettre, ou du rapport dont il s'agit, dit, en propres termes, que le pape lui a commandé de dessiner Rome antique, autant que cela se pourrait, par la connaissance des restes qui en subsistaient? *Ch'io ponga in disegno Roma antica, quanto conoscer si puo per quello che oggidi si vede*, etc.

Nous ne saurions quitter cette partie, jusqu'ici peu remarquée, des travaux de Raphaël sur les édifices antiques de Rome, sans faire mention d'un passage de la préface d'*Andrea Fulvio*, à la tête de son ouvrage des antiquités romaines, publié sept ans après la mort de Raphaël. « J'ai pris soin, dit-il, de sauver de la destruc-

« tion et de rétablir, avec les autorités des écrivains, les
« restes antiques de Rome; et j'ai étudié, dans chaque
« quartier, les anciens monumens que, sur mon invita-
« tion, Raphaël d'Urbin, peu de jours avant sa mort,
« avait peints au pinceau, *penicillo pinxerat.* »

Il résulte de tout ceci que Raphaël non-seulement
avait mesuré, dessiné et restitué les édifices ruinés de
l'ancienne Rome, mais qu'il avait déjà commencé à en
faire, ce qu'on appelle des *tableaux de ruines* ou *d'architecture.*

SAN MICHELI.

PORTE DE FORTIFICATION, À VÉRONE.

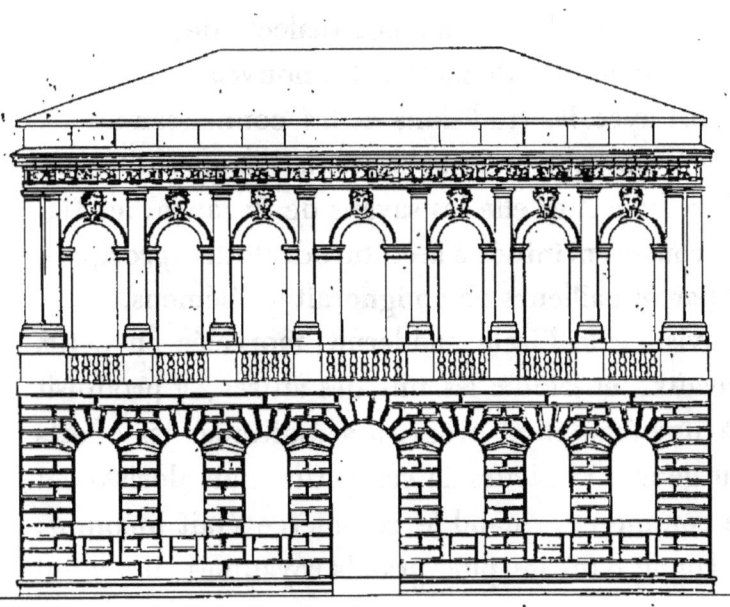

PALAIS POMPEI, À VÉRONE.

SAN MICHELI (MICHEL),

NÉ A VÉRONE EN 1484, MORT EN 1549.

L'Italie dut à plus d'une cause, dont on ne parlera point ici, la primauté, mais surtout la priorité qu'elle a obtenue sur toutes les nations de l'Europe, dans un grand nombre de travaux d'art et de science. On est obligé de reconnaître que jamais elle n'avait cessé de voir luire quelque rayon de cette ancienne lumière, dont elle avait été jadis le foyer, et dont les autres pays n'avaient reçu que des lueurs fugitives, bientôt obscurcies par les ténèbres du moyen âge. Partout, le sol de l'Italie moderne avait conservé des débris de la magnificence de l'ancienne. Sa langue même, dialecte dégénéré du latin, avait continué de mettre les nouveaux habitans en rapport avec les traditions et les connaissances de l'antiquité. Lorsque enfin la chute de l'empire d'Orient eut fait refluer chez elle les savans de Byzance, les Italiens se trouvèrent initiés à la culture des lettres grecques, quand partout ailleurs on en ignorait les élémens.

La division de l'Italie moderne, morcelée en petits états rivaux, et jaloux les uns des autres, y produisit encore une émulation propre à y multiplier les efforts en tout genre. Plusieurs de ces petits états florissaient par le commerce, quand le commerce était inconnu, ou dédaigné dans les plus grands royaumes. Il n'y eut point jusqu'à l'art de la guerre, qui ne dut alors une sorte de perfectionnement, aux querelles sans cesse renaissantes de ce grand nombre de villes limitrophes. Il est avoué depuis long-temps, que l'Italie eut même l'honneur de changer et d'améliorer, dans le seizième siècle, tout le système de la défense et de la fortification des places; et San Micheli fut l'auteur de cette révolution.

Si son talent s'était borné à ce genre, si l'on n'avait à remplir sa notice historique, que de l'énumération des bastions qu'il éleva, des citadelles ou des remparts dont il changea le système, de ces travaux enfin, dont les plans dépendent d'une science particulière, et dont la solidité fait le principal mérite, nous aurions laissé aux traités du génie militaire, le soin de célébrer avec l'étendue nécessaire, les services qu'il a rendus à la pratique de fortifier les villes et les places.

Mais San Micheli sut, comme beaucoup d'autres architectes de son temps, et même beaucoup mieux qu'aucun d'eux, réunir aux profondes connaissances de l'ingénieur militaire, le talent, le goût et le génie de l'architecture civile. Il a donc le droit de figurer dans la première classe des grands architectes du seizième siècle, dont il fut peut-être le plus habile, comme constructeur. Disons encore, que même dans les travaux, où tout semble devoir se réduire au besoin de la solidité, aucun n'a su porter avec autant d'habileté, et un plus rare succès, les ressources qui dépendent du génie de l'architecture.

Il y aurait, dans la réalité, deux histoires à faire de San Micheli, puisqu'il y eut en lui deux talens, dont un seul aurait pu prétendre à la plus haute célébrité. Toutefois ne pouvant retracer que d'une manière fort abrégée, l'ensemble de ses mérites et de ses travaux, et encore pour ne pas établir trop de confusion dans leur description, nous traiterons d'abord succinctement des ouvrages d'architecture militaire, qui occupèrent une si grande partie de sa vie, réservant le reste de son histoire, aux monumens qui sont plus spécialement du domaine de l'architecture proprement dite.

San Micheli eut pour premiers maîtres son père et son oncle, très bons architectes, mais dont il devait par la suite surpasser le mérite, et dès-lors éteindre la réputation. Il apprit d'eux les élémens de l'architecture. Bientôt son génie lui fit pressentir qu'il y avait une école supérieure à celle des maîtres de son temps, et que les professeurs de cette école étaient les monumens de l'antiquité, dont l'amphithéâtre de Vérone lui avait déjà révélé l'existence et la vertu. A l'âge de seize ans, il quitta sa ville natale, pour aller apprendre son art dans les édifices de l'ancienne Rome. Il en étudia les principes, les formes et le goût, et il se les appropria, non-seulement par les dessins qu'il en fit, par les mesures qu'il en prit, mais par l'effort de ce génie scrutateur qui, en interrogeant les raisons de chaque ouvrage, recherche dans son effet la cause qui le lui fait produire. Ainsi parvint-il, en fort peu de temps, à acquérir, tant dans Rome que dans les pays voisins, la réputation d'un architecte consommé.

Il ne tarda pas à l'augmenter par les travaux de la cathédrale d'Orvietto, dont nous parlerons plus bas, par la construction de l'église de Monte Fiascone, et par d'autres ouvrages pour des particuliers, qui attirèrent sur lui l'attention de Clément VII. Ce pape, au milieu des guerres dont toute l'Italie était troublée, sentait le besoin de fortifier le plus grand nombre des villes de l'état ecclésiastique, et surtout Parme et Plaisance, plus exposées que les autres, soit par l'éloignement où elles sont de Rome, soit par leur proximité avec les puissances belligérantes. Il chargea de ces soins importans San Micheli et il l'associa à Antoine San Gallo (l'ancien). Tous deux s'acquittèrent de cette pénible mission, à l'entière satisfaction du pontife. Ainsi San Micheli se trouva porté dans un ordre de travaux qui devaient un jour immortaliser son nom.

Après plusieurs années qu'avait exigées de lui cette laborieuse commission, il eut le desir de retourner dans sa patrie, avec la double intention, et de revoir sa famille, et aussi d'examiner pour son instruction, les forteresses de la république de Venise. Il visita Trévise et Padoue, sans autre vue, que celle de mettre à contribution pour son art, les constructions militaires antérieures à lui. Le gouvernement Vénitien lui soupçonnant d'autres projets, le fit arrêter comme espion. L'examen de sa conduite et de sa personne ne tarda pas à démontrer qu'on s'était mépris. Non-seulement on lui rendit la liberté, mais on le pria de s'attacher au service de la république. Il s'en excusa, alléguant qu'il était, pour l'instant, retenu par ses obligations envers le pape; mais il promit de chercher à se dégager avant peu, pour venir servir sa patrie. Il tint parole, et autant par ses prières, que par les pressantes sollicitations de Venise, il obtint du pape son congé.

San Micheli, dès-lors, se consacra avec la plus grande ardeur à la science et aux travaux de l'architecture militaire.

C'est à lui, dans le fait, qu'est dû le nouveau système de la fortification des places. L'honneur de l'invention ne lui en a été attribué dans l'opinion de l'Europe, que long-temps après. Cela me paraît pouvoir s'expliquer par le changement survenu dans l'importance politique des nations, qui devinrent le théâtre des plus grandes guerres, lorsque l'Italie avait cessé de peser dans la balance des puissances belligérantes de l'Europe.

Avant San Micheli, on construisait tous les boulevards en forme circulaire ou carrée. Le premier, il abandonna cette méthode. Il en introduisit une nouvelle en changeant la forme des bastions, qu'il fit triangulaires ou pentagones. Deux angles y sont formés par la rencontre des flancs avec les courtines, deux autres par les flancs et les faces, et le cinquième par la rencontre des deux faces. Il imagina les chambres basses des flancs, qui non-seulement doublent le feu des défenses, mais qui flanquent ou défendent toute la courtine, et la face du bastion voisin, nettoyent le fossé, le chemin couvert et le glacis. Le secret de cette construction consistait à trouver le moyen de faire, que toutes les parties de l'enceinte de la place fussent défendues par les flancs des bastions. Dans la méthode précédente, c'est-à dire, celle des bastions circulaires ou quadrangulaires, leur front, ou l'espace qui restait dans le triangle formé par les tires des bastions latéraux, se trouvait sans défense.

C'est là l'invention de San-Micheli. Vauban, dans la suite, et beaucoup d'autres ingénieurs, n'ont fait autre chose, qu'y apporter quelques modifications.

San Micheli construisit à Vérone cinq ou six bastions, selon le système que l'on vient d'exposer. Ils subsistent depuis trois cents ans, et leur solidité ne s'est point démentie. Ce fut en 1527, qu'il éleva le premier de tous, celui qu'on appelle le *bastion de la Madeleine*. C'est de cet ouvrage que datent et la fin de l'ancienne, et le commencement de la nouvelle manière de fortifier les places. Encouragé depuis par sa propre expérience, il s'imposa de nouveaux efforts, et marcha de plus en plus vers la perfection en ce genre. On le vit, d'après ses nouveaux principes, fortifier Legnano, Orzi Nuovo et Castello. Ces travaux reçurent une approbation universelle de la part des hommes instruits, et surtout du duc d'Urbin, capitaine-général des troupes de la république de Venise. C'était à qui employerait San Micheli. François Sforce, duc de Milan, eut quelque peine à obtenir des Vénitiens trois mois de son temps, qu'il sut payer généreusement et par des présens, et par des honneurs.

San Micheli visita une seconde fois toutes les places fortes, et tous les châteaux des états de Venise. Il en répara les anciennes fortifications, et en améliora partout le système. Sur ses plans furent exécutés les ouvrages de Zara en Dalmatie, par son neveu, le même qui éleva la superbe forteresse de Saint-Nicolas, à l'embouchure du port de Sebenico. Comme Venise était alors en guerre avec le Turc, San Micheli fortifia avec le plus grand soin Chypre, Candie, la Canée, Retino et Napoli de Romanie. Tous ces ouvrages furent pendant long-temps les écueils où vint se briser la puissance ottomane.

Mais le monument le plus remarquable du savoir de San Micheli est la forteresse de Lido, qui est à l'entrée du port de Venise. On avait jugé impossible qu'il fondât solidement une masse aussi énorme dans un terrein marécageux, battu continuellement par les vagues de la mer, et par le flux et reflux. Toutefois il en vint à bout, et avec un rare succès. Il employa dans cette construction la pierre d'Istrie, si propre à résister aux intempéries des saisons. Cette masse est si bien établie, qu'on la prendrait pour un rocher taillé. Son appareil extérieur est en bossages; l'intérieur du fort devait présenter une très belle place qui n'a point été terminée.

San Micheli s'était fait, par son mérite, trop d'admirateurs pour n'avoir pas aussi des envieux. Ceux-ci publièrent alors que la grosse artillerie dont cette forteresse devait être garnie, en causerait infailliblement la ruine, si l'on venait à s'en servir. San Micheli demanda avec instance que l'on y conduisît les plus fortes pièces de l'arsenal de Venise, qu'on en garnît toutes les embrasures du fort, et qu'on en fît tout à-la-fois une décharge générale. L'expérience fut faite, et ces terribles décharges n'eurent d'autre effet, que de publier la gloire de l'architecte et la honte de ses détracteurs. Aucun indice de lézarde ou de désunion ne se manifesta dans la moindre partie de la construction. De pareilles critiques, quand l'expérience les réfute ainsi, ne servent qu'à augmenter la réputation de ceux qui en triomphent. Celle de San Micheli ne fit que s'accroître et s'étendre au point que l'empereur Charles-Quint et François Ier desirèrent à l'envi se l'attacher, ainsi que Jean son neveu; mais les deux artistes préférèrent le service de leur patrie.

L'histoire de l'architecture, dans les beaux siècles de l'Italie, nous apprend, et l'on peut encore mieux s'en convaincre, en lisant les vies de ses plus célèbres architectes, qu'alors, le même homme réunissait, dans une théorie et une pratique communes, toutes les parties de l'art de bâtir, que nous voyons aujourd'hui divisées entre plusieurs professions, sans contact les unes avec les autres. Ce qu'on appelle le génie militaire, le savoir de l'ingénieur civil, celui des routes et des ponts, l'art même de composer et de tracer des jardins, semblent être aujourd'hui autant d'arts, qu'il serait interdit de pratiquer ensemble, avec celui de l'architecture proprement dite. Nous ne dirons rien des raisons qui ont pu engager les gouvernemens modernes à séparer, par des institutions distinctes, l'exercice de toutes ces parties d'un même art; mais nous ne pouvons nous empêcher de faire remarquer le résultat de cette division, dans la pratique de chacune de ces branches.

Il en devait résulter ce que nous voyons qui est réellement arrivé, au grand désavantage de l'architecture, c'est que les uns, livrés uniquement à la construction, à ses procédés pratiques et au matériel de l'art, ne portent plus, dans ce qu'ils bâtissent, ni goût, ni sentiment des belles proportions, ni aucun agrément des richesses de la décoration, tandis que les autres, par trop adonnés aux spéculations de l'art, en dessins et en projets, restent fort souvent étrangers aux notions positives de la construction, que la pratique seule fait acquérir.

L'exemple de San Micheli, ingénieur à-la-fois civil et militaire, en même temps qu'architecte ingénieux et constructeur savant, va nous montrer, dans ses ouvrages, l'accord heureux de toutes les parties de la science et de l'art, et aussi l'appui qu'elles se prêtaient. Nul ne fut plus habile constructeur dans ses monumens de pure architecture, nul ne sut mieux faire entrer le charme de l'architecture dans ses travaux de pure construction.

C'est ce qu'il pratiqua avec un rare succès, en élevant les portes d'entrée des bastions et des fortifications de villes. Le maréchal de Vauban enseigne, avec tous les ingénieurs modernes, que ces portes doivent être placées au milieu des courtines, et qu'elles doivent en même temps servir de cavalier. Long-temps auparavant, San Micheli avait établi ce principe, et on en trouve l'application dans tous ses ouvrages; témoins les portes de Vérone, aussi recommandables aux yeux de l'ingénieur qu'à ceux de l'architecte.

La *Porta Nuova*, la première qu'il construisit pour cette ville, est un édifice carré dont l'intérieur est soutenu par plusieurs rangs de gros piliers en pierre de taille. Il y a des corps-de-garde, des pièces pour l'artillerie et tous les engins militaires, le tout disposé avec autant de goût que de noblesse. Les deux façades, l'intérieure et l'extérieure, sont ornées d'un ordre dorique dans les plus belles proportions. Tout y a un caractère grave et robuste, tel que le comporte un semblable monument. Le mur de la façade extérieure offre deux montans pyramidaux de marbre qui s'y adossent, et qui s'élevant du bas du fossé, servent de soubassement aux pilastres et colonnes doriques en bossage, dont l'arcade de la porte est flanquée. Les extrémités de la façade intérieure communiquent à deux galeries voûtées qui conduisent aux souterreins. Deux escaliers fort ingénieux occupent les angles du bâtiment, lequel est couvert de dalles de pierre, en recouvrement les unes sur les autres. Le tout est surmonté d'une sorte de loggia soutenue par de petits piliers en pierre, pour couvrir les soldats et les munitions de guerre.

On jugea dans le temps qu'il ne se pouvait rien imaginer de plus parfait que l'ensemble architectural de cette porte. San Micheli seul était en état de prouver le contraire, ce qu'il fit peu de temps après dans la construction de la *Porta del Palio*. Elle est en marbre blanc et décorée d'un ordre dorique. On y compte en dehors huit colonnes cannelées, d'un seul bloc et d'une hauteur considérable. Cet édifice renferme de vastes chambres pour les soldats, et de grands locaux pour contenir les munitions nécessaires. Du côté de la ville s'élève une belle galerie dont les murs sont intérieurement en bossages et pilastres, au-dehors avec colonnes d'ordre dorique sans base, engagées de la moitié de leur diamètre. Un bel entablement à triglyphes règne tout à l'entour, et couronne l'ensemble de cette grande masse. Sforce Pallavicini, général des troupes vénitiennes, prétendait qu'en Europe on ne saurait citer un plus bel édifice.

On doit aussi faire mention de la porte de Saint-Zenon, composée par San Micheli, dans un style sévère et riche tout à-la-fois. C'est encore un monument quadrangulaire, orné de colonnes doriques, réparties sur des montans en bossage. Quoique recommandable par le caractère et le grand genre de son architecture, elle le cède aux deux dont on vient de parler.

Nous renvoyerons au reste le lecteur qui desirerait plus de détails sur ces beaux ouvrages, au recueil très bien gravé des monumens d'architecture de San Micheli, publiés par Albertolli, qui s'est plu à en donner des descriptions étendues. Nous n'avons cité quelques-uns de ces travaux de fortification, embellis par le goût des plus nobles compositions, que pour faire voir comment, au beau siècle de l'architecture, toutes les parties de la science et de l'art de bâtir ne formaient qu'un faisceau. Ainsi l'histoire nous prouve que San Micheli, maître et modèle des ingénieurs et des constructeurs, le fut aussi des plus habiles architectes vénitiens, dont il eut la gloire d'être le prédécesseur. On en verra la preuve dans la notice abrégée que nous allons donner de ses ouvrages d'architecture civile.

Ses premiers travaux, on l'a dit plus haut, furent à la cathédrale d'Orvietto, monument commencé à la fin du treizième siècle, dans ce goût qui fut un passage de la dégénération de l'architecture à son rétablissement. Les plus habiles sculpteurs du quinzième siècle y exercèrent leur talent, et on y distingue très clairement la part que chacun eut à sa décoration. Il n'est pas aussi facile de faire celle des divers architectes qui s'y succédèrent : c'est qu'en de telles entreprises, le nouvel architecte est tenu de subordonner sa manière à celle de ses prédécesseurs ; aussi plus de recherches à cet égard ajouteraient peu à la gloire de San Micheli. Bientôt après il fut appelé à Monte Fiascone, et chargé de la construction de sa principale église. C'est un dôme, ou coupole à huit pans, d'une fort belle proportion, dont la circonférence constitue la totalité du temple, et un ensemble des plus élégans qu'il y ait. On remarque dans la même ville plusieurs petits palais d'un excellent goût d'architecture, dont les détails et les chambranles de portes ou de fenêtres sont du meilleur style, et qu'on croit avoir été construits sur les dessins de San Micheli.

Mais c'est surtout à Vérone, sa patrie, qu'il paraît avoir consacré avec prédilection son talent. Un des premiers et des plus agréables ouvrages qu'il fit, fut dans San Bernardino, la chapelle Guareschi. C'est, à vrai dire, un petit temple circulaire orné d'un ordre corinthien. On y voit pratiqués quatre renfoncemens, trois pour des autels, la porte occupe le quatrième. Quatre niches avec statues décorent les intervalles ou massifs qui séparent ces renfoncemens. Les autels, les piédestaux, les frontons, leurs corniches, tout se conforme à la courbe de la circonférence de cet intérieur. Le jour y entre par quatre ouvertures accompagnées chacune de deux colonnes : de ces huit colonnes, quatre ont des cannelures perpendiculaires, quatre les ont en spirale, seulement dans les deux tiers supérieurs de leur fût. Rien de plus parfait que l'exécution des sculptures d'ornement de ce petit temple, où il faut encore admirer la beauté de cette pierre particulière aux environs de Vérone, pierre la plus précieuse que l'on connaisse, après le marbre blanc, pour la blancheur et la finesse, et en même temps la plus propre, par sa fermeté, au travail du ciseau : on la nomme *bronzine*, parce que lorsqu'on la travaille elle sonne comme le bronze. La chapelle Guareschi ne fut point terminée sous les yeux de San Micheli, que d'impérieuses occupations appelèrent ailleurs. Malheureusement l'absence de sa direction se fit remarquer par plusieurs incorrections et quelques abus qui causèrent de vifs regrets à son auteur. Plus d'une fois ses amis l'entendirent se plaindre de ce qu'il n'était pas assez riche pour acheter ce monument, et le soustraire à l'avarice du propriétaire qui, par l'effet d'une vile épargne, gâtait ses idées et altérait l'esprit de ses inventions.

Entre beaucoup d'ouvrages de San Micheli, dont nous ne pouvons donner qu'une légère indication, nous citerons :

La façade de *Santa Maria in Organo*, qui appartient aux Olivetains de Vérone, mais dont il n'a fait que donner les dessins; leur exécution eut lieu après sa mort. — La belle église de Notre-Dame, dite *in Campagna*. C'est une rotonde périptère, ou extérieurement environnée de colonnes. Le plan en est des plus heureux : l'exécution, livrée à d'autres mains, ne répondit point à la beauté de l'invention. — Le projet d'un lazaret, dont l'économie gâta encore l'ordonnance et le bel ensemble. — Le campanile de l'église du couvent de Saint-Georges, dont il confia la bâtisse à un constructeur ignorant, et qu'il fallut reconstruire à nouveaux frais. — Les travaux qu'il entreprit pour renforcer les murs de l'église de Saint-Georges, et sur lesquels il parvint à élever, avec la plus grande solidité, la coupole qu'on y admire aujourd'hui. — La chapelle des Conti della Torre, dans leur maison de campagne, édifice en forme de temple circulaire.—Le mausolée du procurateur de Saint-Marc, Contarini, dans l'église de Saint-

Antoine, à Padoue. Dans cet ouvrage, San Micheli, sortant des pratiques ordinaires de son temps, appliquées aux représentations funéraires, conçut l'idée d'en faire plutôt un monument honorifique, où l'architecture et la sculpture, unissant leurs moyens, se plurent à retracer, par un ensemble de statues, de trophées, de symboles et d'emblèmes divers, les exploits militaires du général vénitien.

Vérone possède, entre ses titres de gloire en architecture, plusieurs palais élevés par San Micheli, et dont Maffei, dans sa *Verona illustrata*, a fait dessiner les façades. Ces édifices démontrent que si cet architecte sut profiter des exemples que lui avaient offerts, à Rome et à Florence, les maîtres qui l'avaient précédé, il peut et doit passer pour avoir été dans sa patrie, peut-être le modèle, mais certainement le précurseur de ces grands artistes qui formèrent la célèbre école d'architecture vénitienne.

On ne saurait douter que San Micheli n'ait étudié son art dans les belles et nobles ordonnances des palais élevés avant lui; qu'il n'y ait saisi ces heureuses applications de l'architecture antique, ce grand genre de masses simples, imposantes et variées, restées jusqu'à nos jours les plus parfaits modèles de l'art des anciens, approprié aux habitations modernes. Mais s'il imita ses devanciers, ce fut en homme resté lui-même original, et auquel il ne manqua que d'être venu avant ceux qu'il paraît avoir suivis. Il le fut aussi par d'autres qui eurent encore le rare avantage d'être devenus modèles à leur tour. Quelques-uns, et Palladio surtout, ont pu se distinguer par des plans plus variés et plus nombreux, par des compositions plus ingénieuses et plus élégantes ; mais San Micheli aura toujours, dans sa patrie, l'honneur d'avoir introduit, le premier, ce qu'il faut appeler le beau style de l'architecture civile.

Le palais Canossa, à Vérone, est vanté par Maffei pour la commodité de ses distributions intérieures. Sa façade offre peut-être le défaut d'une division en deux parties trop égales de hauteur, entre l'étage du rez-de-chaussée, orné de bossages, et l'étage où est comprise l'ordonnance principale. Disons même que le soubassement, qu'on doit regarder comme support, est plus élevé que ce qu'il supporte. Un ordre de pilastres corinthiens accouplés règne entre les fenêtres cintrées de l'étage principal, et divise aussi celles du *mezzanino* ou attique qui est au-dessus. On prétend que plus d'un changement moderne a gâté certaines dispositions intérieures de cet ensemble, et en a altéré les belles proportions.

Une disposition de façade plus harmonieuse est celle du palais de Bevilaqua. L'étage à rez-de-chaussée est d'une proportion mieux d'accord avec celle que doit avoir un soubassement. Il se compose d'un portique en arcades, dont les pieds-droits sont ornés de pilastres doriques. Le tout est en bossages, et l'entablement supporte un balcon continu. L'étage supérieur est percé de trois grandes fenêtres en arcades, et elles sont entremêlées de quatre plus petites, également cintrées. Au-dessus de celles-ci sont les petites ouvertures d'un *mezzanino*. On observe que de ces colonnes, les unes ont des cannelures perpendiculaires, les autres les ont en spirales. Cette particularité a déjà été remarquée à la chapelle Guareschi. Etait-ce de la part de San Micheli une recherche inspirée par le goût de la variété? On doit dire de l'entablement qui couronne ce palais, qu'il offre une masse et une composition lourdes, et qui semblent s'éloigner de la pureté ordinaire du style de l'architecte. Aussi croit-on que cet ouvrage, comme beaucoup de ceux qu'il fit, ne fut pas terminé sous sa direction.

Mais il nous paraît qu'entre toutes les façades de palais dont Maffei a publié les dessins, celle du palais Pompei se recommande singulièrement, par l'ensemble simple et harmonieux de son ordonnance, par l'unité de sa composition, et le beau rapport de toutes les parties entre elles. Un fort bel ordre de portiques ou d'arcades, formant les fenêtres de l'étage principal, a ses pieds-droits ornés de colonnes doriques, chacune avec un socle, qui repose sur les piédestaux, auxquels s'appuient les balustres des balcons de chaque ouverture. Au sommet du bandeau de chaque arcade est sculpté un mascaron. L'entablement a une frise avec triglyphes et métopes, et une corniche d'un caractère conforme au style dorique. De petites ouvertures sont pratiquées au-dessus de l'entablement, et en retraite, de manière qu'elles paraissent ne point faire partie du dessin général. Les fenêtres en forme de portiques reposent, ainsi que les colonnes adossées des pieds-droits, sur un soubassement très simple, d'un goût fort mâle. Il est percé, de même que l'étage supérieur, d'un nombre égal d'arcades à bossages. Six de ces arcades sont des fenêtres. La septième, ou celle du milieu, est l'ouverture de la porte.

San Micheli ne se répète dans aucune des compositions de ses façades de palais. Il sait en diversifier les aspects, les ordonnances, les formes et les détails, sans sacrifier jamais au caprice. Quoiqu'il reste toujours fidèle à sa manière et au beau style qu'il s'était formé, aucune de ses inventions cependant ne ressemble à une autre; on croit voir même qu'il y chercha plus de diversité qu'on ne l'avait fait avant lui. Il paraît avoir affectionné l'emploi des arcades, soit dans les soubassemens, soit pour les ouvertures des fenêtres.

Dans le palais Maffei, il se plut à réunir les deux partis qu'offre en ce genre l'architecture, savoir celui des portiques ou arcades, et celui de l'ordonnance continue des colonnes. On peut dire, du frontispice de ce palais, qu'il est l'assemblage le plus complet des divers genres de richesses que comportent de semblables édifices.

L'étage inférieur, servant de soubassement, est en arcades à bossages fort saillans; les colonnes adossées aux pieds-droits sont elles-mêmes traversées par des bandes de bossages, dans le goût de celle du palais Pitti à Florence. Il est visible qu'ici San Micheli a pris modèle sur le style des palais de cette ville. Quant à l'étage supérieur ou principal, il est du genre le plus noble qu'on puisse appliquer à un palais. Un ordre de colonnes corinthiennes se détache sur les trumeaux en bossages des fenêtres, dont les chambranles sont surmontés de frontons, alternativement angulaires et circulaires. L'entablement qui couronne cet étage porte une *ringhiera*, ou un balcon continu, lequel règne au-dessous d'un étage attique extrêmement orné. Les fenêtres de ce petit étage ont un encadrement de chambranles fort simples; mais les trumeaux qui les divisent offrent chacun, entre plusieurs détails décoratifs, la figure d'un terme ou atlante, supportant un entablement, qui profile sur le chapiteau de chacune de ces figures. On trouve de trop, sans doute, dans le couronnement général de ce palais, une frise enrichie de sculptures, au-dessus de l'entablement dont on vient de parler. Si l'on compte encore la balustrade ornée de statues qui fait l'amortissement définitif de cette masse, on est forcé d'avouer qu'il y a là une cumulation de parties qui ajoute à la hauteur, sans profit pour la grandeur, moralement entendue; on y trouvera aussi, dans la rédondance des ornemens qu'on vient d'indiquer, moins l'emploi que l'abus des richesses de l'art.

Cette critique, qui paraît fondée, pourrait bien au reste ne pas tomber sur San Micheli. On a déjà fait observer, d'après les renseignemens transmis par l'histoire, que les grands et nombreux travaux qui occupèrent, dans des genres si divers, sa longue et laborieuse vie, l'empêchèrent souvent de mettre la dernière main à plus d'une sorte d'entreprise.

La seule énumération de ses ouvrages remplirait plusieurs pages. Obligés de choisir entre tant d'édifices, les notions de quelques-uns des plus notables, nous citerons avec Vasari le célèbre palais Soranzo, construit à Castel-Franco, entre Padoue et Trevise, sur le territoire vénitien, et qu'on répute une des plus grandes, des plus belles et des plus commodes habitations de campagne qu'il y ait, dans un pays peuplé de demeures qui rappellent le luxe et la richesse des anciens patriciens de Rome.

Le gouvernement aristocratique n'est pas le plus favorable à ces vastes entreprises de l'art de bâtir, que la puissance des monarchies peut seule concevoir et exécuter, mais il n'en est pas qui fournisse à l'architecture des palais, soit de ville, soit de campagne, de plus nombreuses occasions d'édifices proportionnés à ce degré de grandeur sans ostentation, de richesse sans faste, qui convient aux familles patriciennes. C'est encore dans ce gouvernement, que les familles distinguées ont le plus d'intérêt à perpétuer leur existence; et les palais auxquels s'attache leur nom, deviennent tout naturellement les monumens les mieux appropriés à cette honorable ambition. On ne saurait dire ce que, dans toute l'Italie, l'architecture moderne a dû au principe politique dont on vient de faire comprendre l'influence. Peut-être aussi, les changemens survenus dans les idées et les mœurs de nos temps actuels suffisent-ils, pour nous rendre compte de l'état de pénurie et de mesquinerie, où, non les talens de l'architecte, mais les moyens de l'architecture se trouvent de nos jours partout réduits.

Venise, entre tous les états de l'Italie, est peut-être celui où se développèrent jadis, avec le plus d'évidence, les effets du principe politique de l'aristocratie, dans son rapport avec l'architecture. San Micheli y a laissé, dans plus d'un palais, des monumens de son talent, et d'un goût de bâtir appliqué spécialement aux habitations, goût dont il semble y avoir donné les premiers modèles, si bien suivis et même surpassés depuis par Palladio.

Tels sont les deux palais qu'il construisit pour la famille des Cornaro, l'un à Piombino, l'autre à Venise même, près de l'église de Saint-Paul. Tel est encore le palais de la famille Bregadini qu'il restaura, et dont il embellit avec beaucoup de goût tous les intérieurs.

Mais on s'accorde à mettre au premier rang de ses ouvrages le palais Grimani, à Venise, un des plus magnifiques de cette ville. La dépense de sa construction fut prodigieuse. Il est situé sur le grand canal, près de l'église Saint-Luc, et c'est un des monumens les plus remarquables, entre tous ceux dont l'architecture a décoré les deux rives de ce canal, qui est, en quelque sorte, la grande rue d'une ville bâtie, comme par enchantement, au milieu des eaux de la mer.

Le terrein sur lequel devait s'élever cet édifice est très vaste, mais un des plus irréguliers qu'il y ait. Cet inconvénient n'est point rare à Venise, où la multiplicité des canaux a découpé tous les espaces sans aucun égard aux dispositions qu'exigerait l'architecture. C'est un mérite de plus pour l'architecte de savoir vaincre ces difficultés. On n'en a jamais triomphé avec plus de succès que ne le fit San Micheli au palais Grimani. Il n'y a que le plan qui puisse révéler tout ce qu'il fallut d'intelligence, pour dissimuler le peu de correspondance des lignes et des angles.

Toutefois l'œil n'aperçoit aucune disparate dans l'exécution de la façade et celle du superbe vestibule où l'on entre.

Rien de plus beau, d'une plus pure exécution que l'ordonnance à rez-de-chaussée de ce palais. Rien de plus harmonieux dans les masses, de plus riche dans les détails, et de plus varié dans l'opposition des vides et des pleins. Toute cette ordonnance est dans le style corinthien; les pilastres et les colonnes du rez-de-chaussée ou du premier étage sont de l'ordre qu'on appelle ainsi. Le troisième ordre est ce qu'on nomme composite. On a reproché à cet étage qui, par sa position et le choix de son ordonnance, semblait demander plus d'élégance, d'être d'une proportion plus courte, et d'avoir un caractère écrasé qui ne répond pas au reste.

Mais on sait que San Micheli eut encore le malheur de ne pouvoir point terminer cette grande construction, et là, comme dans plus d'une occasion, il est arrivé que les continuateurs, par la manie d'améliorer, ont altéré le projet qu'ils auraient dû respecter.

San Micheli, comme on doit facilement le croire, ne put satisfaire à ses innombrables entreprises, sans l'aide de quelque coopérateur habile et intelligent. Il fut assez heureux pour trouver cette ressource dans un élève, qui était son neveu, nommé Jean-Jérôme, sujet distingué, qui s'étant livré surtout aux travaux des fortifications, lui fut de la plus grande utilité, le suppléa dans beaucoup d'entreprises, et sur lequel il pouvait se reposer avec confiance de tous les soins et détails pratiques de la construction. Jean-Jérôme est cité comme ayant, non-seulement pris part aux grands travaux militaires de San Micheli, mais comme unique auteur lui-même de plusieurs de ceux qu'on attribue à son oncle. Son mérite personnel fut tellement reconnu, que le gouvernement vénitien lui assigna un traitement égal à celui de son oncle, et sa réputation s'était accrue au point qu'on le jugea même supérieur à lui, dans certaines parties de la construction militaire. Nul alors ne l'égalait dans l'art de lever les terrains, de dresser les plans, et de faire les modèles en relief, non-seulement des constructions, mais des sites même où l'on devait bâtir.

San Micheli jouissait, avec une extrême satisfaction, des succès d'un neveu dont la réputation rejaillissait sur celui qui l'avait formé, et dont la rare activité lui permettait un repos nécessaire à sa vieillesse. Cependant il eut le malheur de lui survivre. Jean-Jérôme avait été envoyé dans l'île de Chypre pour en visiter les fortifications. La fatigue qu'il eut à essuyer et les grandes chaleurs de l'été lui causèrent une fièvre pernicieuse qui l'enleva au bout de huit jours, à l'âge de quarante-cinq ans.

Cette mort fut très sensible au sénat. Elle lui enlevait un sujet que personne ne pouvait dignement remplacer. Mais la plus grande douleur fut celle de San Micheli, qui perdait dans ce neveu son soutien et la dernière espérance de sa famille. Malgré les efforts qu'il fit pour vaincre sa douleur, et peut-être, par ses efforts même, il fut peu de jours après attaqué de la maladie qui le mit au tombeau. Son corps fut porté dans l'église de Saint-Thomas, dont il avait donné le modèle.

San Micheli fut de ce petit nombre d'hommes chez qui les qualités du caractère et du cœur, se trouvèrent à l'égal des dons de l'esprit et de l'imagination. Son humeur était grave, mais toutefois mêlée d'enjoûment. Religieux par principe et par inclination, il n'entreprenait aucun ouvrage, sans faire chanter une messe solennelle, pour invoquer l'assistance d'en haut. Généreux et obligeant sans mesure, ses amis disposaient de sa fortune comme de lui-même. Irréprochable dans ses mœurs, il mena une vie constamment exemplaire. Vasari, qui l'avait connu, raconte de lui un trait qui prouve la délicatesse de ses sentimens. Tourmenté par le souvenir d'une liaison qu'il avait eue dans sa jeunesse, à Monte Fiascone, avec la femme d'un marbrier dont il avait obtenu quelques faveurs, et sachant que cette femme peu fortunée avait une fille, dont il croyait possible qu'il eût été le père, il lui envoya cinquante écus d'or pour la marier. La mère eut beau le dissuader et lever tous ses scrupules à cet égard, il la força de garder cette somme. La république de Venise voulut plus d'une fois le combler de bienfaits, mais il conjura toujours le sénat de les reporter sur ses neveux.

En un mot, ses qualités le firent chérir, autant que ses talens le firent admirer de tous ses contemporains. Michel-Ange ne prononçait son nom qu'avec vénération.

PALAIS FARNÈSE, À ROME.

SAN GALLO (ANTOINE),

ARCHITECTE FLORENTIN,

MORT EN 1546.

Le talent dans la profession des beaux-arts est rarement héréditaire. Le génie n'est pas un bien de famille. Il y a eu cependant des exceptions en ce genre. La famille des San Gallo en fut une. Quatre de ses membres ont successivement illustré leur nom dans l'architecture. Car le père des deux premiers San Gallo, *Giamberti* (c'était leur nom patronimique), eut aussi dans son temps une grande réputation.

Antoine San Gallo, celui dont nous écrivons la vie, ne tenait que par sa mère à la famille des San Gallo dont il prit le nom. C'était contracter l'engagement de devenir habile, car un grand nom impose de grandes obligations. Son père l'avait destiné à la profession de menuisier, mais le jeune Antoine avait entendu parler de ses oncles maternels *Giuliano* et *Antonio da San Gallo*, et du grand crédit dont ils jouissaient comme architectes à Rome. Il se rendit dans cette ville n'étant encore artiste que par le desir de le devenir, et par l'espérance d'y trouver les leçons et les exemples de ses parens. L'appui qu'il en attendait lui manqua bientôt. Ses protecteurs naturels quittèrent Rome, et il fut obligé d'en chercher d'autres, qui ne manquent jamais, le travail et l'étude.

Il leur dut bientôt de parvenir à se recommander auprès de Bramante. Ce célèbre architecte était devenu paralytique; mais l'esprit chez lui n'avait rien perdu de son activité. Il ne lui fallait que d'autres organes dociles aux ordres de sa pensée, capables de recevoir et de fixer toutes ses idées. Il trouva dans le jeune San Gallo ce suppléant fidèle, intelligent et zélé. Après beaucoup d'épreuves de son exactitude, et de la facilité avec laquelle il savait s'identifier à lui, il en fit un autre lui-même. Bramante continua ainsi, jusqu'à sa mort, de bâtir par les mains d'Antoine San Gallo. L'occasion était belle à un jeune homme pour se produire. Bramante était le plus célèbre architecte et le plus en vogue qu'il y eût alors. Etre ainsi son substitut, c'était se préparer à devenir un jour son successeur. Aussi eut-il bientôt une réputation qui fit présager ses succès futurs.

Une chose lui fait un honneur particulier, c'est qu'à l'école de Bramante il devint très habile constructeur, et l'on sait que la science de la construction ne fut pas le mérite principal de cet architecte. Les élèves sont si souvent portés à imiter les défauts de leurs maîtres, qu'on sait déjà gré à ceux qui ne les outrent point. Mais savoir en profiter pour les fuir, et se distinguer par des qualités contraires, est un effort assez remarquable. C'est ce que fit Antoine San Gallo, qu'on reconnut à bon droit pour un des meilleurs constructeurs qu'ait eus l'architecture.

Telle était l'opinion établie sur son compte, que le cardinal Alexandre Farnèse (depuis pape sous le nom de

Paul III), voulant restaurer son vieux palais de *Campo di Fiore*, s'adressa de préférence à lui, pour avoir un nouveau projet. L'intention du cardinal alors n'était pas de faire un bâtiment entièrement neuf, encore moins de construire ce vaste palais Farnèse, qui, à tout prendre, pour la grandeur de la masse, la régularité de son ensemble, et l'excellence de son architecture, a tenu jusqu'ici, dans l'opinion des artistes, le premier rang entre tous les palais qu'on renomme. Heureusement le génie de San Gallo fut prophétique, et le goût du cardinal ne le fut pas moins dans le projet que présenta le premier, et que le second adopta. Ce projet, commencé d'abord sur une modique échelle, eut cela de particulier, qu'il fut susceptible, comme nous le verrons dans la suite, de s'agrandir, et de se prêter, tout en conservant l'ouvrage déjà fait, aux grandes dimensions qu'exigea ultérieurement la haute fortune des Farnèse.

Un des premiers ouvrages de San Gallo à Rome, et que l'on ne met pas au nombre de ses meilleurs, est l'église de la Madone-de-Lorette, place de la colonne Trajane. Le plan au reste ne lui en appartient pas, et l'édifice avait été commencé dès 1507 lorsqu'il n'était encore qu'un jeune élève. Aussi ne lui en attribue-t-on que l'achèvement et la décoration. Sur une masse quadrangulaire et ornée de pilastres composites accouplés, s'élève une coupole à double voûte, dont le tambour est octogone, et paraît généralement trop haut. L'intérieur du dôme qui seul forme toute l'église est également à huit pans. Le principal mérite, celui du moins qui recommande avant tout cette coupole, est d'avoir été la première à Rome qu'on ait construite dans le système de double voûte. Elle a 45 pieds 6 pouces de diamètre intérieur, et 86 pieds 8 pouces de hauteur, jusqu'au-dessous de la lanterne. Le style général de cette architecture, ses formes et ses détails ont de la lourdeur, et l'architecte Giacomo del Duca a encore aggravé ce défaut, pour l'œil, par l'énorme et vicieuse lanterne dont il a couronné le monument.

Vers le même temps, San Gallo éleva un palais en face de celui de Venise; nous le désignons par l'emplacement qu'il occupe, faute de pouvoir indiquer le nom du propriétaire actuel. Il est peu considérable par sa masse, mais il l'est beaucoup par tout ce qui fait le mérite d'un semblable édifice. Dès l'origine, il fut réputé être le plus commode, le mieux distribué, le plus élégant, dans ses intérieurs, de tous les palais de Rome. Quoique depuis cette époque, ce qu'on a le plus perfectionné soit précisément cette partie de disposition et d'agrémens intérieurs, le petit palais dont on parle ne semble point avoir vieilli. (On entend désigner ici ce genre de mérite qui vient de la mode et passe avec elle.) En effet il est rempli de ces sortes de beautés qui non-seulement ne vieillissent pas, mais qui sont faites pour rajeunir le goût de tous les siècles. C'est bien ce qu'on peut affirmer de ces beaux intérieurs, où Perrin del Vaga a laissé des modèles de son talent inimitable pour la décoration. Il faudrait encore vanter l'élégance des escaliers et des portiques de la cour, particulièrement celle de la façade même du palais, façade simple à la vérité, mais de cette simplicité qui est, plus qu'on ne pense, une des richesses de l'architecture, s'il est vrai qu'en ce genre, comme dans beaucoup d'autres, le luxe de la parure ne soit trop souvent que le déguisement de la pauvreté.

Ce petit palais est un ouvrage classique pour les architectes. Chambranles de portes et de fenêtres, profils d'entablement, détails d'exécution, tout y est de ce beau style du siècle d'or de l'architecture moderne. On trouve cependant et avec quelque raison, que les colonnes de la porte dorique d'entrée sont montées sur des piédestaux trop élevés, et l'on fait le même reproche aux colonnes des portiques de la cour.

Divers autres palais plus ou moins considérables, qu'il ne serait pas facile d'indiquer aujourd'hui, de manière à les faire connaître par leur nom, occupèrent San Gallo à Rome et dans les environs, et augmentèrent à-la-fois sa fortune et sa réputation.

Bramante mort, le pape Léon X lui avait donné pour successeur, dans la construction de Saint-Pierre, Raphaël, auquel Joconde fut bientôt adjoint; Julien de San Gallo vint ensuite. Mais Joconde quitta Rome, et Julien de San Gallo se trouva forcé par ses infirmités de regagner Florence. Personne alors n'avait plus de droit qu'Antoine San Gallo de remplir une place qui le faisait succéder à son oncle et à son maître. Aussi le cardinal Farnèse n'eut point de peine à obtenir ce choix de Léon X. Cependant la construction de Saint-Pierre ne fit que peu de progrès sous sa direction. Il fortifia les fondations et les piliers de Bramante; mais toute la dépense s'enfouissait en terre. La nombreuse succession d'architectes produite par les circonstances, avait singulièrement multiplié les projets. Chacun faisait un nouveau modèle, ce qui ne contribuait qu'à augmenter l'indécision. Nous parlerons plus bas du grand modèle exécuté par San

Gallo. Tout magnifique qu'il soit, il ne put fixer l'opinion, et l'on verra qu'il n'y a point de sujet le regretter.

Du reste, sous le rapport de la science et des moyens de solidité, le monument n'aurait pu tomber dans des mains plus sûres ni plus expérimentées. Antoine San Gallo eut plus d'une occasion de réparer, en cette partie, les erreurs de ses contemporains. Il rendit cet important service à la Cour-des-Loges du Vatican. Par trop d'égards et de complaisances pour les locataires du palais, Raphaël avait ménagé dans les soubassemens de sa construction, beaucoup de caveaux et de vides qui devaient en affaiblir les points d'appui. Aussi, peu de temps après sa mort, ces belles galeries menaçaient ruine. Antoine San Gallo les reprit en sous œuvre; il remplit les vides, renforça les fondations, et redonna à tout cet ensemble une solidité qui depuis lors ne s'est plus démentie. Beaucoup de parties du Vatican lui eurent la même obligation. Il renforça un des côtés de la chapelle Sixtine. Il agrandit la pièce qui la précède, y ouvrit les deux vastes fenêtres qui l'éclairent, et en fit une des plus grandes salles de ce palais. La chapelle Pauline lui dut aussi sa magnificence; et par ses soins toutes les parties du Vatican, au moyen d'escaliers ingénieusement pratiqués, se trouvèrent mises en communication avec l'église de Saint-Pierre.

En général, ces sortes de travaux ne sont guère propres à indemniser, par beaucoup de gloire, l'architecte qui s'y livre. Cependant San Gallo se fit, et très justement, un grand honneur dans la restauration de l'église de Lorette, la même dont Julien de San Gallo, son oncle, avait très habilement exécuté la coupole, mais en présumant trop de la solidité des piliers, construits précédemment par Julien de Maiano. Effectivement, l'an 1526, la bâtisse qui jusqu'alors n'avait pas manifesté le moindre mouvement, vint à se lézarder, et à s'ouvrir, non-seulement dans les grands arcs du dôme, mais dans tout le reste de l'église, au point d'annoncer une ruine inévitable et prochaine.

Le mal provenait des fondations, qui n'étaient ni assez larges ni assez profondes. San Gallo, chargé par le pape Clément VII de remédier à ce mal, se mit à étayer toute la construction, et à soutenir toutes les arcades par de fortes armatures. Il y refit des fondations, renforça les murs et les piliers. Après leur avoir redonné une solidité à toute épreuve, il profita de cette refaçon pour changer et améliorer l'ordonnance générale, refaire d'autres profils, et un nouvel entablement. Il parvint enfin, par une rénovation presque entière, à rendre cette église, devenue son ouvrage, une des plus belles de l'Italie.

Nous dirons donc ici avec Vasari que restaurer ainsi, c'est créer, et même faire quelque chose de plus difficile. En effet, ajoute-t-il, créer un édifice est chose naturelle, mais le ressusciter, cela tient du miracle.

San Gallo était trop habile constructeur pour n'être pas un grand ingénieur. Presque toute sa vie fut partagée entre les travaux d'architecture civile, et ceux de l'architecture militaire. Son coup d'essai en fait de fortifications fut l'exécution de celles de Civita Vecchia. Le pape préféra son projet aux dessins des plus habiles ingénieurs qu'il avait rassemblés. La citadelle d'Ancône, celle qui est à Florence près de la porte *à Prato*, celle de

Nepi, pour le duc de Castro, sont des monumens de son savoir, auxquels on pourrait en ajouter beaucoup d'autres qui suffiraient chacun à la réputation d'un constructeur; cependant nous n'en dirons rien, non plus que des fortifications de Perouse, d'Ascoli, etc. Ces travaux d'architecture militaire font sans doute honneur à l'artiste, mais ils n'annoncent que trop des époques ordinairement funestes aux arts.

Il en est peu qui aient été aussi désastreuses, et pour les arts et pour les artistes, que celle de l'an 1527, où Rome fut prise, pillée et saccagée par les troupes allemandes. Les plus beaux monumens furent violés. Beaucoup d'artistes périrent, et presque tous se dispersèrent. Clément VII se retira à Orviette avec la cour pontificale.

Le manque d'eau se faisant éprouver dans cette ville, San Gallo y construisit un puits qu'on doit mettre en tête des principaux ouvrages de ce genre. Il est construit tout en pierre de taille dans une étendue de 25 brasses. Deux escaliers en spirale, pratiqués l'un au-dessus de l'autre, dans le tuf, conduisent jusqu'au fond les bêtes de somme qu'on emploie à puiser l'eau. Par l'une de ces pentes, elles arrivent jusqu'au pont où on les charge, et remontant par l'autre, elles trouvent, sans être obligées de rebrousser chemin, une porte différente et opposée à la première. L'ouverture du puits est si spacieuse, que la lumière du jour s'y répand jusqu'au fond, de manière que les pentes des escaliers adossés au mur, bâti circulairement, reçoivent un jour suffisant des fenêtres pratiquées dans toute sa hauteur.

Si la variété des talens de San Gallo se prêtait aux

inventions les plus diverses, son activité égale à son génie lui donnait les moyens de se multiplier au point de pouvoir suffire à toutes. On a remarqué qu'il conduisait à-la-fois des travaux dans cinq villes, savoir : les ouvrages de fortification d'Ancône, de semblables à Florence, l'entreprise de la restauration, dont on a parlé, à Lorette; à Rome, les travaux du Vatican, et la construction du puits d'Orviette.

L'an 1536, cet enchaînement singulier de causes et d'effets, que le vulgaire appelle les jeux de la fortune, ramena l'empereur Charles-Quint triomphant de Tunis, et comme protecteur de la chrétienté, dans cette métropole du monde chrétien, que ses armées, neuf ans auparavant, avaient traitée plus cruellement que ne l'eussent peut-être fait les infidèles. Rome célébra son entrée par des fêtes magnifiques, et ce fut San Gallo qui fut chargé d'en composer et d'en diriger les décorations.

Il éleva sur la place de Venise, vis-à-vis le palais de Saint-Marc, un arc de triomphe, décoré dans chacune de ses deux grandes faces par quatre colonnes corinthiennes qui supportaient un entablement faisant ressaut sur chacune d'elles. Entre les colonnes étaient peints des bas-reliefs représentant les plus belles actions de l'empereur. Dans le haut s'élevaient les statues des princes de la maison d'Autriche. Aux quatre angles étaient des figures de captifs. D'après les descriptions qui s'en sont conservées, ce monument temporaire offrait tous les détails et ornemens réunis des plus beaux arcs antiques; et le décorateur, libre d'employer les couleurs, pour donner avec peu de frais à chaque partie l'apparence des plus beaux marbres et des métaux les plus précieux, en avait fait un ensemble de richesses et de variétés, auquel la réalité dans l'architecture pourrait difficilement atteindre. Nonobstant cet avantage qui est le privilège de l'architecture feinte, on jugea que si le monument eût pu être exécuté avec les matériaux et les moyens ordinaires de l'art, ont l'eût compté parmi ses chefs-d'œuvre. Mais il eut le sort des ouvrages de ce genre. Destiné à briller un moment, sa durée ne fut que de quelques jours, et disparut avec les circonstances qui l'avaient fait naître.

Il n'appartient qu'à l'art de la gravure de perpétuer les inventions décoratives, auxquelles donnent lieu les fêtes publiques. Sans doute il y aurait à gagner plus qu'on ne pense à la conservation de ces productions éphémères de leur nature. D'abord ce serait un moyen de transmettre d'utiles leçons et de beaux exemples, à ceux qui se trouveront dans la suite chargés de semblables travaux; mais ce serait aussi là que l'histoire de l'architecture, et celle du talent particulier de l'architecte trouveraient les meilleurs renseignemens. C'est en effet dans ces sortes d'inventions que, libre de toutes les entraves d'une économie qui restreint et tronque si souvent les plus beaux projets, l'artiste peut donner l'essor à son imagination, et en étaler toutes les richesses. Mais, à cette époque, l'art de la gravure n'avait pas encore pris son extension. Elle n'était pas arrivée au point de pouvoir devenir l'auxiliaire de l'histoire.

Un reproche qu'on est en droit de faire aux siècles postérieurs à celui de San Gallo, c'est d'avoir laissé à Rome, sans le terminer, un monument à-peu-près du même genre, mais réel, c'est-à-dire en matériaux solides, et de la construction la plus durable. Je parle de la porte appelée *di San Spirito*, qui termine la grande et belle rue de la Longara. Elle est toute bâtie de pierre travertine, et avec une solidité qui ajoute encore au caractère énergique de son architecture. Vasari nous apprend qu'après la mort de San Gallo, qui ne termina point cet ouvrage, l'envie, non-seulement s'opposa à son achèvement, mais essaya même d'en obtenir la démolition. Heureusement ces tentatives n'eurent aucun succès; mais le monument est resté jusqu'à nos jours dans le même état d'imperfection. Une légère dépense suffirait pour en compléter l'ensemble, et donnerait à l'architecture un des plus beaux modèles de porte qu'on pût citer.

San Gallo construisit pour lui-même, dans la rue Giulia, un très beau palais, qui depuis appartint au cardinal Riccio, et fut ensuite acquis et agrandi par la famille Sachetti, dont il a porté le nom jusqu'à nos jours. Sa façade se compose de deux étages, entre lesquels est pratiqué un plus petit (*mezzanino*). Chaque étage a sept fenêtres de face. Au rez-de-chaussée la porte occupe la place de la fenêtre du milieu. Les chambranles des fenêtres de ce rez-de-chaussée ont leur encadrement un peu trop chargé de profils. Les consoles en sont lourdes, et ont trop de saillie. Même observation relativement à la porte. On remarque que l'ouverture des fenêtres du premier étage est un peu pyramidale. L'antiquité offre plus d'un exemple de chambranles ainsi inclinés. San Gallo en a encore usé de même aux fenêtres et aux portes du rez-de-chaussée, dans la cour du palais Farnèse. Du reste, l'ordonnance générale et la disposition de la façade du palais Sachetti, sont d'un goût sage et régulier, et portent un grand caractère de solidité.

Paul III (Farnèse) venait de monter sur le siège pontifical. Jusqu'alors la construction de Saint-Pierre avait été traversée par tous les genres de contre-temps imaginables. Disons-le même, cette entreprise, conçue si en grand par Bramante, avait été mal commencée par lui. Je ne veux point parler de la faiblesse de ses moyens de construction, faiblesse à laquelle il fallut depuis porter plus d'un genre de secours: je parle de la manière incohérente et décousue dont on avait procédé (peut-être par nécessité), dès l'origine, à la formation de l'édifice. Un monument d'une aussi grande étendue, composé de tant de parties faites pour se communiquer de la force par des appuis respectifs, aurait dû s'élever tout ensemble sur une fondation générale, et sur un plateau ou massif commun à toute la superficie : c'est le meilleur moyen d'éviter les inégalités de tassement dans les matériaux. Alors toutes les parties montant ensemble font ensemble leur effet; tous les arcs se bandant à la fois s'arcboutent l'un par l'autre. Il y a dans la pratique matérielle de la bâtisse une certaine unité de temps et d'action, si l'on peut dire, que le besoin recommande, comme le goût la prescrit en d'autres genres. Construire un édifice, et le fonder par morceaux détachés, est un inconvénient moins apparent, mais plus réel, que serait celui de le projeter par fragmens séparés.

Tel fut cependant le défaut de la construction de Bramante. Cet architecte fut en quelque sorte forcé de commencer son monument par les parties, je veux dire les supports de cette grande tour du dôme, qui naturellement devait s'élever en dernier. Gêné par la vieille église de Saint-Pierre, qu'on ne voulut point abattre en entier, avant que la nouvelle fût en quelque sorte prête à la remplacer, il se mit à construire les grands arcs du dôme sur des piliers plus ou moins isolés, au lieu que leur construction n'aurait dû s'achever qu'avec les arcs des quatre nefs qui auraient servi de contrefort à cette bâtisse. Probablement, si l'on eût pris de telles précautions, surtout celle d'un plateau général, toutes ces masses se seraient maintenues ensemble, et il se serait manifesté moins de lézardes dans les soutiens de la coupole.

Sous Léon X, successeur de Jules II, Raphaël, Joconde et Julien de San Gallo, ne s'occupèrent que du soin de fortifier les fondations des piliers. Bientôt il fut résolu aussi d'en augmenter l'épaisseur, quoiqu'ils eussent 42 pieds de large, à chacune de leurs deux grandes faces, et qu'à l'ouverture des arcs ils fussent épais de 21; mais des trois premiers successeurs de Bramante, l'un mourut, et les deux autres se retirèrent sans avoir rien opéré de décisif.

Balthazar Peruzzi et Antoine San Gallo leur succédèrent, et entreprirent, chacun dans leurs projets particuliers, de réduire à une croix grecque, ou à quatre croisillons égaux, le projet en croix latine de Bramante. Celui des deux qui en conservait le plus les dispositions de détail était Balthazar Peruzzi : Léon X avait adopté son plan.

Mais Léon X mourut en 1521, et avec lui les arts semblèrent aussi près de s'éteindre. Le règne d'Adrien VI fut tout au moins, pour eux, un interrègne de dix-neuf mois. Avec Clément VII (c'était un Médicis), ils commencèrent à revivre, lorsque les catastrophes du temps les replongèrent encore dans l'oubli, ainsi que les travaux de Saint-Pierre, qui restèrent, non sans de notables préjudices, suspendus pendant près de douze années. Durant cet espace de temps, Peruzzi ne fit autre chose qu'achever la tribune ou l'hémicycle du fond de l'église. Il mourut en 1536, et laissa San-Gallo seul chef des travaux.

Tout présageait à cet architecte l'honneur de mettre fin aux longues indécisions, dont cette grande entreprise avait enfin besoin de sortir. Celui qui pouvait les résoudre (Paul III) le voulait aussi. Il était le protecteur déclaré de San Gallo. Il lui commanda donc d'exécuter un modèle en relief, dont la grandeur et la dépense annoncèrent, que le pape n'entendait plus qu'on marchât sans avoir un but définitivement fixé.

Ce modèle qui nous est parvenu, et qu'on voit aujourd'hui dans une des pièces du belvédère, fut exécuté en bois, sous la direction de San Gallo, par Antoine Labaco son élève, et son travail coûta la somme de cinq mille cent quatre-vingt-quatre écus d'or. Il a 35 palmes de long, 26 de large, et 20 et demie de hauteur. Considéré comme travail mécanique de modèle, c'est un objet digne d'admiration. Quant au projet en lui-même, c'est-à-dire quant au fond de l'invention, de la composition et du goût, il faut être de l'avis de Michel-Ange, et avouer que de toute manière il y eut beaucoup à gagner de ne point le réaliser en grand.

De tous les projets de la basilique de Saint-Pierre, il n'y en eut pas de plus compliqué dans le plan, de moins simple dans l'élévation, et d'une décoration aussi chargée que celui de San Gallo. Tout en réduisant, comme l'avait projeté Balthazar Peruzzi, comme le fit depuis Michel-Ange, la croix latine du plan de Bramante, à la forme de croix grecque, il prolongeait son édifice par l'addition d'un vestibule démesuré, qui n'était rien moins qu'un temple mis en avant d'un temple. L'intérieur de l'église aurait été rempli de petites parties en renfoncement, de chapelles accessoires, qui n'auraient servi qu'à augmenter la dépense, sans ajouter à la grandeur apparente du vaisseau, à la dimension visible du plan.

Quant à l'élévation extérieure, qu'y remarque-t-on au premier aspect? On ne peut y voir qu'une sorte d'agglomération d'objets, de parties d'édifices divers, de compositions de détails compilés de toutes parts. Ce ne sont qu'ordonnances sur ordonnances, portiques sur portiques, arcades sur arcades, masses sur masses, etc. On croirait que San Gallo aurait eu l'intention de réunir le Panthéon, le mausolée d'Adrien, le Colisée, etc., enfin tout ce que l'art de l'architecture avait produit en différens temps, et pour divers objets. Cependant, au milieu de toutes ces grandeurs architecturales réunies, ce que chacun aperçoit du premier coup dans ce modèle, c'est que le monument, en perdant son unité, se rapetisse pour l'esprit; c'est que la coupole, par le découpement de sa forme, perd jusqu'à l'idée de sa grandeur réelle; c'est que le frontispice du temple offre tant de parties, que ces parties ne donnent plus d'ensemble. On ne saurait dire, en outre, à quel point cette complication, en multipliant le travail de la main d'œuvre, aurait aussi augmenté la dépense.

Michel-Ange s'opposait à l'exécution de ce projet, avec toute la liberté d'un homme qui ne prétendait, ni supplanter San Gallo, ni devenir en rien son rival. Forcé dans la suite de le remplacer, il fit de ce dispendieux modèle la critique à-la-fois la plus judicieuse et la plus convaincante : ce fut un nouveau modèle qui ne coûta que vingt-cinq écus, et d'après lequel Saint-Pierre fut construit.

Ce n'est pas la seule démonstration, mais c'en est une des plus remarquables qu'il y ait de cette vérité, qu'en fait de bâtiment, le bon goût est presque toujours compagnon de l'économie. On a de Michel-Ange une lettre dans laquelle il développe tous les inconvéniens du projet de San Gallo ; et Vasari nous apprend qu'il traitait de gothique cet amas de clochers, de pyramides et de pointes dont il est hérissé.

Malgré toutes ces critiques trop bien fondées, on ne saurait refuser au modèle de San Gallo un fort grand mérite, chaque partie prise en détail. Chacune considérée isolément, dénote un talent formé par les meilleures doctrines de l'antiquité, quant au choix des formes et à la pureté du style. Pour ce qui est de la construction, San Gallo, dans ce modèle, s'est montré homme supérieur, et il fallait l'être réellement, ne fût-ce que pour imaginer un plan aussi compliqué.

Du reste il contribua singulièrement à raffermir, à consolider l'ouvrage de Bramante, et à préparer une solide assiette aux constructions postérieures. Tout en travaillant dans la seule vue de son projet, il ne fut pas inutile à celui de Michel-Ange. La quantité de matériaux qu'il fit enfouir dans les fondations de l'édifice fut prodigieuse. Si on les voyait étendus au-dehors, dit Vasari, on aurait peine à s'en expliquer l'emploi. Ces travaux cachés firent effectivement la fortune de Lorenzetto, qui en eut l'entreprise, à tant *la canne* (comme nous dirions à tant la toise). Voilà ce que fit San Gallo, et tels furent les services qu'il rendit à la construction de Saint-Pierre. Sa mort, survenue en 1546, contribua encore à faire abandonner son projet. Michel-Ange devait avoir l'honneur de triompher de toutes les irrésolutions, et d'être le principal auteur du plus grand temple du monde.

Mais San Gallo le fut d'un des plus grands palais de Rome, et du plus beau peut-être de l'architecture moderne. Je veux parler du palais Farnèse, dont on a déjà vu qu'il avait jeté les fondemens, comme s'il eût prévu son futur agrandissement. Le pape Paul III ne pouvait plus donner suite au projet qu'il avait agréé n'étant que cardinal. Il n'y avait encore d'élevé que la façade, du côté de la place jusqu'au premier étage, et un seul côté de la cour. San Gallo n'eut besoin, sans rien changer à l'ouvrage déjà fait, que d'agrandir son plan, et d'amplifier sa masse dans tous les sens. L'intérieur vit augmenter les dimensions des appartemens, des galeries et de toutes les pièces. L'ensemble de la construction enfin arriva à ce point de grandeur, qui le fait triompher au milieu de toutes les grandeurs de la ville de Rome.

Sous quelque point de vue en effet, et de quelque côté qu'on embrasse l'aspect de cette ville, du haut des collines et des monumens qui permettent à l'œil de parcourir les masses de tous ses édifices, celle du palais

Farnèse domine de toutes parts, et se fait remarquer comme une des plus imposantes. Il y a en Europe des palais de souverains d'une beaucoup plus grande étendue; on verra dans d'autres édifices des parties d'architecture plus riches, plus magnifiques, plus variées; mais on ne citerait peut-être nulle part un corps complet de bâtiment plus régulier par son plan, plus uniforme dans les quatre faces de son quadrangle, d'une construction plus soignée, d'une distribution mieux étendue, une cour environnée de plus beaux portiques, enfin un tout plus achevé et avec un meilleur accord entre ses parties, tant dans l'intérieur qu'à l'extérieur.

San Gallo n'eut pas, à la vérité, l'avantage de terminer en entier ce grand ouvrage. On sait que le bel entablement qui couronne le palais est de Michel-Ange, qui acheva aussi le troisième ordre ou l'étage supérieur de la cour. La grande *loggia* qui donne sur la rue Giulia passe encore pour être l'ouvrage de Vignola. Mais avoir donné le plan général de ce grand corps d'architecture, le dessin de toutes ses parties, l'idée première de tous les détails qu'on y admire, c'est avoir acquis, et au-delà, le droit d'en être cité comme l'unique architecte. Ainsi, sans prétendre frustrer tous les continuateurs de cette grande entreprise, d'une part d'honneur dans son achèvement, c'était à l'article de San Gallo qu'il convenait d'en placer la description générale.

Le palais Farnèse forme un grand quadrangle de 185 pieds dans son petit côté, de 240 dans son côté le plus long.

Sa construction à l'extérieur est en briques, excepté les chambranles des fenêtres, des portes, les angles des façades, l'entablement général et la *loggia*, sur la rue Giulia, qui sont en pierre travertine. Quant à l'intérieur de la cour, il est construit entièrement de travertin, et dans aucun édifice on n'a porté plus loin le choix et le travail de cette pierre, la précision et la beauté de son appareil. Vasari, dans le traité préliminaire de ses vies des artistes, a vanté l'excellence de cette construction, ainsi que la manière dont tous les détails y sont traités. Il est certain que, depuis les ouvrages des anciens Romains, rien n'a paru de plus parfait en ce genre. On doit dire même que, sous le rapport de la pureté d'exécution, la partie de la construction y est supérieure à celle de plus d'un édifice antique, tel, par exemple, que le Colisée, et elle peut entrer en parallèle avec celle du théâtre de Marcellus.

L'élévation extérieure est formée de trois étages ou rangs de fenêtres (en comptant celui du rez-de-chaussée), qui règnent sans le moindre changement dans les quatre faces du palais. Cette symétrie n'est interrompue que sur une seule face par la *loggia* dont on a parlé. Quant au côté qui regarde la place, et qui est celui de la principale entrée, il n'y a d'exception à cette uniformité qu'au premier étage, pour la fenêtre du milieu, qui fut décorée de quatre petites colonnes, destinés à recevoir par forme de couronnement un écusson.

Les chambranles du rez-de-chaussée sont d'un caractère qui convient à sa position, c'est-à-dire d'un goût plus simple, d'une dimension plus raccourcie que ceux de l'étage principal. Ceux-ci sont du mode le plus riche dont on trouve l'emploi dans l'architecture appliquée aux niches, que l'on appelle *à tabernacle*. Ils se composent d'un encadrement accompagné de deux colonnes, dont les piédestaux ont la même hauteur que celle de l'appui des fenêtres. Ces colonnes d'ordre corinthien sont surmontées de frontons alternativement angulaires et circulaires.

Le troisième rang de fenêtres présente la même régularité d'ordonnance. Toutefois leurs chambranles offrent un choix de formes moins pures, et d'une composition moins sévère. Tout porte à croire que cet étage supérieur, au-dehors, ne fut pas (comme cela est arrivé au même étage dans l'intérieur de la cour) exécuté par San Gallo, ni même très probablement d'après ses dessins. C'est précisément ce caractère noble, pur et sage, si bien empreint sur tout ce qu'on sait avoir été son ouvrage en propre, qui fait présumer qu'un goût différent du sien, aura introduit dans les chambranles de cet étage certaines nouveautés de formes, dont les exemples ne se trouvent que parmi les monumens de la basse antiquité. On veut parler de ces cintres de fenêtres abritées par un fronton, dont on a supprimé la base. On entend faire remarquer encore ces doubles consoles servant de support aux colonnes ioniques, qui accompagnent les chambranles. Or, ces détails un peu capricieux semblent annoncer un style moins fidèle aux erremens de la belle antiquité. Et tel fut dans plus d'un détail de formes celui de Michel-Ange, bien qu'on lui doive le grand et bel entablement qui couronne, avec autant de richesse que de goût, toute cette masse.

Ce qu'on vient de décrire appartient à la façade du palais donnant sur la place, ainsi qu'aux deux faces latérales, qui participent en tout du même dessin et de la même distribution. La façade qui donne sur la rue

Giulia diffère des trois autres, seulement dans son milieu, lequel se compose d'un triple rang en hauteur d'arcades en travertin. L'ordre inférieur est dorique, celui du premier étage est ionique, et la *loggia* dans l'étage supérieur, est une galerie ouverte par trois grandes arcades, dont les pieds-droits sont ornés de colonnes corinthiennes. Pour le goût, la forme et la dimension, c'est une répétition des trois ordonnances de la cour.

On ignore si cette *loggia* était entrée dans les projets de San Gallo, ou si on doit en attribuer l'idée, comme l'exécution, à ceux qui achevèrent le troisième étage, et sans doute d'après les vues d'agrandissement qu'avait conçues le pape Paul III. Il est certain que, selon les intentions de ce pontife, la façade principale du palais devait finir par être celle qui donne aujourd'hui sur la rue Giulia. La décoration architecturale dont on vient de parler l'annonce assez. Une seconde cour devait occuper de ce côté l'emplacement, où jadis était le bâtiment qui renfermait le groupe (maintenant à Naples) que l'on appelait le *Taureau Farnèse*. Un pont devait être construit dans cette direction sur le Tibre, pour établir une communication entre ce grand palais et celui qu'on appelle encore de nos jours, dans la rue de la Longara, *la Farnesina*, ouvrage du célèbre Balthazar Peruzzi.

Autant l'extérieur du palais Farnèse présente de sagesse et d'uniformité dans l'ensemble et les détails de sa masse, autant, lorsqu'on entre dans sa cour, les galeries qui la précèdent, comme les portiques qui l'environnent et la composition de cet intérieur, offrent de richesse et de magnificence. Le vestibule d'entrée, du côté de la place, est du genre le plus noble. Deux rangées de six colonnes de marbre, isolées, élevées sur des piédestaux, soutiennent une voûte en berceau, richement ornée de caissons. Ces deux rangs de colonnes isolées forment l'allée du milieu, accompagnée d'allées collatérales moins larges. Les colonnes de celles-ci, engagées de chaque côté dans le mur, répondent aux colonnes isolées, et une niche est pratiquée dans chaque entre-colonnement.

Le quadrangle de la cour, entre les colonnes des portiques, a 83 pieds d'étendue dans chacun de ses côtés. Son élévation se compose des trois ordonnances dont on voit la répétition au corps du milieu de la façade sur la rue Giulia. Deux rangs d'arcades en portiques ouverts, avec galeries circulant alentour, forment le rez-de-chaussée et le premier étage.

Le rang inférieur des portiques a ses pieds-droits ornés de colonnes doriques, dont la frise est en triglyphes et métopes, où sont sculptés des symboles divers. On ne citerait guère d'architecture plus classique, plus correcte et traitée avec plus de soin. Les pieds-droits de ces portiques font remarquer une particularité dont il y a peu d'exemples. Ils ont comme une double imposte, l'une au-dessus de l'autre. Par une recherche d'unité dans les lignes de toute cette ordonnance, l'architecte s'est plu à faire régner sur tous ces pieds-droits, et à rappeler dans les impostes qui leur servent de chapiteaux, non-seulement les profils de ceux des colonnes du vestibule d'entrée, mais encore les moulures dont se composent l'entablement et la corniche qui s'élèvent au-dessus de ces colonnes.

Le second étage d'architecture est aussi en arcades et en pieds-droits occupés par un ordre ionique. La frise est ornée de festons continus. Pour la beauté de la construction, la correction des formes et la pureté d'exécution, c'est le même goût, c'est la même manière. Vasari a prétendu que cet étage avait été construit par Michel-Ange. Rien toutefois n'y dénote le moindre changement de style, ni la direction d'une autre main. S'il faut admettre la notion de Vasari, ce sera en reconnaissant que le dessin de cet étage était déjà arrêté, et que sa construction étant peut-être déjà commencée, Michel-Ange, en la continuant, l'aura terminée selon le projet de San Gallo.

Il n'en est pas de même du troisième étage ou ordre d'architecture. Cet étage n'est plus en portiques ni galeries ouvertes. Il présente la devanture d'une façade percée de fenêtres, dont les trumeaux sont décorés de pilastres corinthiens. Il y a dans cette ordonnance toutes sortes de caractères indicatifs du style de Michel-Ange, ou peut-être de Giacomo della Porta qui fut son plus habituel coopérateur. On croit l'y reconnaître au genre maigre et allongé des chambranles de fenêtres, aux petits détails capricieux des ornemens de leurs frontons, à cette pratique de ressauts et de pilastres l'un sur l'autre, dont on trouverait difficilement des exemples avant Michel-Ange.

On ferait, non plus un article biographique, mais un ouvrage spécial, si, après avoir parcouru les détails de l'architecture extérieure du palais Farnèse, on prétendait entrer dans ceux de sa distribution intérieure. Elle présente partout le mérite de cette intelligence complète, qui sait réunir à la régularité des lignes, la commodité des dégagemens, dont, selon les mœurs de chaque siècle, les habitations ont diversement besoin. Tout au palais Farnèse est taillé en grand. C'est un édifice toujours digne d'être le séjour d'un prince. Quoique depuis long-temps il soit resté plus ou moins inoccupé, par le fait qui a transporté au roi de Naples tous les biens de la famille Farnèse, et quoiqu'une grande partie de ses ornemens intérieurs ait disparu, on y admire encore cependant une suite d'appartemens, au milieu desquels brille toujours, d'un assez vif éclat, cette magnifique galerie peinte et décorée par Annibal Carrache, et qui a servi de modèle à toutes celles que depuis on a exécutées dans le même genre.

Mais, comme on l'a déjà dit, l'architecture du palais Farnèse, celle surtout des deux ordres inférieurs de sa cour, est restée l'imitation la plus parfaite qu'aient produite les temps modernes, du genre antique de construction, qui consiste dans l'alliance des colonnes avec les pieds-droits des arcades. Ce genre, plus lourd sans doute, moins élégant, mais aussi plus solide que celui des ordonnances de colonnes, est par cela même préférable, lorsqu'il s'agit d'élever plusieurs étages les uns sur les autres. Le bel effet de cette méthode de construire a encore pour soi de nombreux témoignages, dans les restes, aujourd'hui si bien conservés, des théâtres et des amphithéâtres antiques. La cour du palais Farnèse est destinée à rivaliser de toute manière, avec ces monumens de l'art et du génie de l'ancienne Rome.

Il avait régné de temps immémorial des différends entre les habitans de Terni et ceux de Narni, au sujet du lac de la Marmora, et du débouché qu'il fallait donner à ses eaux, les uns s'opposant aux opérations que les autres sollicitaient. Cette contestation se reproduisait de temps en temps, et l'on n'avait jamais pu détruire le principe qui ne cessait de la renouveler. Paul III chargea San Gallo de cette commission difficile. Il l'accepta. Quoique infirme et avancé en âge, il n'hésita pas, au milieu des plus grandes chaleurs, de se livrer aux pénibles travaux d'une entreprise aussi difficultueuse. Bientôt il fut surpris d'une fièvre qui en peu de jours termina sa vie.

Son corps fut transporté de Terni à Rome, et après de pompeuses obsèques auxquelles assistèrent tous les artistes, et un grand nombre d'autres personnes, il fut déposé près de la chapelle du pape Sixte, dans l'ancien Saint-Pierre, et cette épitaphe fut placée sur son tombeau.

Antonio Sancti Galli Florentino, urbe muniendâ ac publ. operibus, præcipuèque D. Petri templo ornan. architectorum facilè principi, dum Velini lacus emissionem parat, Paulo Pont. Max. auctore, Interamne intempestivè extincto, Isabella Deta uxor mæstiss. posuit 1546. III. Kalend. octobr.

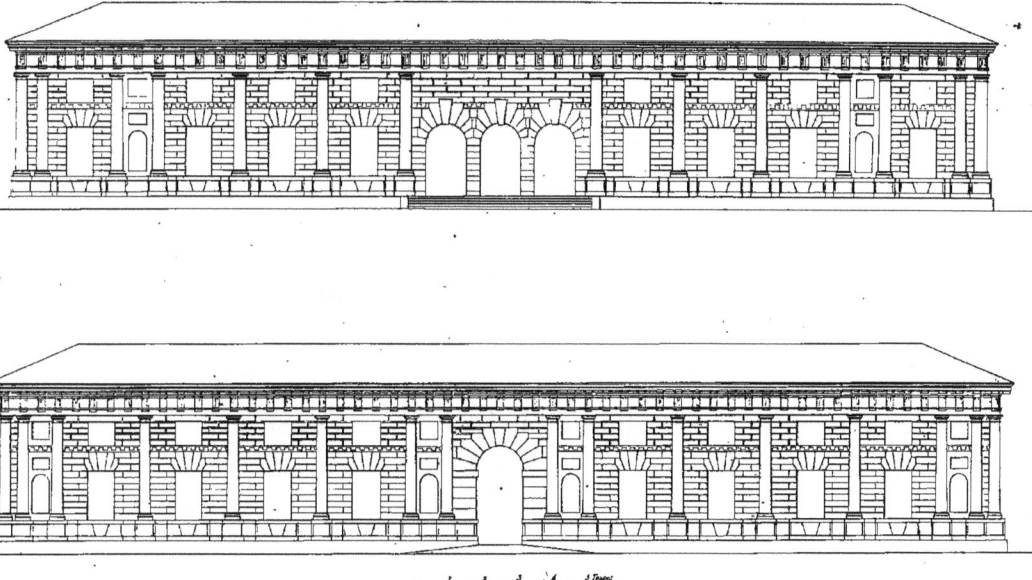

PALAIS DU T, À MANTOUE.

JULES ROMAIN (PIPPI),

NÉ A ROME EN 1492, MORT A MANTOUE EN 1546.

Le surnom de *Romain* sous lequel ce célèbre artiste est exclusivement connu, nous apprend qu'il était né à Rome. C'est tout ce que nous savons sur ce qui ne concerne que sa personne. La date certaine de sa mort qui est 1546, et l'âge de cinquante-quatre ans auquel Vasari nous dit qu'il mourut, nous apprennent encore qu'il naquit en 1492.

Jules Romain est plus particulièrement connu comme peintre, comme ayant été l'élève de Raphaël, le plus habile de ses collaborateurs, un de ses héritiers, et son successeur dans l'exécution de la bataille de Constantin, comme aussi des autres peintures de cette grande salle du Vatican, à laquelle le premier empereur chrétien a donné son nom.

Raphaël toutefois ayant été placé, comme digne de succéder à Bramante, à la tête de la construction de Saint-Pierre, ayant élevé plus d'un palais à Florence et à Rome, ayant montré, par la beauté des fonds d'édifices dont il orna ses tableaux, à quel point il possédait le génie de l'architecture, il fut très naturel que son élève de prédilection, celui qui marcha le mieux sur ses traces, reçût aussi de lui, le goût et les connaissances qui devaient en faire un grand architecte.

Mais Vasari nous l'apprend d'une manière encore plus positive. « Après avoir appris de son maître, dit-il, « les choses les plus difficiles dans l'art de peindre, il par- « vint bientôt à savoir mettre en perspective les édi- « fices, à les mesurer, à en faire les plans. Quelquefois « Raphaël, après avoir simplement donné l'esquisse de « ses inventions, les faisait rédiger en grand par Jules « Romain, pour s'en servir dans ses compositions d'ar- « chitecture. Ainsi, peu-à-peu, prenant goût à ce tra- « vail, Jules Romain devint habile, et arriva au point « d'être un excellent architecte. »

Ceci nous explique comment, et de son temps, et encore plus après lui, quelques édifices ont passé pour être son ouvrage et celui de Raphaël.

De ce nombre dut être l'élégante *villa* qui s'appelle encore aujourd'hui *villa Madama*, mais originairement construite pour le cardinal Jules de Médicis, depuis pape sous le nom de Clément VII. Vasari, dans la vie de Raphaël, lui en attribue l'architecture, et dans la vie de Jules Romain, il donne encore au maître la première idée de ce beau demi-cercle qui sert d'entrée au palais, mais il accorde à Jules Romain d'en avoir conduit l'exécution. On sait au reste qu'il faut encore mettre dans sa part tout ce qui tient à la décoration, et cette part n'est certainement pas la moindre.

La *villa Madama*, qui paraît n'avoir point été terminée entièrement, est devenue, dans l'abandon où elle est restée, une sorte d'antiquité moderne, pour les architectes et les décorateurs qui vont y chercher des leçons et des exemples, comme dans les ruines antiques. Rien ne fut ni plus élégamment pensé ni décoré avec plus de charme. C'est un de ces édifices conçus et exécutés sous l'influence des idées et des formes antiques, et où le propriétaire, tel qu'il ne s'en retrouve plus, voulut mettre, avant tout autre plaisir, celui de la perfection de l'art, plaçant le luxe et la dépense, dans ce qui doit être l'objet durable de l'admiration des gens de goût.

Le cardinal de Médicis avait choisi, sur le penchant de Monte Mario, un site en très belle vue, dont le terrein boisé, avec des eaux vives, s'étendait le long du Tibre depuis *Ponte Mole*, jusqu'à la *Porta Angelica*. C'est là que Raphaël et Jules Romain établirent le charmant *Casino*, dont on continue d'admirer, malgré sa dégradation, et l'aspect et la composition pittoresque.

La façade, on l'a déjà dit, présente une grande partie demi circulaire, en forme de théâtre, divisée par des niches et des fenêtres, avec une ordonnance ionique. De là on passe dans le vestibule qui conduit à une belle galerie ouverte sur le jardin, et que Vasari appelle *loggia bellissima*, ornée de deux grandes niches et d'autres plus petites, qui toutes, dans l'origine, étaient occupées par des statues antiques. C'est dans les voûtes de ce local que Jules Romain a peint ces charmantes compositions, qui représentent des divinités de la fable, et dont la gravure a fort heureusement dérobé les traits à la destruction qui les menace. *La villa Madama* est, après les loges du Vatican, ce qu'on peut citer de plus classique en fait de décoration. C'est le même style de détails, le même genre d'arabesques, le même goût dans les stucs, et très certainement ce fut l'ouvrage de la même école d'artistes. Malheureusement les évènemens qui survinrent empêchèrent l'entière et complète exécution de ce casin. Abandonné depuis fort longtemps, il n'a pu retrouver un propriétaire qui en connût la valeur, et fût en état de faire les frais de sa restauration.

Le petit palais Alberini (*in Banchi*) dont on voit la façade n° 40 de la collection des palais de Rome, par Ferrerio, et qu'on décrira plus bas, passa également auprès des uns pour être de Raphaël, auprès des autres pour être l'ouvrage de Jules Romain. Rien de plus inutile que la discussion de ce fait, si ce n'est peut-être sa décision. Comment distinguer, en architecture surtout, des nuances qui, entre le maître et l'élève, échappent souvent au connaisseur, même dans la peinture. Ce qu'il faut dire, c'est qu'à moins de témoignages historiques contraires, il sera toujours permis d'attribuer à Raphaël, comme à Jules Romain, le dessin de ces charmantes maisons, qui, ainsi qu'on l'a dit dans la vie de Balthazar Peruzzi, semblent être des restes échappés à la destruction de l'antique Rome.

Tel est de Jules Romain le petit palais Cenci (*alla Dogana*) n° 34 de la collection citée plus haut. Ce joli bâtiment doit être recommandé, avec le précédent, comme modèle de la manière dont on pourrait, dans les villes de commerce, joindre extérieurement le caractère d'une habitation de luxe, à celui qui convient au négoce. Sa devanture se compose de deux parties, l'inférieure est un très haut soubassement rustique, avec quatre boutiques, ayant chacune leur entresol, deux de chaque côté de la porte d'entrée que couronne un fronton à bossages. La partie supérieure comprend deux étages de cinq fenêtres de face : l'étage principal a des chambranles surmontés de frontons, alternativement angulaires et circulaires, et ses trumeaux sont remplis par des pilastres doriques accouplés. Les fenêtres de l'étage supérieur sont cintrées par en haut, et de simples bandes correspondant aux pilastres de l'ordre dont on a parlé, forment l'encadrement de l'espace qu'occupent ces fenêtres.

C'est à-peu-près dans le même système que fut conçu et construit, mais peut-être avec plus d'élégance, pour ce qui est du soubassement, le palais Alberini déjà cité. Ici cinq arcades, dont celle du milieu forme la porte d'entrée, composent le soubassement, tout en compartimens de bossages ou de refends, distribués avec goût et avec une symétrie toute particulière. Les cintres des quatre autres arcades dessinent l'emplacement de quatre boutiques, surmontées chacune d'une fenêtre en entresol. Au-dessus d'un entablement assez orné, règne le soubassement du petit ordre de pilastres raccourcis, qui séparent les cinq fenêtres du premier étage avec leurs chambranles, et les encadremens pratiqués pour occuper la grande largeur des trumeaux. L'étage attique au-dessus offre le même dessin de montans et d'encadremens. Le tout se termine par un fort bel entablement.

On voit encore à la Lungara, et sur le Janicule un joli *casino* bâti par Jules Romain, pour monseigneur Balthazar Turini da Pescia. Il s'appelle aujourd'hui *Villa Lante* et est possédé par le marquis de ce nom. On y admire toujours quelques restes des inventions qu'y avait prodiguées le génie du peintre architecte. Il paraît que les diverses constructions qu'on vient de parcourir, l'occupèrent pendant les années qu'il passa encore à Rome, après la mort de Raphaël, lorsque, devenu l'héritier d'une partie de la fortune de son maître et de ses entreprises, il rachevait au Vatican la décoration de la grande salle de Constantin, et la célèbre bataille, dont Raphaël n'avait laissé que la composition.

Jules Romain placé au second rang, du vivant de son maître, devint sans aucune contestation, après lui, le premier de son école, autant pour l'art de la peinture que par l'espèce d'universalité de talens et de connaissances qu'il possédait. Il avait aussi hérité de l'amitié de quelques-uns de ces littérateurs et personnages célèbres que Raphaël avait eus pour amis, plutôt que pour protecteurs. De ce nombre était Balthazar Castiglione, chargé alors auprès du pape Clément VII des affaires du marquis de Mantoue, Frédéric Gonzaga, amateur éclairé des arts, et qui visait à réaliser les grands projets d'embellissement, par l'exécution desquels il devait illustrer son nom et sa ville. Castiglione ne pouvait mieux servir sa louable ambition, qu'en lui procurant un homme dont le génie fût au niveau de ses projets. Rappelé à Mantoue, pour aller de là, en qualité de nonce apostolique, en Espagne, il engagea Jules Romain à le suivre. Il le présenta au marquis Gonzaga, qui par tous les moyens capables de flatter un artiste célèbre, parvint à se l'attacher et le détermina à se fixer auprès de sa personne.

Après lui avoir donné son entière confiance, avec le titre de préfet des eaux, et de surintendant des bâtimens, il le chargea de la direction de tous les ouvrages dont il voulait embellir sa ville.

Ce fut alors que Jules Romain, secondé par deux de ses élèves, l'un desquels était *Benedetto Pagni*, fit en quelque sorte de Mantoue une ville nouvelle. Par des digues et de savantes dispositions, il la mit à l'abri des fréquentes inondations du Pô et du Mincio. Il en assainit les quartiers bas, en desséchant les marais d'alentour, et donnant un écoulement aux eaux stagnantes. Il rétablit et décora plusieurs édifices anciens, en éleva de nouveaux, et mérita d'être appelé le second fondateur de Mantoue.

Le même homme, à cette époque, savait passer des travaux mécaniques de la science de bâtir, aux conceptions les plus poétiques de l'art des décorations; et du même génie qui créait ces ouvrages du besoin, destinés à lutter contre les siècles, sortaient ces compositions brillantes faites pour le plaisir de quelques jours, dans les fêtes publiques. Ainsi fit Jules Romain, à l'occasion du passage de Charles-Quint à Mantoue. Il y mit en œuvre tout ce qu'un esprit fécond peut inventer de ressources dans l'emploi de tous les arts, pour donner aux divertissemens publics ou particuliers, ce mérite qui sait unir à la magnificence et à la pompe du spectacle, la variété et la gaîté qui en font le charme. L'empereur combla l'artiste d'éloges, et ne crut pouvoir mieux reconnaître le zèle de Gonzaga, dans cette réception, qu'en érigeant le marquisat de Mantoue en duché.

Il est fort probable qu'à l'époque de ce passage de Charles-Quint dans cette ville, Jules Romain avait déjà fort avancé le palais qu'on appelle du TE, et qui fut l'ouvrage le plus mémorable de cet artiste en fait d'architecture.

Le nom de TE que porte ce palais ne vient pas, comme plusieurs l'ont dit et répété, de la forme de son plan, qui, dit-on, serait celle de la lettre T. Le plan de l'édifice dément déjà cette étymologie. Il paraît, et c'est l'opinion d'historiens dignes de confiance, que le mot TE fut une abréviation, ou si l'on veut une mutilation de *tajetto* ou *tejetto*, qui signifiait, dans le langage du pays, coupure, ou passage donné à l'écoulement des eaux, et que cette dénomination locale, appliquée au terrein sur lequel le palais fut construit dans la suite, lui aura, par le fait de l'usage vulgaire, communiqué son nom.

Il y avait autrefois sur ce terrein, et au milieu d'une vaste prairie, un bâtiment servant d'écurie pour les chevaux du prince, qui, attiré par l'agrément de la position, desira y avoir une habitation de peu d'importance. En peu de mois, Jules Romain y fit sortir de terre un joli casin légèrement construit en briques. Voilà ce qui donna naissance au grand palais dont nous allons faire une description abrégée.

Le corps principal de ce palais forme dans son plan un carré parfait, dont chaque face en dehors a près de 180 pieds. L'intérieur de la cour est de même un grand quadrangle de 120 pieds environ. Cette cour a deux entrées, la principale est une grande porte ceintrée en bossages ; elle donne accès dans un vestibule orné de colonnes. L'autre entrée ouverte sur une des faces latérales a trois portes en arcades formées de bossages.

L'élévation de ce palais, tant au-dehors qu'au-dedans de la cour, ne consiste que dans un ordre dorique, qui, élevé sur un stylobate, décore avec beaucoup de régularité, les trumeaux d'un étage de fenêtres à rez-de-chaussée et d'un rang supérieur de fenêtres plus petites. Cette ordonnance est en pilastres séparés par des intervalles généralement égaux entre eux; il faut excepter les angles, où les pilastres sont accouplés. Les bossages et les refends ont été, dans tout cet ensemble, mis en œuvre d'une manière aussi intelligente qu'ingénieuse. Les compartimens de bossages réservés à l'étage inférieur y sont distribués de manière qu'une succession de pleins et de vides en corrige la lourdeur, et en rompt l'uniformité. Les refends, sorte de bossages beaucoup plus doux et d'un effet plus léger, sont réservés au petit étage attique. Toute la masse est couronnée d'un bel entablement dorique, avec triglyphes et métopes. Rien de plus sage et de plus régulier.

De la grande cour, dont l'ordonnance, au lieu de pilastres, est en colonnes engagées, on passe dans un magnifique vestibule, que les Italiens appellent *loggia* et qui s'ouvre sur le jardin. La façade de ce côté offre un péristyle de douze colonnes, sur deux rangs en profondeur et accouplées. A l'entre-colonnement du milieu aboutit un pont qui sépare deux pièces d'eau. Au-delà de ce pont est un parterre entouré de bâtimens utiles et de serres; il se termine par une grande partie circulaire, construite en manière de théâtre divisé par des espaces en forme de niches. Le tout a 550 pieds de longueur.

L'intérieur du palais du TE serait la matière d'une immense description, dans un ouvrage dont le seul but serait de faire connaître quel parti un grand peintre peut tirer de son art pour l'embellissement des édifices. En effet, ce palais doit être cité comme un modèle unique dans l'architecture moderne. Aucun autre, ce nous semble, n'a reçu en aucun temps, l'avantage d'avoir été construit et peint par le même artiste. Il a ce singulier mérite, que la construction et la décoration étant l'émanation d'un seul et même génie, on ne saurait dire si ce fut l'architecture qui commanda à la peinture, ou la peinture à l'architecture, tant il semble que leur réunion procéda d'une seule et même création.

Nous ne ferons que parcourir cette suite d'inventions décoratives dont Jules Romain fut l'auteur.

La grande loge dont on a parlé fait admirer sa voûte en compartimens de cinq lunettes peintes à fresque, et qui renferment l'histoire de David.

On passe à main gauche dans une salle, dont le principal ornement se compose d'une frise à deux rangs l'un sur l'autre, travaillée en stuc, sur les dessins de Jules Romain, par le Primatice et par Jean-Batiste Mantouan. C'est une longue suite de figures dans lesquelles on s'est proposé une imitation des bas-reliefs de la colonne Trajane. Rien d'abord n'annonce à quel temps, à quel personnage, à quels exploits s'applique la composition qui se déroule ainsi aux yeux; l'emploi des costumes antiques ferait croire qu'il s'agit de quelque sujet de l'ancienne Rome. Cependant on sait que tout se rapporte au triomphe de Sigismond. On y distingue effectivement le personnage principal, suivi d'un écuyer, portant un bouclier sur lequel est un aigle à deux têtes couronnées. Ce sont toutes scènes de batailles, de marches, de campemens, rendues avec toutes les apparences du style de l'antiquité. Rien toutefois n'y a l'apparence de ce qu'on peut appeler une copie. On voit seulement que Jules Romain savait son antique par cœur, et que son talent se plut à improviser d'imagination, et à redire, mais selon la manière qui lui était propre, ce que les monumens lui avaient appris. Qui ne le saurait, croirait cette grande composition dérobée aux ruines de Rome, tant y est fidèlement reproduite la vérité des anciens costumes, tant l'exécution de la sculpture a su s'empreindre du caractère de ce genre d'écrire du bas-relief monumental. Les stucs qui ornent la voûte de cette salle participent du même goût et de la même habileté.

La pièce d'après est celle dont la voûte est ornée d'un grand tableau peint par Primatice, sur les dessins de Jules Romain, qui dans les six autres compartimens l'a embellie de figures exécutées par lui-même.

La dernière salle de ce côté est la plus célèbre de toutes, par l'invention extraordinaire de sa décoration. De quelle forme est cette pièce? C'est ce que l'œil ne saurait apprendre : la peinture en s'emparant de toutes les superficies ayant réussi, par l'illusion de la couleur et de la perspective, à faire disparaître toutes les lignes qui en détermineraient la configuration. Aussi quelques-uns ont cru qu'elle formait un cercle, quand elle est un carré long, dont les angles sont à la vérité légèrement arrondis. Cette salle est celle qu'on appelle la *salle des Géants*, idée neuve, et d'une conception aussi hardie que l'exécution en est prodigieuse. Toutefois sa description a trop peu de rapport avec l'architecture pour qu'on doive s'y arrêter ici. La peinture en effet, comme on l'a déjà dit, a fait entièrement disparaître son fond par la magie même de la composition. Une fois entré dans ce local, le spectateur n'y voit plus d'issue. Il n'est environné que de rochers, qui se précipitent sur les géants, ou écrasés, ou se défendant en vain. Le sol même est composé de débris ; le plafond c'est l'Olympe, d'où Jupiter lance la foudre.

En revenant sur ses pas, et en repassant par le beau vestibule dont on a parlé, on trouve une autre suite d'appartemens, dont chaque pièce est, en quelque sorte, le chant d'une sorte de poème mythologique en peinture, où la muse de Jules Romain s'est plu à retracer les aventures de Phaéton ; celles de Psyché, son mariage avec l'Amour, son banquet nuptial, riche et vaste composition, dans laquelle le pinceau a mis à contribution toutes les richesses du génie de l'antiquité en ce genre.

Nulle part la poésie de la peinture ne s'est développée dans un bâtiment avec plus de charme et de liberté. Tout paraît s'y être soumis aux belles inspirations du peintre, et jusqu'aux caprices de son pinceau. S'il se trouve une cheminée, vous voyez Vulcain, occupé sur sa forge enflammée à forger les foudres de Jupiter. Ailleurs c'est Polyphème assis sur un rocher. Ainsi le goût de l'artiste a trouvé moyen d'approprier en particulier à chaque pièce les sujets analogues à sa destination.

On ne saurait se dispenser d'indiquer encore dans l'ensemble de ce palais, comme ouvrage vraiment classique en fait de goût et d'ornement, le charmant corps de bâtiment qu'on appelle *la Grotte*, parce qu'effectivement il s'y en trouve une pratiquée pour l'usage du bain. C'est un ensemble de salles les unes plus, les autres moins grandes. Là brille dans toute son élégante pureté ce style d'arabesques et d'ornemens antiques, remis en honneur par Raphaël au Vatican, propagé par quelques-uns de ses élèves dans diverses villes de l'Italie, mais dont personne, depuis, n'a fait revivre ni le goût ni la belle exécution.

La ville de Mantoue est pleine du génie de Jules Romain. Elle fut sa seconde patrie, et par tous les travaux qu'il y fit, il passa pour en avoir été le second fondateur. Il y rebâtit des quartiers et des rues entières; il lui donna une forme nouvelle, et l'orna d'édifices qui en font encore aujourd'hui la gloire. Le château ducal fut par lui reconstruit à neuf, et décoré d'excellentes peintures, où l'on remarque celle de la prise de Troie. Nous manquons de renseignemens sur un autre palais, qu'il bâtit pour le duc, à Marmiruolo, lieu situé à cinq milles de Mantoue; mais Vasari nous apprend que cet édifice reçut aussi, de la main de Jules Romain, de grandes peintures, qui ne le cèdent ni à celles du château ducal de Mantoue, ni à celles du palais du TE.

On voit encore à Mantoue la maison qu'il avait construite pour lui-même. Sa façade, jadis tout ornée de stucs colorés, est remarquable au-dehors par une petite statue antique de Mercure. Son intérieur était une sorte de *Museum* rempli des richesses de l'antiquité, et de celles que l'imagination du propriétaire y avait prodiguées.

Plusieurs églises de cette ville furent redevables à Jules Romain, ou de leur restauration, ou de leur embellissement. De ce nombre fut celle de Saint-Benoît qui reçut de lui une forme toute nouvelle, et qu'il décora comme peintre, après l'avoir rétablie comme architecte.

Mais le plus notable de ses ouvrages, en ce genre,

fut la cathédrale de Mantoue, que le cardinal de Gonzaga, après la mort du duc, confia à ses soins pour être refaite en entier. Ce monument, dans lequel Jules Romain fit revivre le goût de l'antiquité, par la belle proportion des colonnes de ses nefs, par le style noble et pur de tous les détails, mérite d'être mis au rang des plus beaux temples de l'Italie. Il ne manque à sa renommée, comme à celle des principaux édifices de Mantoue, que d'être plus connu des artistes et des voyageurs qui visitent l'Italie. Malheureusement cette ville ne se trouve pas sur la route la plus battue par les curieux. Il faut y aller exprès. Aussi manquons-nous d'une description fidèle des beautés qu'elle renferme. Presque tous les dessinateurs s'en vont répétant chaque année, ce que beaucoup d'autres ont déjà répété avant eux, sans se douter que Mantoue leur aurait présenté la plus riche matière d'un ouvrage aussi précieux pour l'histoire que pour l'étude de l'art.

Le dessin que fit Jules Romain pour la façade de la grande église de San Petronio à Bologne, fut de son temps réputé supérieur à tous ceux que présentèrent les plus célèbres de ses contemporains. Le frontispice, selon ce projet, n'aurait eu qu'un seul ordre, mais d'une dimension colossale. On y admire l'esprit avec lequel l'artiste sut garder un terme moyen, entre le goût de l'architecture grecque, et celui de l'édifice qui participe de la manière gothique. Rien en effet ne manque plus de convenance, que ces frontispices postiches appliqués après coup à des monumens d'un autre âge, et qui n'y produisent d'autre effet que celui d'une dissonance.

Le duc Frédéric Gonzaga mourut en 1540. Il laissa Jules Romain comblé de biens et d'honneurs, faible dédommagement pour cet artiste de la douleur que lui causa la perte d'un prince qui avait honoré ses talens, et dont il était devenu l'ami. C'est avec beaucoup de peine que le frère du duc, le cardinal Gonzaga, le détourna du projet qu'il avait formé de revoir Rome. Ce fut en l'accablant de nouvelles faveurs qu'il parvint à le retenir, c'est-à-dire en le chargeant d'ouvrages nouveaux. Mantoue dut à cette heureuse contrainte l'avancement de sa cathédrale, qui ne fut toutefois terminée qu'après lui par Bertano son élève.

Mais une circonstance nouvelle réveilla bientôt chez Jules Romain le desir mal éteint qu'il conservait, de se retrouver dans la capitale des arts. La mort de Sansovino, architecte de Saint-Pierre, et le besoin d'un digne successeur firent tourner tous les regards vers lui, et les plus hauts suffrages l'appelèrent à la plus grande de toutes les entreprises. Ni le bel établissement dont il jouissait à Mantoue, ni celui de sa famille, ni les honneurs qu'on lui prodiguait, rien ne put le détourner de répondre à l'appel qu'on lui avait fait, et il se disposait à partir. La Providence en avait ordonné autrement : une maladie fort courte l'enleva à l'âge de cinquante-quatre ans.

Ainsi Jules Romain mourut, on peut le dire, au milieu de sa carrière, et la chose serait encore plus vraie, s'il fallait, sur la foi d'une date rapportée dans une courte notice de sa vie, et qui fait partie d'une petite description du palais du TE, imprimée à Mantoue en 1783, admettre qu'il mourut à quarante-sept ans. L'autorité sur laquelle cette opinion se fonde est, dit-on, que dans les archives de la *Sanita* à Mantoue, on trouve sur le registre des morts du 1er novembre 1546, cette note : *il sior Julio Romano di Pipi superior delle fabriche ducale, de febra infirmo giorni* 15, *morto d'anni* 47.

On doit remarquer d'abord que cette note, n'étant que ce que nous appellerions un extrait mortuaire, a beaucoup moins de valeur que n'en aurait ce qu'on désigne par extrait de baptême ou date de naissance, date que l'acte mortuaire ne saurait toujours être tenu de rappeler, tant il arrive souvent qu'on n'a aucun moyen de la constater, à l'égard surtout de ce grand nombre de personnes qui meurent hors de leur pays. Qui nous dira ensuite à quel degré de fidélité la note dont il s'agit était obligée, et si une simple méprise de la mémoire ou de la plume, n'a pas pu changer un chiffre pour un autre.

Vasari dit positivement, dans la vie de Jules Romain, qu'il mourut à cinquante-quatre ans, et il est d'accord sur la date de sa mort avec le registre de la *Sanita*, c'est-à-dire sur l'an 1546. Or Vasari connaissait particulièrement Jules Romain, et en nous racontant qu'il alla le visiter à Mantoue, il indique la date de cette visite comme postérieure à la mort du duc Frédéric qui mourut en 1540, puisqu'il ne parle que du cardinal Gonzaga, et qu'à cette époque, déjà Jules Romain avait élevé la cathédrale de Mantoue, qui ne fut commencée qu'après la mort de Frédéric. Ainsi Vasari vit Jules Romain environ deux ans avant qu'il mourût, et il n'est guère possible qu'il se soit trompé autant sur son âge.

Mais voici une raison qui paraît sans réplique. Si

Jules Romain, selon la note de la *Sanita*, ne vécut que quarante-sept ans, et mourut en 1546, il sera né en 1500. Mais Raphaël mourut en 1520. Or déjà depuis long-temps Jules Romain était parvenu à ce haut degré de talent, qui non-seulement lui avait gagné toute la confiance de son maître, mais lui avait mérité d'être son principal collaborateur, au point qu'on distinguait souvent à peine ce qui était du maître, et ce qui appartenait à l'élève, et cela fort long-temps avant 1520. On connaît l'histoire de la célèbre copie du portrait de Léon X, par Raphaël, envoyée à Mantoue, et la surprise de Jules Romain qui ayant, comme il le raconta lui-même à Vasari, travaillé à l'original, ne s'était point aperçu de l'échange fait de cet original, contre la copie d'Andrea del Sarto. On citerait bien d'autres ouvrages de Raphaël, auxquels Jules Romain fut associé bien des années avant 1520. Or comment peut-on supposer qu'un jeune homme de douze ans, au plus, aurait en si peu de temps atteint ce degré de capacité qui l'égala souvent à Raphaël?

Si au contraire on suppose d'après l'âge de cinquante-sept ans où il serait mort (en 1546) qu'il était né vers 1492, il aurait eu vingt-huit ans à la mort de Raphaël, et l'on trouvera naturel qu'il ait, même quelques années auparavant, acquis la somme de talent nécessaire pour avoir été ainsi adopté par son maître.

J'ajouterai qu'on trouve le portrait de Jules Romain jeune, à la vérité, mais avec un peu de barbe, en pendant avec celui de Marc-Antoine, dans le tableau d'Héliodore dont on a la date. Jules Romain pouvait avoir alors vingt-deux ans.

MICHEL-ANGE.

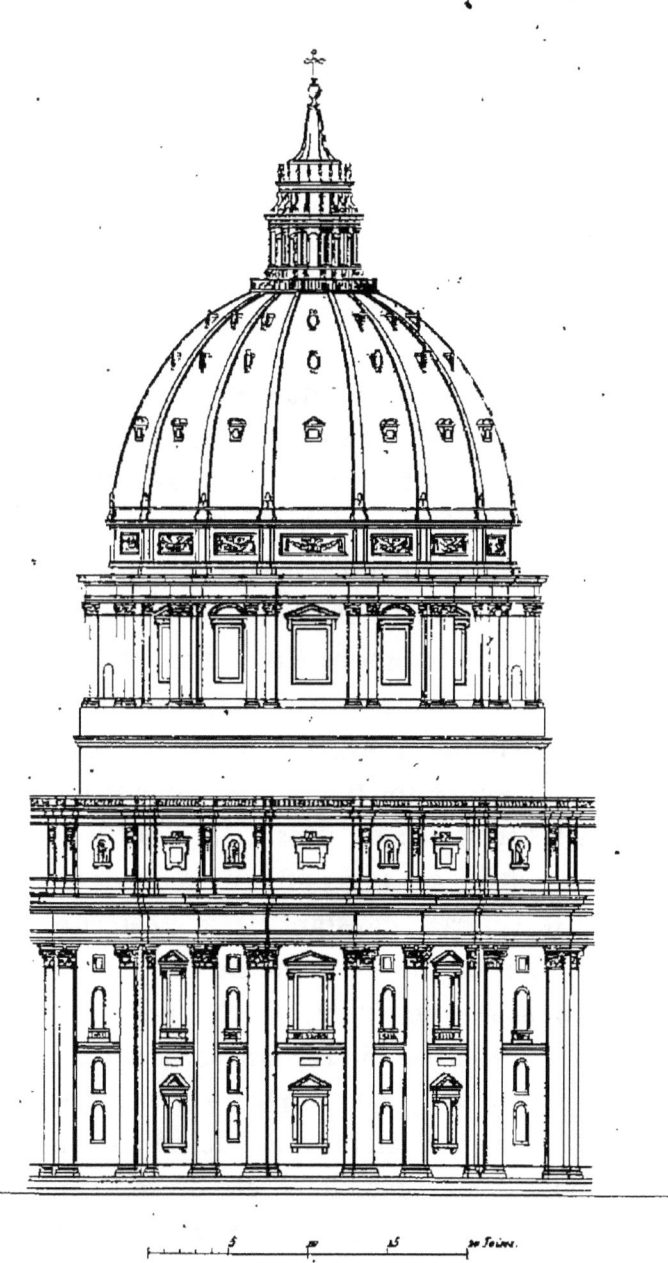

COUPOLE DE St PIERRE, À ROME.

ÉLÉVATION EXTÉRIEURE DE L'ÉGLISE.

MICHEL-ANGE BONARROTI,

né en 1474, mort en 1564.

L'HISTOIRE des artistes, comme on sait, ne consiste guère que dans celle de leurs ouvrages, c'est-à-dire des circonstances qui en ont accompagné l'exécution, de la diversité de leurs mérites et de l'influence qu'ils ont exercée sur le goût des peuples. Ainsi, la plus longue histoire en ce genre serait celle de l'artiste ou qui aurait produit le plus grand nombre d'ouvrages, ou dont les productions marquées au coin d'un génie puissant et original, auraient donné une forte impulsion à son siècle.

S'il s'était rencontré un homme également habile et célèbre dans les trois arts du dessin, et dont le nom se fût, dans chacun de ces arts, attaché à un de ces monumens que le suffrage constant de la postérité n'aurait pas cessé de proclamer comme un chef-d'œuvre; si cet homme, dans le cours d'une vie de près d'un siècle, mêlée à toutes sortes de circonstances, avait toujours fait voir comme trois grands artistes réunis dans sa personne, l'historien de chaque art ne se trouverait-il pas forcé, pour rester dans le cercle de son sujet, de diviser une semblable matière, et de n'en prendre qu'une seule partie?

C'est ce que nous nous proposons de faire à l'égard

de l'homme également grand peintre, grand sculpteur et grand architecte, qu'on vit concevoir et exécuter presque dans le même temps la peinture du Jugement dernier, la statue colossale de Moïse, la vaste coupole de Saint-Pierre.

Nous bornant donc à considérer dans Michel-Ange l'architecte, nous nous contenterons de faire précéder la partie de son histoire qui regarde l'art de bâtir, d'un très court abrégé de sa vie.

PREMIÈRE PARTIE.

Michel-Ange Bonarroti naquit le 6 mars 1474, au château de Caprèse, dans le territoire d'Arezzo. Il descendait de l'ancienne et illustre maison des comtes de Canossa. Son père, Louis-Léonard Bonarroti Simoni, podestat de Caprèse et de Chiusi, ne voyait dans ce fils que le soutien d'une maison célèbre. Une éducation conforme à ces vues attendait le jeune Michel-Ange; mais les dispositions extraordinaires de celui-ci pour le dessin, ne tardèrent pas à contrarier les projets de sa famille. François Granacci, élève de Ghirlandaio, frappé des talens dont il apercevait le germe, se faisait, de son côté, un plaisir de contribuer à leur développement. Il cultivait ce goût naissant par la communication des dessins de son maître que l'enfant copiait en secret.

Le père et l'oncle de Michel-Ange regardaient la pratique des arts comme peu honorable pour leur famille, et ils traitaient assez rudement celui qui s'y livrait sans leur aveu. Effectivement ses progrès en ce genre nuisaient à ceux qu'on aurait desiré qu'il fît dans l'étude des lettres. Il surmonta enfin toutes les résistances : une habileté déjà prodigieuse pour son âge conquérait l'admiration de tout ce qu'il y avait de juges éclairés. Ce concert de suffrages convainquit enfin le père de l'inutilité des efforts qu'il opposerait à une vocation tellement prononcée. Le jeune Michel-Ange fut placé chez Dominique et David Ghirlandaio, les plus célèbres peintres d'alors, pour y demeurer trois années : c'était un véritable apprentissage. Mais ce qui va paraître singulier en ce genre, c'est que le maître, loin de recevoir, selon l'usage, une rétribution de son élève, s'était engagé, par un écrit dont Vasari nous a conservé le contenu, à payer progressivement par an la somme de six, huit et dix florins à un jeune homme de quatorze ans : preuve certaine que Michel-Ange, à cet âge, s'était déjà fait connaître de ses maîtres, moins comme un commençant qui venait leur demander des leçons, que comme un coopérateur en état de les aider dans leurs travaux.

Bientôt l'école des Ghirlandaio ne suffit plus à son talent : il lui aurait fallu des maîtres en état de lui apprendre quelque chose. Mais le génie du dessin ayant une fois chez lui franchi les entraves de la routine scholastique d'alors, il fut obligé de marcher tout seul, et de devoir ses ressources à lui-même. Ne serait-ce point à ce genre de début, à cette indépendance de ses premiers pas dans la carrière de l'imitation, que Michel-Ange aurait dû ce caractère d'originalité si prononcé qui a marqué toutes ses œuvres, et qui lui dicta dans la suite son axiome favori : *Chi va dietro ad altri mai non gli passa inanzi ?*

Si Michel-Ange devançait ses maîtres par un talent prématuré, on présume bien qu'il devait aussi surpasser ses condisciples, et que naturellement une telle supériorité put exciter leur envie. Cette passion, dans un de ses jeunes rivaux, Torregiani, éclata un jour d'une manière odieuse et violente. Un coup sur le visage lui fracassa le nez, en lui laissant la marque d'un attentat qui le défigura pour la vie, et qui aurait pu devenir encore plus funeste. La protection que Laurent de Médicis accordait ouvertement à Michel-Ange, était entrée aussi pour quelque chose dans le motif de cette jalousie. Mais elle l'en vengea bientôt, et Torregiani fut exilé de Florence.

Laurent, surnommé le Magnifique, ayant conçu le projet de former une école de sculpteurs, jeta d'abord les yeux sur Michel-Ange. Ce choix contribua sans doute à déterminer, chez le jeune artiste, le goût qui déjà le portait vers l'art de sculpter, pour lequel il eut toujours une sorte de prédilection. Il disait souvent qu'il en avait sucé l'amour avec le lait de sa nourrice, qui était la femme d'un sculpteur. Plus d'une fois il regretta, dans le cours de sa vie, d'avoir été distrait par d'autres occupations des travaux de son art favori, et d'avoir été jusqu'à dix ans de suite sans manier le ciseau. Ses premiers essais dans cet art ne furent pas inférieurs à ses premières études dans le dessin et la peinture.

Laurent apprit bientôt à discerner, dans quelques jeux de son ciseau, ce qu'on pouvait attendre d'une capacité qui devançait ainsi le cours des années; il voulut l'avoir dans son palais, où il lui assigna un logement particulier, le traitant comme son fils. Le palais de Médicis était le rendez-vous des savans et des artistes. La résidence de Michel-Ange en ce lieu, les instructions qu'il y reçut d'Ange Politien, le premier littérateur de cette époque, logé aussi dans ce palais; les encouragemens que lui prodigua la libéralité de son protecteur, la vue de quelques fragmens d'antiquités réunis par Médicis, tout cela doit être mis au rang des causes premières qui influèrent sur le goût et la diversité des talens de ce grand artiste.

La mort de son illustre protecteur le priva bientôt de ces ressources. Pierre de Médicis, en succédant à son père, n'avait hérité ni de ses qualités, ni de son estime pour les arts, et pour Michel-Ange. Le prieur de l'église du Saint-Esprit vint heureusement au secours de ses dispositions. Il lui commanda l'exécution d'un crucifix en bois, lui donna un logement dans le couvent, et lui fournit les moyens d'apprendre à fond l'anatomie, en lui procurant des cadavres humains. Michel-Ange se livra à ce travail avec une ardeur incroyable, il disséquait lui-même les sujets qu'on lui fournissait. La profonde connaissance qu'il acquit, par cette étude, de la structure du corps humain, lui ouvrit une route inconnue à ses contemporains, et qui devait le conduire à être le plus profondément savant de tous les dessinateurs.

La famille des Médicis fut chassée de Florence. Michel-Ange avait joui de leur faveur. Il craignit d'être enveloppé dans leur disgrâce. Résolu de se soustraire au ressentiment d'un peuple, qui croyait voir autant d'ennemis dans les amis de ceux qu'il appelait des tyrans, il se retira à Venise. Trois années s'étaient écoulées depuis la mort de Laurent de Médicis, jusqu'à la révolution dont on a parlé. Ainsi Michel-Ange pouvait avoir vingt ans. Le calme rétabli à Florence, il y retourna, et c'est à cette époque qu'on rapporte l'histoire du Cupidon endormi vendu pour antique au cardinal de Saint-Georges. Conduit bientôt à Rome par le gentilhomme que le cardinal avait envoyé à Florence, pour s'informer de la vérité de ce qu'on débitait sur l'auteur du prétendu antique, il n'eut guère à se louer de ce nouveau protecteur. Son premier séjour à Rome ne fut cependant infructueux ni pour les arts ni pour sa gloire. Il y fit le célèbre Bacchus qui depuis fut transporté à Florence. Le cardinal de Saint-Denis lui procura aussi l'occasion de sculpter une *Notre-Dame-de-Pitié*, groupe qu'on voit à Saint-Pierre sur l'autel de la chapelle du Crucifix.

Les affaires domestiques de Michel-Ange l'obligèrent de retourner à Florence. Un bloc de marbre colossal restait depuis cent ans ébauché dans cette ville. Le ciseau mal habile de Simon de Fiesole n'était parvenu qu'à faire sortir d'une masse informe un ouvrage avorté. Aucun statuaire, depuis, n'avait cru possible d'en tirer parti. Michel-Ange eut l'art de lui faire produire en fort peu de temps la statue du David qui est placée devant le Palais-Vieux. Sa proportion est telle, qu'un homme d'une taille avantageuse arrive à peine à son genou. Quelques défectuosités qu'on y remarque proviennent des anciens coups de ciseau dont le nouveau sculpteur ne put réparer la maladresse.

Ce fut à cette époque qu'entre d'autres ouvrages de peinture, tels que la Sainte-Famille de la galerie de Florence, Michel-Ange exécuta le célèbre carton de la Guerre de Pise, qui lui acquit la réputation du premier de tous les dessinateurs. Ce savant ouvrage, qui sembla mettre entre lui et ses prédécesseurs une distance de quelques siècles, devint, pendant long-temps, une école de dessin pour tous les artistes. Nous ne lisons la vie d'aucun des hommes célèbres d'alors que nous n'y trouvions observé par les biographes, qu'il s'était formé au dessin d'après ce grand modèle, et un des plus grands admirateurs de Michel-Ange (Benvenuto Cellini) nous apprend qu'il ne lui fut pas donné de surpasser, par les ouvrages qu'il produisit depuis, le degré de science et de perfection où il s'était élevé dans le carton de la Guerre de Pise, qui malheureusement périt au milieu des troubles de Florence.

Jules II, étant monté sur le siège de Saint-Pierre, conçut le projet de perpétuer sa mémoire dans le monument de sa sépulture. Il appela Michel-Ange, alors âgé de vingt-neuf ans. L'ambition du pontife ne voulait confier le soin de sa gloire qu'au plus grand génie de son siècle. Michel-Ange répondit à son attente, et il lui présenta bientôt le modèle du mausolée le plus magnifique et le plus considérable, sans aucune comparaison, de tous ceux dont l'histoire de l'art moderne peut offrir l'idée. Il n'en existe toutefois autre chose (je parle de l'ensemble de sa composition) qu'un léger dessin, de la main de l'auteur, et dont la gravure nous a conservé les traits. Cette grande conception étant un mélange d'architecture et de sculpture, nous nous réservons d'en parler dans la seconde partie de cette notice, où nous ferons connaître Michel-Ange sous le rapport particulier d'architecte. Contentons-nous de dire ici, que des quarante statues qui devaient entrer dans la composition de ce mausolée, quatre ou cinq furent plus ou moins complètement exécutées. Une seule, le Moïse, fut achevée bien des années après.

Ce grand tombeau avait été projeté et entrepris sans qu'on eût arrêté la place qu'il devrait occuper. Mais il fut cause qu'on se souvint d'un commencement de construction, faite au chevet de l'ancien Saint-Pierre, par Bernard Rossellini, sous le pape Nicolas V, qui avait eu déjà l'idée de rebâtir Saint-Pierre. Michel-Ange proposa de faire servir cette construction à devenir la chapelle sépulcrale, et le réceptacle du mausolée de Jules II. Le pape sentit s'éveiller en lui une autre ambition, celle d'être le fondateur de la nouvelle basilique. Bramante, architecte et favori du pontife, n'eut garde de laisser se refroidir une semblable passion. En courtisan habile, il avait soin d'insinuer que le projet d'élever sa sépulture de son vivant semblait de mauvais augure. Ces insinuations firent peu-à-peu leur effet. Le pape en vint au point de négliger l'entreprise du mausolée, et par contre-coup, celui qu'il en avait chargé. Il cessa de donner à l'artiste les secours d'argent, et les audiences qu'il avait précédemment l'usage de lui accorder avec la plus grande bienveillance.

Michel-Ange, s'étant aperçu de ce refroidissement, crut en avoir la preuve dans une occasion où l'entrée de la chambre du pape lui fut refusée. *Quand sa sainteté*, dit-il au camerier, *m'enverra chercher, vous lui direz que je n'y suis pas*. De retour chez lui, il donne l'ordre à ses domestiques de vendre ses effets, et de venir le rejoindre à Florence. Il part à l'instant. A peine arrivé sur les terres de la Toscane, il est joint par cinq courriers du pape, chargés de lettres les plus pressantes, et même d'ordres, qui lui enjoignaient de retourner à Rome, sous peine d'encourir sa disgrâce. Prières et menaces, tout fut inutile. On ne put rien obtenir, sinon qu'il écrirait au pape qu'ayant été traité d'une façon peu convenable, il priait sa sainteté de faire choix d'un autre sculpteur. Pendant un séjour de trois mois que Michel-Ange fit à Florence, Jules II adressa au sénat trois brefs pleins de menaces, pour en obtenir qu'on forçât le fugitif à revenir. Le sénateur Soderini, qui était gonfalonier, intervint dans cette négociation, et ce ne fut qu'après les plus vives instances, qu'il décida Michel-Ange à retourner vers le pontife, qui était alors à Bologne.

Pour lui donner plus d'assurance, on l'envoya comme homme public, avec la qualité d'ambassadeur. Le cardinal Soderini fut chargé de le présenter lui-même au pape. Jules le regardant d'un air irrité : *enfin*, lui dit-il, *au lieu de venir nous trouver, vous avez attendu que nous ayons été nous-mêmes vous chercher;* voulant dire que Bologne est plus près de Florence que de Rome. Michel-Ange témoigna des regrets de sa conduite passée, et fut bientôt rétabli dans les bonnes grâces de Jules II, qui le chargea de faire en bronze sa statue, pour être placée au frontispice de Saint-Pétrone. Le pape alla voir le modèle, et s'apercevant que la main droite avait une action un peu forte, il dit en riant à Michel-Ange : *votre figure donne-t-elle des bénédictions ou lance-t-elle des malédictions?* — *Elle menace Bologne, et l'avertit de vous être fidèle*, répondit l'artiste. Toutefois cet air menaçant n'en imposa pas long-temps au peuple. La statue fut brisée, lorsque les Bentivoglio rentrèrent dans Bologne. Alphonse d'Est, duc de Ferrare, en acheta le métal, pour en faire une pièce d'artillerie, qu'il nomma la Julienne.

Le pape revint à Rome, où Michel-Ange trouva dans Bramante un concurrent devenu plus puissant, par l'ascendant que lui avait donné la faveur et la prédilection accordée à ses projets d'architecture, sur ceux de la sculpture. On peut, ce me semble, expliquer dans ces circonstances, la conduite de Bramante, sans lui prêter ni des vues peu honnêtes ni le sentiment d'une basse envie. Il est constant que, chargé des grandes entreprises de Saint-Pierre et du Vatican, il ne pouvait voir sans déplaisir l'énorme dépense d'un mausolée, ouvrage alors sans objet urgent. S'il proposa au pape de dédommager Michel-Ange, en le chargeant de la décoration de la chapelle Sixtine, on a dit encore que c'était pour le soumettre à l'épreuve d'un parallèle dangereux avec Raphaël. La chose peut toutefois s'interpréter autrement (on l'a vu à la vie de Bramante). Quoi qu'il en soit, Michel-Ange, peu expérimenté dans les travaux de la fresque, se défendit long-temps contre l'ordre du pape, mais il fut enfin obligé de céder.

Il fit venir de Florence plusieurs des meilleurs peintres à fresque, pour apprendre d'eux la pratique de ce procédé de peinture. Après avoir fait l'essai de leurs talens, il les congédia, détruisit leur ouvrage, s'enferma dans la chapelle, et ne permit à qui que ce fût d'y entrer. Ce mystère augmentait la curiosité publique, et surtout l'impatience du pape. La moitié de la grande voûte était à peine terminée, qu'il fit enlever les échafauds, ce qui fut fait, malgré les instances de Michel-Ange. Quant à l'exécution de l'autre moitié, il paraîtrait que, lorsqu'il fut question de l'entreprendre, Bramante aurait agi pour en faire confier l'exécution à Raphaël, et mettre ainsi les deux talens en parallèle. Mais le pape ne voulut écouter aucune proposition de changement, et Michel-Ange eut ordre de terminer l'entreprise qu'il avait commencée. L'applaudissement universel qu'obtint ce grand ouvrage, le rendit de plus en plus cher au pape, qui le combla de faveurs et de richesses. Cependant il ne put en obtenir la permission d'aller à Florence, pour y faire la statue de saint Jean-Baptiste, et il fut obligé de se remettre au travail du mausolée.

La mort de Jules II vint en interrompre encore l'exécution. Léon X son successeur, voulant laisser quelque témoignage de sa munificence dans la ville où il était né, avait appelé les plus célèbres artistes à lui donner des projets, pour le frontispice de l'église de Saint-Laurent à Florence. Celui de Michel-Ange ayant obtenu sa préférence, il eut ordre d'en faire en bois le modèle que l'on conserve encore dans la bibliothèque de Médicis, et de se rendre à Carrare, pour y faire exploiter les marbres nécessaires. Mais Léon X apprit qu'on trouvait à Seravezza, en Toscane, des marbres de même qualité que ceux de Carrare. Il voulut qu'on leur donnât la préférence, et Michel-Ange perdit plusieurs années aux soins de cette exploitation. On ne fit que les fondations du portail de Saint-Laurent, et le tout est resté sans exécution. La mort de Léon X en fut toutefois la principale cause.

Quelques légers ouvrages d'architecture, et les travaux du mausolée de Jules II, occupèrent dans la vie de Michel-Ange tout le temps du court pontificat d'Adrien VI, qu'il passa en Toscane. Clément VII, un autre Médicis, venait de succéder à Adrien VI. Déjà il avait employé Michel-Ange à la bibliothèque de Saint-Laurent, et à la nouvelle sacristie de ce nom, qui devait recevoir les mausolées de ses ancêtres. Mais il desirait aussi mettre en œuvre ses talens à Rome. Michel-Ange y revint, pour arranger les comptes du mausolée de Jules II avec le duc d'Urbain, neveu de ce pape. Cependant il reprit bientôt la route de Florence, et il y termina la coupole de cette sacristie, devenue la chapelle sépulcrale de Laurent et de Julien de Médicis. Vers le même temps, il fit placer à Rome, dans l'église de la Minerve, la statue du Christ embrassant la croix, ouvrage qu'on peut regarder comme un des plus achevés, entre tous ceux qu'a produits son ciseau.

Ici commence et dans l'histoire de l'Italie, et dans celle de Michel-Ange, une période de troubles et de désastres. On veut parler du sac de Rome, et de l'expulsion des Médicis, à Florence. Michel-Ange va encore être arraché à ses travaux. On a recours à lui pour fortifier l'enceinte de la ville. Devenu ingénieur militaire, il défend Florence, et y soutient un siège pendant un an. On cite comme dignes de remarque les moyens qu'il employa, pour préserver de l'artillerie ennemie le clocher de San Miniato. Des soins si multipliés ne l'empêchèrent point de donner quelques momens, soit à la peinture, soit à la sculpture.

Ce fut alors qu'il peignit cette Léda, vantée par les écrivains du temps, et dont il ne reste que le souvenir. Il se partageait entre ce travail et celui des mausolées de la chapelle des Médicis.

Florence fut prise, les Médicis y rentrèrent victorieux. Clément VII fit avant tout rechercher Michel-Ange. Celui-ci avait cru, pour sa sûreté, devoir se retirer à Venise. Bientôt de retour à Florence, il vivait caché dans la maison d'un ami, d'autres disent dans le clocher de Saint-Nicolas. Le pape non-seulement lui promit l'oubli du passé, mais lui ordonna de terminer les monumens des Médicis. La chapelle avait été disposée et décorée, de manière à recevoir un plus grand nombre de statues, et les mausolées devaient être au nombre de quatre. Le projet fut insensiblement réduit aux deux seuls mausolées, qui furent alors achevés, tels qu'on les voit aujourd'hui. Ils sont trop connus pour que nous en disions davantage, n'ayant point ici pour objet de faire connaître Michel-Ange comme sculpteur.

Cependant les agens du duc d'Urbin pressaient Michel-Ange de terminer à Rome le mausolée de Jules II. D'autre part, Clément VII avait formé le projet de lui faire peindre à fresque les deux murs qui forment les petits côtés de la chapelle Sixtine. Afin de lui donner lieu de développer toute la science de son dessin, dans deux sujets où elle serait naturellement bien placée, pour ne pas dire obligée, il était question de lui faire exécuter, d'un côté, la chute des Anges rebelles, de l'autre, le Jugement Dernier. Michel-Ange avait d'autant plus à cœur de se livrer au travail du mausolée, qu'il y avait entre lui et les héritiers de Jules II des contestations pour les sommes déjà reçues. Il était donc occupé de cet ouvrage, tant de fois repris et abandonné, lorsque Paul III monta sur le trône pontifical. Ce pape témoignait de plus en plus à Michel-Ange le desir d'employer son génie à achever la décoration de la chapelle Sixtine. L'artiste s'excusait toujours aussi sur son engagement avec le duc d'Urbin. Enfin le pape se rendit un jour à son atelier, l'assura qu'il déterminerait le duc à se contenter de six statues, trois de la main de Michel-Ange, du nombre desquelles devrait être le célèbre Moïse, et trois autres faites par d'habiles sculpteurs. Il fut passé, en conséquence, un nouveau marché avec Michel-Ange. Le duc le ratifia, et en moins d'une année, le mausolée de Jules II fut achevé, tel qu'on le voit aujourd'hui, dans l'église de *San Pietro in Vincoli*. On y remarque à peine la figure du pape, représenté couché sur un sarcophage, placé à une assez grande élévation. Mais le spectateur oublie tout le reste, pour ne considérer que ce Moïse destiné jadis, par sa proportion colossale, à figurer à un tout autre point de vue, dans ce grand ensemble, qui eût rappelé en sculpture la série des prophètes et sibylles de la chapelle Sixtine. Une esquisse de cet ensemble, par Michel-Ange, nous en a conservé l'idée. Moïse tout seul semble donc ici chargé, par la fierté de son caractère et de son regard, par son aspect imposant, de reporter la pensée du spectateur sur l'humeur austère et impétueuse de ce pape, qui de son vivant, dit Vasari, faisait trembler jusque dans son portrait peint par Raphaël. *Faceva temere il ritratto a vederlo come se proprio egli fosse vivo.*

On compte à Rome les règnes des pontifes, par les monumens d'art qui les ont illustrés. Celui de Paul III fut célèbre par la peinture du Jugement Dernier, dont Michel-Ange décora la chapelle Sixtine. Nous ne dirons rien de cette peinture, la plus vaste certainement qui existe, et où, selon le point de vue d'où le critique la considère, on peut trouver et des beautés et des inconvenances hors de mesure. Toutes les censures, au reste, qu'on pourrait en faire, furent faites au moment même qu'elle parut. Cependant Michel-Ange y avait tellement prodigué, et porté si loin les dons du dessinateur; et, les qualités qui lui étaient propres, que sa réputation en reçut un accroissement prodigieux. Paul III en jugea comme il convenait, il n'écouta point les critiques, et ayant construit au Vatican la chapelle Pauline, il en confia la décoration à Michel-Ange.

La basilique nouvelle de Saint-Pierre, depuis la mort de Bramante, n'avait pas cessé d'être un objet de contestation, et une matière à projets, se succédant sans cesse, et se détruisant l'un l'autre. San Gallo étant mort, Michel-Ange fut forcé par le pape d'accepter enfin la place d'architecte en chef de Saint-Pierre. Nous dirons dans la seconde partie de cet article quelles améliorations cet édifice lui dut, et combien il était temps qu'un esprit aussi juste et aussi élevé s'emparât de cette vaste entreprise, pour lui rendre la grandeur d'unité, sans laquelle la grandeur de la masse n'est qu'un mérite matériel. On eut cette obligation au choix que Paul III fit de Michel-Ange, par le bref qu'il lui fit expédier en 1546, et qui l'autorisait à réformer l'ouvrage de ses prédécesseurs, défendant, sous des peines très graves de rien changer à son modèle. Le pape lui assigna, en même temps, six cents écus romains de traitement. Michel-Ange les refusa, et pendant dix-sept années, il travailla sans aucun émolument à une entreprise qui avait enrichi ses premiers architectes.

Le reste de la vie de Michel-Ange fut presque entièrement occupé par des travaux d'architecture. Bramante, Balthazar Peruzzi, San Gallo étant morts, il n'y avait aucune réputation à Rome qui pût lui disputer la prééminence. Aussi le sénat s'empressa-t-il de lui confier la conduite du Capitole. Ce qu'on nomme le palais des Conservateurs, et qui fait une des ailes de cet ensemble fut entièrement construit sur ses dessins. L'autre aile en est la répétition; mais, quant au corps de bâtiment du fond, il n'y a de lui que le soubassement et le grand escalier à deux rampes orné des statues du Nil et du Tibre.

Jules III, successeur de Paul III, renouvela à Michel-Ange la commission d'architecte de Saint-Pierre, avec les mêmes pouvoirs, malgré les intrigues et les perfides insinuations du parti de San Gallo. Tout échoua contre la haute réputation de celui qui passait généralement, selon l'expression de Vasari, pour avoir enfin donné la vie à ce grand corps. Il reçut même un nouveau témoignage d'estime de la part du pontife, qui lui confia l'entreprise de sa maison de campagne, appelée aujourd'hui *Papa Giulio* et qui fut terminée depuis par Vignola. Le même Vignola passe aussi pour avoir achevé sur les dessins de Michel-Ange, et le troisième ordre de la cour du palais Farnèse, et la loggia qui donne sur la rue Giulia. Mais l'ouvrage qui, dans cette grande masse, lui appartient en propre est le magnifique entablement dont tout cet ensemble est couronné, et dont on parlera plus bas.

Florence et Rome ne cessaient point de se disputer le talent et la personne de Michel-Ange. Le grand-duc desirait l'attirer, dans la vue de lui faire terminer la sacristie de Saint-Laurent, et la célèbre bibliothèque de ce nom. Le pape le retenait à Rome, par le desir qu'il avait d'achever Saint-Pierre, ou du moins d'en pousser la construction à un tel point, qu'il ne fût plus possible d'y rien changer. Michel-Ange s'excusa auprès du grand-duc, sur son grand âge, et sur les infirmités qui l'empêchaient de revoir sa patrie. Il fit toutefois preuve de zèle pour ses compatriotes qui voulaient élever dans la rue Giulia, à Rome, un superbe temple à saint Jean des Florentins. En peu de temps il produisit cinq projets et leur en laissa le choix. On préféra le plus riche. *Si on l'exécute*, dit Michel-Ange, *on aura un temple tel que les Grecs et les Romains n'en eurent jamais*. On mit la main à l'œuvre, mais les fonds vinrent à manquer, l'ouvrage fut suspendu et ne fut plus repris, car l'église actuelle de ce nom n'a aucun rapport avec le projet dont on a parlé.

Le pape était impatient de voir terminer Saint-Pierre. Les travaux furent en effet suivis avec tant d'activité, qu'en 1557 les grandes voûtes des nefs étaient achevées, ainsi que le tambour et la tour du dôme, avec tous les détails et accompagnemens. Michel-Ange alors arrêta dans un modèle en bois tout ce qui restait à faire, et toutes les mesures y furent marquées avec la plus grande exactitude. Ce modèle obtint un applaudissement universel, et fut ponctuellement suivi, dans tout ce qui regarde la coupole. C'est peut-être la seule partie de ce grand monument où l'on n'ait rien innové depuis lui.

Cependant Michel-Ange, touchant au terme de la plus longue vie, sentait le besoin d'avoir un suppléant dans les travaux de Saint-Pierre, et d'en avoir un qui fût de son gré. L'intrigue recommença; on s'agita auprès du pape. Les commissaires de la fabrique, parmi lesquels la faction de San Gallo avait encore des partisans, agirent si bien, qu'ils firent nommer un certain Nanni di Baccio Bigio, qui avait dans plus d'une entreprise donné des preuves de son incapacité. Il ne tarda point ici à se démasquer par plus d'une bévue. Michel-Ange alla trouver le pape, qui, mieux informé, renvoya Nanni et préposa Vignola et Pirro Ligorio à l'exécution du projet, en leur enjoignant de n'y rien changer. Pie V employa même son autorité, pour condamner au silence les détracteurs de Michel-Ange.

Depuis quelque temps, on prévoyait la fin prochaine de ce grand homme. Accablé sous le poids des années, il ne vivait plus que dans l'espérance et les contemplations de la vie future. Une fièvre lente lui annonça que son dernier moment approchait. Il fit venir son neveu Leonard Bonarroti, auquel il dicta son testament en ce peu de mots. *Je laisse mon âme à Dieu, mon corps à la terre, mon bien à mes plus proches parens.* Il mourut le 17 février 1564, âgé de quatre-vingt-dix ans. On le porta dans l'église des Saints-Apôtres, où le pape avait arrêté que son tombeau serait placé, en attendant qu'on put lui en élever un dans la nouvelle basilique de Saint-Pierre. Florence qui avait toujours envié à Rome la possession de Michel-Ange pendant sa vie, réclama sa dépouille mortelle, comme une sorte de patrimoine auquel elle avait droit. Le grand duc le fit déterrer secrètement, et transporter à Florence, où son corps fut reçu et inhumé avec des honneurs que la flatterie prodigue quelquefois à la puissance, et que cette fois l'admiration consacra au génie. Un pompeux catafalque fut dressé dans l'église de Saint-Laurent, sépulture des grands ducs. Le choix du lieu était un hommage de plus rendu à la mémoire de Michel-Ange. Quel temple d'ailleurs convenait mieux à sa pompe funèbre, que celui où les œuvres de son génie qui y sont renfermés, devaient parler en son honneur plus éloquemment encore que ne put le faire Benoît Varchi, poète célèbre de ce temps, chargé de prononcer l'éloge du mort.

L'histoire nous a conservé la description très détaillée de ce catafalque, à la décoration duquel contribuèrent à l'envi tous les arts cultivés par Michel-Ange. Un monument plus durable devait remplacer cette fragile représentation. On choisit dans la grande église de Sainte-Croix une place distinguée. Le grand duc fournit à Léonard Bonarroti tous les marbres nécessaires pour l'exécution du mausolée projeté par Vasari, qui y plaça le buste de son maître. Les figures en ronde bosse des trois arts du dessin furent confiées, pour être placées autour du sarcophage, à trois sculpteurs florentins, savoir la peinture à Batista Lorenzi, la sculpture à Valerio Cioli, l'architecture à Giovani dell' Opera.

Le palais Bonarroti offre encore de nos jours à Florence, un monument peut-être plus honorable à la mémoire de Michel-Ange. C'est une grande et belle galerie, ornée de tableaux des meilleurs peintres florentins, et qui représentent chacun un trait particulier de la vie du grand homme.

Michel-Ange n'avait connu dans sa jeunesse, d'autre besoin que celui d'exercer son esprit, d'autre plaisir que celui de cultiver les arts. Devenu riche et dans un âge plus avancé, il méprisa toute espèce de superfluités, et méconnut même les commodités de la vie. Dormir tout habillé, ne vivre souvent que de pain et d'eau, passer les nuits au travail ou en promenades solitaires, ce sont là les moindres traits qui caractérisent ses habitudes. Economie, frugalité, désintéressement, mépris de la fortune et même de la gloire, sévérité de mœurs, austérité chrétienne, telles furent les vertus qu'il professa constamment. Toutes ses lettres, toutes ses réponses portent l'empreinte d'un sentiment profondément moral ou religieux.

Vasari lui avait fait part de la joie de Léonard Bonarroti son neveu, à l'occasion de la naissance d'un fils qui devenait le soutien de son nom. *Je ne vois pas,* lui répondit Michel-Ange, *qu'il faille tant se réjouir de la naissance d'un homme, ni faire tant de fêtes à cette occasion. Ces fêtes et cette joie, on devrait les réserver pour la mort de l'homme qui a bien vécu.*

Un pape, Paul IV, blessé des nudités que présentent les figures du jugement dernier, lui avait fait dire qu'il eût à les voiler. *Que le pape,* répondit-il, *ne s'inquiète pas tant de corriger les peintures, ce qui se peut faire aisément, mais un peu plus de réformer les hommes, ce qui est beaucoup moins facile.*

On lui reprochait un jour de ne s'être pas marié, et de ne point laisser d'héritier direct de son nom, et aussi de son talent. *De femme*, dit Michel-Ange, *j'en ai eu encore trop d'une pour le repos de ma vie; c'est mon art. Mes enfans ce sont mes ouvrages : cette postérité me suffit. Laurent Ghiberti*, ajouta-t-il, *a laissé de grands biens et de nombreux héritiers. Saurait-on aujourd'hui qu'il a vécu, s'il n'eût fait les portes de bronze du baptistère de Saint-Jean? Ses biens sont dissipés, ses enfans sont morts, mais les portes de bronze sont encore sur pied.*

Il eut une affection particulière pour son serviteur Urbin. *Quand je serai mort*, lui dit-il un jour, *que feras-tu, mon cher Urbin? Il faudra bien que j'en serve un autre*, répondit Urbin. *Non, je ne le souffrirai point*, répliqua Michel-Ange, et il lui donna deux mille écus. Il eut la douleur de lui survivre, après l'avoir soigné nuit et jour dans sa maladie : il pleura sa mort.

On lui demandait son avis sur le mérite d'un sculpteur, qui avait passé beaucoup de temps à copier des statues antiques. *Celui*, répondit-il, *qui s'habitue à suivre, n'ira jamais devant; et qui ne sait pas faire bien de soi-même, ne saurait bien profiter de l'ouvrage des autres.* Chi va dietro ad altri, mai non gli passa inanzi, e chi non sa far bene da se, non puo servir si bene delle cose d'altri.

DEUXIÈME PARTIE.

Quand Vasari ne nous aurait pas conservé cet axiome de Michel-Ange, où son goût et sa manière se peignent si bien, on en trouverait et le principe et l'application dans tous ses ouvrages. Effectivement, comme l'histoire de sa vie, et les notions authentiques de ses premières études nous l'ont prouvé, Michel-Ange n'eut de maître en aucun genre. Il n'avait pu en avoir, moralement parlant, en peinture, ni surtout dans la science du dessin dont il fut créateur. Les statues et les ouvrages antiques fort rares de son temps, n'avaient encore pu exercer aucune influence sur le goût de son époque. De la sagesse, de la pureté, de l'élégance s'étaient montrées dans les œuvres de Lorenzo Ghiberti, et de Donatello; mais le grand principe des proportions, la sublime harmonie des formes grecques, le mouvement et la vie que peut seule donner à la matière une connaissance profonde de la musculature et des formes du corps humain, rien de tout cela n'était entré dans la conception et l'exécution des œuvres du quinzième siècle. Les ouvrages de Michel-Ange en sculpture se font remarquer par une originalité qui ne permet d'y reconnaître, ni les modèles de l'antiquité, ni les traditions du quinzième siècle.

Sur ce point il faut s'expliquer avec plus de détail. Prenons pour objet de parallèle les plus célèbres statues de Michel-Ange, son Bacchus de la galerie de Florence, ses tombeaux des Médicis, son Christ à la croix de la Minerve à Rome, son groupe de la Pitié à Saint-Pierre, son Moïse à San Pietro in Vincoli. Si l'on compare à l'antique ces statues, sous les rapports, soit de principe, de forme et de proportion, soit de correction dans les détails, soit de caractère, soit de beauté et d'expression, soit de noblesse dans les poses, soit de style dans les draperies, les ajustemens, les coiffures, que voit-on?

Dans le Bacchus, l'idée, l'attitude et l'expression d'un homme voisin de l'ivresse, une assez grande mollesse de formes, mais rien qui tienne le moins du monde de toutes les statues de Bacchus antiques, qui n'étaient pas encore connues à cette époque. Que trouve-t-on dans les quatre figures allégoriques des tombeaux de Saint-Laurent? Beaucoup de mouvement et de hardiesse dans le dessin et l'exécution des hommes, un sentiment de vérité mêlé d'incorrection, une certaine grâce dans les poses des deux femmes, mais ni noblesse ni beauté. Aucune idée de l'antique ne paraît avoir présidé à la composition, n'avoir inspiré l'exécution de ces figures. Le Christ à la croix de la Minerve, malgré une exécution plus régulière et plus terminée, ne rappelle encore, ni le caractère des formes, ni le principe, ni la noblesse des Grecs; du reste, nul sentiment d'expression ni dans la pose ni dans la tête du Christ. Quant au groupe de la Pitié de Saint-Pierre, on est forcé de reconnaître que Michel-Ange n'eut aucune idée du style de draperies des anciens. On doit en dire autant du Moïse, qui certainement est son chef-d'œuvre, soit pour la belle exécution des bras et des mains, soit pour la fierté et la *grandiosité* du caractère de la tête, mais où rien, ni dans la composition de l'ensemble, ni pour l'ajustement et le style de l'habillement, ne permet de supposer la moindre imitation des statues antiques. On peut appliquer la même mesure de critique, à toutes les figures que la hardiesse de son pinceau a tracées dans les voûtes et sur les superficies de la chapelle Sixtine. Ce sont tous personnages dont on ne saurait citer les antécédens et les modèles nulle part. Lorsque le séjour de Michel-

Ange à Rome, l'eut mis à même de connaître certains chefs-d'œuvre de l'antiquité, dont les découvertes récentes avaient reproduit les précieux fragmens, on reconnaît bien qu'il les vit, qu'il les étudia, mais ce fut uniquement sous le rapport de la science, jamais du style, du caractère de beauté, de la noblesse et de la grâce que Raphaël avait si bien su s'approprier.

Je n'entends point, par cette analyse, rabaisser le mérite de Michel-Ange. Peut-être même ne fais-je que le réhausser, en montrant qu'il fut original dans la plus grande étendue de ce mot, c'est-à-dire qu'il ne dut rien à autrui, ni parmi ses prédécesseurs du quinzième siècle, qu'il connut trop bien pour se mettre à leur suite, ni parmi les maîtres de l'antiquité, dont les ouvrages n'avaient point encore acquis, au temps de sa jeunesse, cette influence qu'ils exercèrent depuis.

J'ai cru ce préliminaire indispensable pour juger aussi par rapport à l'architecture, de la valeur et du genre de mérite qu'eut Michel-Ange qui, très certainement, ne reçut les leçons d'aucun maître dans cet art.

On sait assez qu'à cette époque, surtout, l'étude et la profession des trois arts se trouvaient réunies dans la pratique, sous l'idée générale de dessin. Michel-Ange fut donc architecte, par cela qu'il était grand dessinateur, de la manière dont alors on entendait le dessin. Quant au goût qu'il dut appliquer à l'architecture, il est bien probable que celui de Brunelleschi aurait pu seul l'inspirer, si les constructions du quatorzième et du quinzième siècle avaient admis plus souvent les ordonnances de colonnes, les rapports variés, les détails et les ornemens qui multiplient les ressources de l'art, et donnent un plus vaste champ aux inventions de l'artiste. Remarquons qu'au temps où parut Michel-Ange, les restes de l'architecture antique n'étaient point encore parvenus à faire passer dans la circulation générale des idées, l'estime dont ils ont joui depuis. Le goût de l'antique n'avait pu être que celui de quelques particuliers. Il ne faisait que de renaître. Michel-Ange fut encore ici livré, plus qu'on ne pense, à l'indépendance de son goût.

Le premier ouvrage qu'on doit citer de lui, comme pouvant appartenir à l'art de l'architecture, fut le modèle du grand tombeau de Jules II, dont un dessin, bien que léger, nous a conservé l'idée générale, la masse et l'ordonnance.

Ce devait être un massif isolé de toutes parts, long de 36 pieds 8 pouces, sur 24 pieds de large. Il se composait, quant à l'architecture, d'un stylobate, avec des piédestaux en saillie, au nombre de quatre sur la grande face, et de deux dans chacun des deux petits côtés. Ces piédestaux devaient servir de support à des statues allégoriques, qui auraient probablement été les emblèmes de passions ou de vices enchaînés. En arrière de chacune de ces statues, on voit que s'élevaient en guise de pilastres, des termes auxquels des captifs auraient été liés. Deux grandes niches recevaient dans chacune des grandes faces une victoire, avec une figure terrassée à ses pieds, c'étaient, dit-on, les symboles des villes que Jules II avait fait rentrer sous son obéissance. Au-dessus du corps principal du massif couronné d'un entablement, devait s'élever en retraite, une seconde masse qui eût reçu le tombeau du pontife, et deux grandes figures, représentant la terre et le ciel. Sur cette retraite trouvaient place huit groupes de statues colossales, du nombre desquelles devait être la statue de Moïse, qui, destinée à faire partie d'un tel ensemble, eût produit un tout autre effet, qu'à la place qu'elle occupe aujourd'hui, et peut faire juger de ce qu'eût été une semblable composition, si elle eût reçu son exécution.

On voit que, d'après le dessin qui nous a conservé, de l'architecture de ce monument, une si faible idée, il serait peu facile d'en porter d'autre jugement, sinon que ce fut une conception tout-à-fait nouvelle, un ensemble d'idées et de rapports inusités, mais dans lequel il est bien probable que l'architecture ne devait jouer qu'un rôle très surbordonné à celui de la sculpture. Lorsqu'on se rappelle les types alors reçus, et depuis long-temps consacrés, des tombeaux et des mausolées chrétiens, il faut reconnaître que Michel-Ange sortant entièrement des routes alors battues, avait imaginé un genre de monument, dont le modèle ou l'idée n'avait jamais existé nulle part, et qui, s'il eût pu être réalisé, aurait sans doute ouvert, à la sculpture moderne, un champ tout-à-fait nouveau et fécond en ressources ou en inventions de toute espèce.

Michel-Ange avait à-peu-près quarante ans, lorsqu'il fut contraint de faire pour la première fois, ce qu'il faut appeler réellement de l'architecture. Je veux parler de la sacristie de Saint-Laurent, monument qui, destiné à recevoir les mausolées des Médicis, devait devenir leur chapelle sépulcrale, et qu'on lui ordonna de rebâtir en remplacement de la sacristie précédente, ouvrage de Brunelleschi. Si Michel-Ange, comme le dit Vasari, eut l'intention de suivre les erremens de son prédécesseur, il paraît qu'il ne s'y serait conformé que pour le plan ou la disposition générale. Car tout le reste porte un caractère qui est fort éloigné d'être une imitation de qui que ce soit.

La sacristie de Saint-Laurent est un édifice carré dans son plan, et aussi dans son élévation jusqu'à la coupole circulaire, qui s'élève sur ce plan quadrangulaire; la hauteur de cet intérieur sous la lanterne, qui sert d'amortissement à toute la masse, est de 80 pieds. L'ordonnance interne du monument se compose de deux ordres l'un au-dessus de l'autre, en pilastres corinthiens; ceux des angles sont ployés. Ce qu'on remarque dans cette ordonnance, c'est que le second étage de pilastres se distingue par une proportion fort correcte, par la pureté et la beauté des niches à colonnes dont il est orné, lorsque des proportions allongées et fort maigres, des détails d'ornemens tout-à-fait capricieux, des mascarons bizarres et d'invention toute nouvelle, contrastent dans la composition de l'étage inférieur avec le reste du monument. Vasari, grand admirateur et disciple de Michel-Ange, tout en ayant l'air de lui savoir gré d'avoir, si l'on peut dire, émancipé l'architecture, en la délivrant par ces innovations, des liens et des entraves sous lesquels on suivait les routes battues par l'usage (*avendo egli rotti i laccie e le catene delle cose che per uso d'una strada commune eglino di continuo operavano*), ne laisse pas de remarquer, que ces licences ont jeté les imitateurs de Michel-Ange dans toutes sortes d'écarts et de fantaisies, qui tiennent du grotesque, et ont privé l'ornement de règle et de raison. *Nuove fantasie alle grotesche piutosto, che a ragione o regola conformi.*

C'est à quoi aussi nous bornerons notre jugement sur la sacristie de Saint-Laurent. Mais cela suffit pour prouver que Michel-Ange porta dans l'architecture, dès ses premiers pas, cet esprit d'indépendance et d'originalité, qui prétend ne se mettre à la suite de personne.

Nous retrouvons, sinon les mêmes caprices d'ornemens, au moins le même caractère de maigreur, dans l'ordonnance du vestibule de la bibliothèque de Saint-Laurent, dans les niches, dans la proportion des colonnes. C'est le même goût pour de petites innovations de formes, dont on ne saurait apercevoir la nécessité ni deviner la raison.

Ce célèbre vaisseau, en y comprenant son vestibule de 26 pieds sur 30, a 164 pieds de longueur sur 30 de largeur. Le sol du vestibule est de 7 pieds plus bas que celui de la grande salle, c'est-à-dire, de toute la hauteur du soubassement des colonnes. C'est cette hauteur qui a donné lieu de construire ce petit escalier bizarre, dont il semble toutefois qu'on ne saurait accuser personne. Il paraît qu'il y avait eu une esquisse ou un commencement d'escalier, dont Vasari voulut fort long-temps après, rassembler les élémens peu intelligibles. Lui-même nous apprend que de Florence il en écrivit à Michel-Ange qui était à Rome, pour en obtenir quelques renseignemens. Mais Michel-Ange semble en avoir désavoué l'invention, comme le prouve cette phrase de sa réponse à Vasari. *Mi torna ben alla mente come un sogno, una certa scala, ma non credo che sia quella che pensai allora, perche mi torna cosa goffa.*

Michel-Ange avait été obligé de se conformer, dans cette construction, à plusieurs sujétions et irrégularités. On voit trop bien, dit Ignazio Rossi, dans sa *Libreria Medicea Laurenziana*, que, resserrée dans l'espace donné des anciens murs, l'architecture n'eut presque d'autre tâche que de leur affecter une décoration nouvelle, et que c'est à ces servitudes qu'il faut attribuer principalement, l'incohérence du terrain de ce vestibule dont on a parlé, et probablement aussi la longueur des deux ordres l'un sur l'autre, qui en forment l'élévation décorative.

L'intérieur du vaisseau est orné avec beaucoup plus de régularité, de sagesse et de goût. Un seul ordre de pilastres règne tout à l'entour, et pose sur un soubassement continu, dont la hauteur semble avoir été déterminée par celle des armoires en pupitres, où sont renfermés les livres, de manière que rien n'interrompt l'ordonnance. Le caractère de l'ordre est le même que celui du vestibule, c'est-à-dire, une sorte de ce que les modernes ont appelé Toscan. Chaque entre-pilastre est occupé par deux rangs de fenêtres l'un au-dessus de l'autre. Celles du haut sont des fenêtres d'attique, elles ne sont que figurées, et ne donnent point de jour. Il n'y a d'ouverture qu'aux fenêtres du rang inférieur. L'architecte a voulu ainsi que le jour vînt plutôt du bas, pour rapprocher la lumière des bancs et des pupitres, où se placent les livres que l'on consulte, et les précieux manuscrits que cette bibliothèque renferme. Telle est du moins l'intention qu'Ignazio Rossi prête à Michel-Ange, dans le parti qu'il a pris d'éclairer ainsi ce vaisseau. Le plafond est en compartimens d'ornemens qu'on dit être de son invention, et qui effectivement sont assez dans son goût et sa manière. On lui attribue aussi le dessin de la menuiserie de cette pièce, et des arabesques qui la décorent.

Les premiers ouvrages de Michel-Ange en architecture furent, à Florence, ceux que l'on vient de décrire, auxquels on peut ajouter certains détails de fenêtres et de niches, dont il donna les dessins pour quelques édifices, et que Ruggieri a compris dans sa *Scelta d'architetture della città di Firenze*. La suite des évènemens politiques ayant transporté Michel-Ange à Rome, où il devait terminer sa longue carrière, c'est dans cette ville que nous allons parcourir les autres monumens que l'architecture doit à son génie.

Les Conservateurs du peuple desiraient redonner au moderne Capitole une forme qui, par quelque noblesse d'architecture, répondît au moins à la célébrité de son ancien nom. Michel-Ange chargé de satisfaire à cette intention, conçut un projet aussi riche que varié, tant pour la disposition des corps de bâtimens, et les montées qui y conduisent, que dans l'emploi des statues antiques qu'il y distribua avec goût et convenance. On lui doit cette belle rampe de la montée principale, embellie de morceaux divers d'antiquité. On lui doit, au milieu de la place, l'érection de la statue équestre en bronze de Marc-Aurèle, sur une base de la meilleure proportion. On lui doit le soubassement du palais du Sénateur, et par conséquent ce beau perron à deux rampes, au bas desquelles figurent, d'une manière si heureuse, les deux fleuves qui accompagnent la fontaine, que couronne la statue de Rome triomphante. Le reste du palais ne fut pas son ouvrage, il fut achevé par deux autres architectes, Jacques de la Porte et Rainaldi.

Mais les deux corps tout-à-fait symétriques de bâtiment, qui sont comme les deux ailes de la place, furent entièrement construits sur les dessins de Michel-Ange. Leur façade se compose d'un rez-de-chaussée en galeries ouvertes du côté de la place, et d'un seul étage percé de fenêtres, dont les chambranles sont à frontons supportés par des colonnes. Les pieds-droits de la galerie du rez-de-chaussée reçoivent les piédestaux des grands pilastres corinthiens, qui montent dans toute la hauteur de l'édifice, dont ils reçoivent l'entablement, lequel règne sans interruption, et est couronné par une balustrade ornée de statues. C'est au Capitole que Michel-Ange fit l'emploi de ce chapiteau ionique qui porte son nom, et dont il fut réputé l'inventeur. Mais cette opinion a été réfutée depuis long-temps. Il y a plus d'un exemple dans l'antiquité de chapiteaux ioniques, dont les volutes retournent en dehors, et Michel-Ange put en trouver des modèles à Rome et de son temps.

Généralement, l'architecture du Capitole, quoique composée de manière qu'on y sent un peu trop la composition, ne laisse pas d'offrir avec un parti assez nouveau, un aspect de richesse et de noblesse qui eut peut-être fait encore plus d'effet sur une plus grande place. On a rejetté sur Jacques de la Porte, à qui son achèvement fut principalement confié, certains détails capricieux, tels que celui de la fenêtre du milieu de l'ordonnance, qui en dépare l'aspect.

Le plus magnifique palais de Rome, le palais Farnèse, devait recevoir son couronnement de la main de Michel-

Ange. Son projet l'emporta sur ceux d'un assez bon nombre de concurrens. Mais il ne voulut pas s'en rapporter au dessin. Rien en effet de plus trompeur que le calcul du petit au grand, surtout dans de grandes masses, car il y a de ces rapports d'harmonie, que le goût seul ne saurait préjuger, et que l'expérience seule détermine. Michel-Ange jugea donc nécessaire de faire, en place, l'essai de son couronnement, au moyen d'un modèle en bois, de la grandeur que l'ouvrage devait avoir ; et il l'éleva sur un des angles de l'édifice. Cet essai obtint l'applaudissement universel. L'entablement fut exécuté d'après le modèle ainsi éprouvé, et il passe pour le meilleur des ouvrages de ce genre, toutefois après celui du palais Strozzi à Florence, par Pollaiuolo dit le *Cronaca*. Ce n'est pas qu'on n'y fasse encore quelques observations critiques. On le trouve un peu chargé d'ornemens, pour le caractère grave et sérieux de la masse générale du palais. Quelques-uns reprochent un peu de confusion à l'ornement entremêlé de fleurs de lis, qui règne dans la continuité de l'entablement.

Le pape Pie IV, chargea Michel-Ange de faire des projets pour les différentes portes de Rome. La seule toutefois qui ait été construite par lui, fut celle qu'on appelle *la Porta Pia*. Le monument, quoiqu'il n'ait pas été entièrement achevé, n'en est pas moins propre à prouver ce que nous avons annoncé dès le commencement, savoir que Michel-Ange, élève de son seul génie, non-seulement ne se régla sur le goût et la manière de qui que ce soit, ni d'aucun pays, ni d'aucun âge, mais semblerait avoir affecté de ne s'assujétir à aucun système dans l'architecture, ce que prouverait dans *la Porta Pia* ce mélange des formes consacrées par les types reçus de l'art des Grecs, et de formes qu'on pourrait appeler *extra-architectoniques*. On ne saurait se persuader que ces innovations aient été de la part de Michel-Ange, le résultat d'un système, comme on le vit dans le siècle suivant. Mais son exemple n'en contribua pas moins à y porter les esprits, et peut-être serait-il permis de dire, que par la Porte Pie ont passé, et se sont introduites toutes les bizarreries qui, plus tard, devaient ruiner l'architecture.

Du reste si Michel-Ange se laissa aller en quelque sorte, à la manie d'innover, et surtout dans les petits détails de l'architecture, il ne faut pas conclure de quelques-unes de ces minuties, qu'il aurait eu le défaut de voir en petit. La coupole de Saint-Pierre sur laquelle repose sa réputation, comme architecte, va nous montrer qu'il fut de tous ses contemporains, celui qui se trouva le plus de niveau, par sa grande manière de voir, avec le plus grand de tous les monumens qui aient existé, et que c'est à lui qu'on doit, qu'une si vaste conception ait été réalisée dans les formes, les proportions et le goût qu'elle exigeait.

Depuis la mort de Bramante, c'est-à-dire depuis l'an 1513, jusqu'à l'année 1546, que mourut Antoine San Gallo, la construction de Saint-Pierre n'avait offert qu'une succession plus ou moins rapide d'architectes, d'essais et de projets. L'idée première de Bramante fut grande et hardie, mais les moyens d'exécution n'y répondirent point. Après lui on fut effrayé non du projet, mais de la faiblesse de sa construction. Julien de San Gallo, Joconde, Raphaël travaillèrent à en raffermir et consolider les points d'appui, et toujours sur le même plan, remis ensemble et coordonné d'après les renseignemens de Bramante, par Raphaël. Ces trois architectes manquèrent bientôt. En 1520, Balthazar Peruzzi prit la place de Raphaël, et Antoine San Gallo celle de Julien son oncle. Le premier réduisit le plan en croix latine de Bramante, à la forme de croix grecque. Il éleva l'hémicycle du fond, et vit languir entre ses mains cette construction, sous le règne inerte d'Adrien VI, et au milieu des catastrophes de celui de Clément VII. Il mourut en 1536, et laissa Antoine San Gallo seul chef des travaux. Paul III, déjà pape depuis deux ans, était le protecteur de San Gallo, et aimait les grandes entreprises. Il voulut enfin fixer la destinée de Saint-Pierre. Mais une multitude d'abus s'était enracinée dans la direction de ses travaux. Chacun en faisait un objet de trafic et de spéculation particulière. Chacun ne visait qu'à se perpétuer dans son emploi. On ne cherchait qu'à rendre l'entreprise interminable. Quoique Antoine San Gallo ne semble pas avoir eu une semblable intention, il faut dire, que le modèle définitif qu'il fit alors, et qui s'est conservé jusqu'à nos jours, aurait singulièrement servi les vues interessées dont on a parlé. On peut présumer que si on eut continué Saint-Pierre sur ce modèle, la complication des parties, l'excessive multiplicité des formes et des détails, en auraient prolongé et augmenté sans fin l'exécution et la dépense. Ce monument serait devenu, quoique dans un meilleur genre, un autre dôme de Milan.

Sous le rapport du goût, on l'a déjà dit dans la vie de San Gallo, cet architecte s'était laissé entraîner par une vaine prétention à faire de Saint-Pierre comme une sorte de compilation, d'après les monumens antiques, de tout ce que l'architecture peut produire. Il semble qu'il aurait voulu tout dire dans cet édifice. Il avait effectivement pensé à tout, excepté à ce qui fait un tout, je veux dire l'unité. Une grande idée allait se rapetisser et se perdre au milieu de toutes les richesses qui l'eussent absorbée. Heureusement pour le monument et pour l'art, San Gallo mourut, et heureusement encore, Paul III eut le bon esprit de s'adresser à Michel-Ange.

Une distinction que tout autre eut briguée n'éprouva de sa part que refus et résistance. Il mit tout en œuvre pour fuir la faveur dont il prévoyait le fardeau. *Dieu*, dit-il en écrivant à Vasari, *m'est témoin que c'est contre mon gré, et uniquement par force, que j'ai accepté l'entreprise de Saint-Pierre.* Dans une lettre à Ammanati, il disait en parlant de son modèle, *s'il l'emporte, je ne puis qu'y perdre beaucoup ; c'est ce que vous me ferez plaisir de faire entendre au pape, car je ne me sens pas bien.* Michel-Ange avait alors soixante-douze ans.

Ce modèle dont il parle, et sur lequel Saint-Pierre fut bâti, devint la critique la plus sévère et la plus juste de celui de San Gallo. Il ne mit que quinze jours à le faire, et n'y dépensa que vingt-cinq écus. Son projet, disait-il, économisait cinquante années de travail, et trois cent mille écus. Calcul certainement fort modéré. Mais ce que les gens de goût virent alors, et ce qu'ils peuvent voir encore aujourd'hui, c'est que cette économie de détails dispendieux et superflus, tournait au profit de la grandeur de l'édifice, et que chaque suppression de dépense était une augmentation de beauté. En adoptant le plan d'une croix grecque, Michel-Ange dégageait son intérieur de toutes les minuties dont San Gallo avait rempli le sien ; il faisait servir la même ordonnance corinthienne au-dedans et au-dehors; il n'usait extérieurement que d'un seul ordre, au lieu de trois qu'employait son prédécesseur. Il élevait une coupole bien plus majestueuse, avec un seul rang de colonnes. Il donnait à tout de l'unité, de la simplicité, par conséquent de la vraie grandeur.

Michel-Ange eut le malheur qu'il redoutait. Son modèle enchanta le pape, qui ne s'en tint plus à son égard aux invitations. Il employa son autorité pour le forcer à devenir architecte de Saint-Pierre. Le diplôme, ou *motuproprio*, qui lui conféra cet emploi, lui donnait aussi les pouvoirs les plus illimités. Il avait le droit de disposer de tout, hommes et choses, avec une autorité sans bornes. Le pape, en lui accordant la liberté de tout changer à son gré, ôtait à ceux qui pourraient lui succéder, celle de s'écarter des plans et du modèle arrêtés.

Il ne fallait rien moins que ce haut crédit d'une grande réputation, pour couper enfin le nœud de toutes les difficultés et de toutes les contradictions. Mais il fallait aussi un caractère capable de se roidir contre tous les obstacles, et d'imposer silence à toutes les passions pour triompher des intrigues du parti de San Gallo. Le premier usage que Michel-Ange fit de son pouvoir fut d'expulser tous les agens ou les employés de la fabrique et de les remplacer. Pour mieux réformer les abus dont tant de gens s'étaient engraissés au détriment du public, il donna la meilleure leçon de désintéressement, l'exemple, en refusant le traitement annuel de six cents écus, attaché à la place d'architecte en chef qu'il fit gratuitement pendant dix-sept ans. L'acte qui le nomma fait mention de son refus d'accepter la moindre récompense, et ce fut lui-même qui sollicita l'insertion de cet article.

Fort de tous ces moyens, Michel-Ange attaqua ensemble et tout à-la-fois toutes les parties de son monument. Après avoir détruit l'ouvrage de San Gallo, il fit monter également la construction sur tous les points. Son but était d'avancer les choses à tel point, qu'il n'y eût plus lieu à retour ni à changement. En trois années il banda les quatre nefs, éleva le revêtissement extérieur en pierre, termina les deux grands escaliers qui d'un côté et de l'autre conduisent au sommet des voûtes, fortifia d'un nouveau cintre en briques les arcs du dôme, renforça leurs piliers. De 42 pieds sur un sens, de 21 sur l'autre que leur avait donné Bramante, il les porta à 58 pieds et à 29. Bientôt on vit exécuté en pierre le soubassement extérieur de la coupole, et le grand entablement dans l'intérieur du dôme achevé aussi en travertin. De toutes parts et à vue d'œil grandissait l'édifice; son ordonnance en-dedans comme au-dehors fut irrévocablement fixée. Les hémicycles des deux croisées furent voûtés en pierre, et les compartimens de ces voûtes, les chapelles et les fenêtres qui les éclairent furent achevées. Enfin, avant sa mort qui arriva en 1549, Paul III put voir la forme de la grande Basilique invariablement déterminée.

Sous Jules III, son successeur, l'intrigue renouvela ses efforts contre Michel-Ange. On lui reprochait de ne pas donner assez de lumière à l'intérieur du temple, et d'avoir bouleversé ce qu'on avait fait avant lui. Ce n'était que le sifflement de l'envie. Le pape fit examiner le sujet de ces plaintes. Le résultat de l'examen fut un nouveau diplôme confirmatif de celui de Paul III. Enfin malgré tous les changemens de pontifes, et au milieu de toutes les inquiétudes que ces variations ne cessaient de causer à l'architecte, la tour du dôme fut élevée, et si les fonds n'eussent pas diminué sous les règnes de Paul IV et de Pie IV, l'édifice eût été bientôt porté à sa fin.

Quelques dégoûts que ses envieux lui fissent éprouver à Rome, quelques tentatives qu'on pût employer d'autre part pour le ramener à Florence, Michel-Ange resta inébranlable. Il sentait que la destinée de Saint-Pierre était attachée à la sienne. *Si je quittais*, écrivait-il à Vasari, *j'occasionerais la ruine de ce grand monument. Ce serait à moi une honte éternelle et une faute impardonnable. Lorsque je l'aurai mis au point qu'on n'y pourra plus rien changer, j'espère alors,* etc. Il disait dans une autre lettre, en réponse aux instances qu'on lui faisait de la part du grand-duc qui l'appelait auprès de lui, *Obtenez de sa seigneurie qu'avec sa permission je puisse suivre la construction de Saint-Pierre jusqu'à ce que je l'aie amenée au point qu'on ne puisse plus lui donner une autre forme. Si je partais auparavant, je serais la cause d'une grande ruine, d'une grande honte et d'un grand péché. Je vous en prie pour l'amour de Dieu et de Saint-Pierre.*

Michel-Ange put se flatter d'avoir obtenu l'objet de ses vœux. Il poussa en effet l'ouvrage à un tel degré, qu'il ne restait plus qu'à élever ce qu'on appelle la calotte du dôme, opération qui ne donnait plus lieu à aucun changement sensible. Il avait alors quatre-vingt-sept ans, et les élémens du reste de sa construction n'étaient encore que dans sa tête. On l'engagea d'en arrêter tous les détails. Il fit faire, sous ses yeux, le modèle en bois de cette belle structure, qui présente deux voûtes inscrites l'une dans l'autre.

Jusqu'à 26 pieds au-dessus de l'attique extérieur, la coupole ne forme qu'une seule voûte, dont le diamètre est de 130 pieds à sa naissance; l'épaisseur de la construction, à cette naissance de la voûte, est de 9 pieds, sans y comprendre l'épaisseur des côtes. Comme le cintre des deux voûtes n'est pas formé par des courbes concentriques, l'intervalle qui règne entre elles augmente à mesure qu'elles s'élèvent; à l'endroit où elles rencontrent la lanterne, la distance qui les sépare est de 10 pieds. Ce seul ouvrage prouverait que Michel-Ange fut aussi profond constructeur que savant dessinateur.

Après sa mort, cette immense voûte fut, avec la lanterne qui la couronna, religieusement exécutée sur son modèle, telle qu'il l'avait conçue, par Jacques della Porta, et Dominique Fontana. Le respect pour ses intentions fut porté, pendant long-temps, jusqu'au scrupule, et Pie IV destitua Pirro Ligorio, pour avoir tenté de s'en écarter.

L'église de Saint-Pierre, il faut le dire, doit donc son existence à Michel-Ange, si l'on considère qu'il y a fait ce qui en compose l'essentiel. Or, c'est bien de ce nom qu'il faut appeler la coupole et son couronnement, la croisée, l'hémicycle du fond, l'ordonnance intérieure et extérieure des pilastres corinthiens, et les détails de tous les profils. Il est bien vrai que depuis lui, le plan de croix grecque qu'il avait adopté fut allongé en croix latine, par l'addition de trois nouvelles arcades dans la nef, mais où l'on ne fit que continuer l'ordonnance corinthienne de Michel-Ange.

Quant au plan intérieur, c'est et ce sera long-temps une question indécise, de savoir si Saint-Pierre prolongé dans sa nef d'entrée, comme il l'a été par Charles Maderne, a perdu ou a gagné à ce changement. Il y a, dans la manière d'estimer les ouvrages d'architecture, tant de points de vue divers, qu'on peut y approuver les deux contraires, selon le terrain sur lequel on se place. A prendre la question et à l'examiner sous le rapport d'unité de plan et d'effet, sans aucun doute, le plan de Michel-Ange avait au plus haut degré le mérite de l'unité. Le temple, d'après son intention, consistait dans la coupole, et les quatre bras de sa croix n'étaient qu'une introduction, qui ne disputait et ne pouvait rien disputer à l'effet de la grandeur, ainsi concentré sur un seul point. D'autre part, l'édifice augmenté, selon le premier projet de Bramante, a acquis une immensité de dimension qu'on serait peut-être aujourd'hui très fâché de voir supprimer. Ce sont deux grandeurs voisines sans être rivales.

C'est dans son ordonnance extérieure que Saint-Pierre, ainsi prolongé, a fort peu gagné, vu la nécessité où l'on fut de se conformer à ce qui était déjà fait. Il est visible que les divisions multipliées, que les ressauts nombreux de cette ordonnance, résultats du plan mixtiligne de Michel-Ange, ne convenaient plus à la longue étendue de la masse extérieure de la nef. Il fallut sans doute s'y conformer, mais l'effet de cette élévation s'en trouva singulièrement rapetissé. On est fondé à regretter encore plus le projet, donné par Michel-Ange, du frontispice de son monument, et quoiqu'on eût pu y demander plus de cette grandeur qui naît de la simplicité, il faut dire encore que de tous les projets de portails imaginés pour Saint-Pierre, aucun n'approcha du sien; et le sort a voulu que le moins heureux de tous ait fini par prévaloir.

Rien de plus rare que de voir d'aussi grandes entreprises conçues et exécutées, selon le même projet, par le même architecte. Elles excèdent ordinairement les bornes de la vie d'un homme. Saint-Pierre fut l'ouvrage d'un siècle et demi. Aux changemens d'architectes et de projets, s'en est joint un autre contre lequel il y avait encore moins de remède, je veux parler du changement total de principes, de style, de manière et de goût, qu'on vit arriver durant cette période. Il eût pu se faire que, commencé par Bramante, dans les erremens de l'architecture la plus pure et la plus correcte, le temple du Vatican, par l'effet des vicissitudes auxquelles les arts chez les modernes ont été en proie, se trouvât terminé par Boromini, c'est-à-dire dans tous les contrastes du goût le plus bizarre et le plus dissolu. Combien furent donc heureuses la prévoyance de Michel-Ange, et la persévérance qu'il mit à fixer les points principaux de l'architecture de Saint-Pierre, et à terminer la coupole dans tous ses détails. Car c'est là qu'il se montre tout entier, et sans que la moindre modification ait altéré sa grande et belle conception.

Si l'on doit à Bramante l'idée de cette vaste construction, il faut, pour être juste, dire qu'il n'y a véritablement de lui que la pensée d'avoir, comme on lui en prête l'expression, voulu *élever le Panthéon sur les voûtes du temple de la Paix*. Car il n'arrêta rien à cet égard, et le dessin ou pour mieux dire l'esquisse de coupole que Serlio nous a transmise, comme étant le projet de Bramante, n'a aucun rapport avec la coupole de Michel-Ange. Ce n'était pas, d'ailleurs, une chose nouvelle après Brunelleschi que de porter dans les airs un dôme aussi vaste. Mais la merveille de Sainte-Marie-des-Fleurs n'a encore rien à faire, sous plus d'un rapport, avec celle de Saint-Pierre. La première est, surtout, pour le temps où elle fut élevée, un chef-d'œuvre de construction plutôt que d'architecture, tant à l'extérieur que dans l'intérieur.

Ce qu'il devait y avoir de neuf, d'original en ce genre, autrement dit, sans exemple aucun chez les anciens et les modernes, c'était la plus haute, la plus vaste de toutes les constructions, réunissant à la plus grande portée de dimension la plus grande beauté de proportion, à la simplicité, à l'unité de la forme, la magnificence et la richesse de la décoration, une justesse de rapports qui en rend l'ensemble harmonieux, quand on le considère en lui-même, et non moins harmonieux, quand on le compare avec toute la masse dont il est le couronnement; c'était cet accord parfait de l'extérieur avec l'intérieur, accord tel qu'il ne laisse rien à reprendre, rien à ajouter, rien à en retrancher, rien qu'on pût vouloir ni de plus, ni de moins, ni autrement.

On pourra penser diversement sur le goût de Michel-Ange, dans ses autres ouvrages d'architecture. Il n'est plus permis d'avoir le moindre doute sur le génie de l'homme qui a produit la coupole de Saint-Pierre. Si tout ce qui avait été fait et pensé, ou projeté avant lui, en ce genre, ne peut lui disputer le prix de l'invention et de l'originalité, et ne peut servir qu'à marquer la hauteur de son génie, il nous semble que les nombreuses coupoles élevées dans toute l'Europe depuis lui et d'après lui, ne doivent se considérer encore que comme autant d'échelons, propres à faire mieux sentir et mesurer sa supériorité.

SANSOVINO.

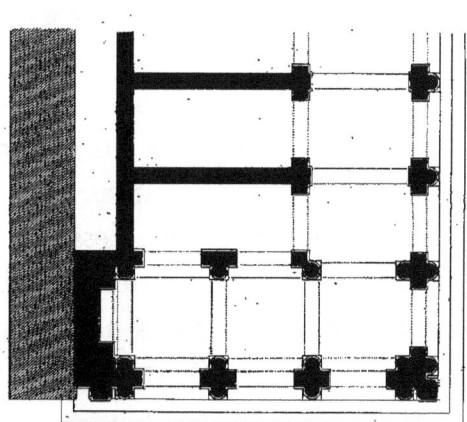

BIBLIOTHÈQUE DE St MARC, À VENISE.

SANSOVINO (jacopo TATTI),

né en 1479, mort en 1570.

Tatti (Jacques) fut le nom patronimique de ce célèbre artiste, qui n'est guère connu, et que nous ne ferons également connaître, que sous le surnom qu'on lui donna pour avoir été l'élève d'un habile sculpteur, André Contucci, appelé Sansovino, comme étant né sur la montagne de ce nom.

Jacques Tatti, dit Sansovino, vit le jour à Florence en 1479. Dès ses premières années, il montra un goût décidé pour les arts du dessin, mais surtout une rare aptitude aux travaux de relief. Son père, empressé de seconder ces heureuses dispositions, le proposa pour élève à André Contucci, du mont Sansovino, qui l'accepta d'abord avec plaisir, et se fit ensuite un honneur de cultiver par des soins assidus, un talent dont il prévoyait que les succès feraient rejaillir de la gloire sur lui-même. De là naquit entre l'élève et le maître un attachement du genre de celui que la nature forme entre le père et le fils, et ce fut précisément ce sentiment, devenu alors public, que l'opinion se plut à consacrer, en substituant au nom de famille de Jacques, le surnom de son maître.

Aux exemples et aux bonnes leçons de ce maître, le jeune Sansovino eut le bonheur de joindre un genre d'encouragement, qui ne se rencontre pas souvent dans les écoles, où l'émulation produit quelquefois moins des rivaux que des envieux. Une ardeur commune, un même zèle conduit par un même goût, quoique dans deux arts différens, avaient uni de bonne heure, par une étroite amitié, André del Sarto et Sansovino. Naturellement il se fit entre eux un utile échange de talens. L'étude du dessin à laquelle ils se livraient de concert, mit dans leurs productions une telle conformité de manière, que leurs ouvrages, à la différence près de la matière, semblent être d'une seule main. Au nombre de ceux qui dessinèrent d'après le célèbre carton de Michel-Ange, nous trouvons cités conjointement André del Sarto, et Sansovino.

On ferait de ce dernier une seconde histoire aussi intéressante, aussi nombreuse en ouvrages remarquables, si l'on avait à l'envisager comme sculpteur du premier ordre qu'il fut, avant que l'architecture, qui d'abord le partagea, se fût tout-à-fait emparée de lui. La seule nomenclature de ses travaux de sculpture est si étendue, que nous serions aussi en peine d'en donner ici la totalité, qu'embarrassés de choisir ceux qui mériteraient une préférence. C'est pourquoi nous renverrons à la vie de cet artiste par Vasari, et surtout par Temanza, ceux qui voudront le connaître sous les deux rapports de sculpteur et d'architecte.

Nous avons eu plus d'une occasion de remarquer que cette communauté pratique de travaux, qui régna si long-temps entre tous les arts, eut son principe dans l'exercice du dessin, école première et véritablement indispensable de toutes les opérations qui ont l'imitation pour objet. La grande pratique du dessin, qui avait tant contribué aux progrès de Sansovino comme sculpteur, avait dû lui communiquer le goût, et l'initier aux secrets de l'architecture.

Ce goût ne put qu'augmenter par la liaison que le hasard fit naître entre lui et Julien de San Gallo, architecte de Jules II, qui se trouvait alors à Florence, et qui l'emmena avec lui à Rome, où Bramante, dont il devint l'ami, lui donna de nombreuses occasions de connaître et d'étudier l'antique, et de se livrer à des travaux de tout genre. L'excès du travail joint à l'excès du plaisir lui occasiona une maladie, qui le força de regagner Florence, où l'air natal lui rendit bientôt la santé.

L'entrée du pape Léon X dans cette ville, en 1515, devint pour les artistes le sujet d'une multitude de travaux de décoration, auxquels tous les arts s'empressèrent de contribuer. Sansovino dut à cet évènement de se trouver initié aux inventions de l'architecture. Il fut chargé de faire des dessins d'arcs triomphaux, mais il se distingua surtout par une entreprise décorative plus importante, qu'il partagea avec André del Sarto, je veux dire la façade temporaire de Sainte-Marie-des-Fleurs, qu'on exécuta en bois. L'idée en fut grande et bien conçue. Sur un vaste soubassement il éleva plusieurs rangs de colonnes corinthiennes, deux par deux. Les intervalles étaient occupés par des niches avec les statues des apôtres. L'ensemble présentait avec un grand nombre de bas-reliefs, tous les ornemens ou détails d'architecture disposés avec le goût et la richesse, qu'un habile architecte sait appliquer aux plus magnifiques édifices. Le pape ne put s'empêcher de dire que si le monument eût dû être fait en marbre, il n'y aurait eu rien à y changer. Sansovino exerça de nouveau son talent dans un autre projet de façade, pour l'église de Saint-Laurent, que Léon X avait à cœur de voir exécuter. Mais il eut ici Michel-Ange pour concurrent, et Michel-Ange avait la faveur du pape. Les deux rivaux se retrouvèrent à Rome. Le projet de façade comme on sait n'eut point lieu. Michel-Ange perdit son temps à chercher et à exploiter des marbres, et Sansovino se fixa pendant quelques années à Rome, où il fit plusieurs statues, et se fortifia dans l'architecture par des travaux qui commencèrent sa réputation.

De ce nombre furent les dessins et modèles de l'église de Saint-Marcel des frères servites. L'ouvrage entrepris n'eut pas de suite.

Citons encore, pour être des premiers essais de son talent, la belle *loggia* qu'il fit hors de la *Porta del Popolo*, sur la voie flaminienne, pour Marc Coscia; les commencemens de construction de la *villa* du cardinal de *Monte*, sur l'*acqua vergine*; une maison d'une heureuse distribution pour Messer Luigi Leoni, et à Rome, dans la rue des *Banchi*, un palais pour la famille Gaddi, aussi noble que bien disposé dans son intérieur.

Les diverses nations catholiques avaient déjà construit à Rome, ou étaient en train d'y construire des églises nationales. La nation florentine avait formé le projet non-seulement de rivaliser avec les autres puissances, mais de les surpasser en magnificence. On se doute bien que Léon X, Florentin lui-même, ne pouvait que seconder cette pieuse entreprise. Les plus célèbres de cette époque, entre autres San Gallo, Raphaël, Balthazar Peruzzi présentèrent des projets. Le pape préféra celui de Sansovino, qui mit bientôt la main à l'œuvre.

Borné par l'alignement de la *strada Giulia* sur laquelle le monument devait s'élever, et par le Tibre qui coule fort près de l'espace affecté à l'église, Sansovino, pour lui donner plus d'étendue, imagina d'empiéter sur le fleuve, et de fonder une partie de sa construction dans l'eau : surcroît en même temps de travail, de dépense, et surtout de difficulté. Selon Vasari, les frais de ces fondations auraient payé la moitié de la construction des murs de l'église. Il paraît que Sansovino s'était engagé là dans un projet dont il avait mal prévu les obstacles. Une chute qu'il fit en surveillant les travaux vint, à ce que l'on croit, fort à propos le tirer d'embarras. Le soin de sa santé lui prescrivit encore une fois de retourner à Florence, et Antoine San Gallo, qui le suppléa dans la continuation de l'entreprise, eut l'honneur de triompher de toutes les difficultés; mais de nouveaux contre-temps vinrent suspendre son exécution. Ce fut d'abord la mort de Léon X, ce fut ensuite le pontificat d'Adrien VI, et enfin le sac de Rome sous Clément VII.

Sansovino échappa à tous les malheurs de cette époque, et sa bonne fortune lui fit trouver un asile à Venise, où désormais nous le verrons déployer, comme architecte, les grands talens dont il n'avait montré jusqu'alors, si l'on peut dire, que les préludes.

Deux circonstances concoururent à le retenir dans la ville qui devint pour lui une nouvelle patrie. La première fut la haute protection du doge Gritti, qui quatre ans auparavant l'avait accueilli avec toutes sortes de bienveillance. La seconde, et qui influa sur la destinée du reste de sa vie, fut sa liaison avec Pierre Aretin, liaison qui se changea en une étroite amitié, que vint resserrer de plus en plus leur union avec le célèbre Titien, d'où naquit cette espèce de triumvirat si profitable aux arts, et que la mort seule put dissoudre.

Sur ces entrefaites, maître Buono, architecte des vieilles procuraties, vint à mourir, et Sansovino fut appelé à lui succéder dans cet emploi, avec un traitement de quatre-vingts ducats, et une maison pour son habitation sur la place Saint-Marc près de l'horloge. Cet emploi comprenait dans ses attributions, la surintendance d'inspection de l'église de Saint-Marc, du Campanile, et des constructions adjacentes (excepté le palais ducal).

La première opération qu'il proposa fut l'enlèvement et le déblaiement des boutiques, échoppes et bâtisses en bois, qui, encombrant les deux grandes colonnes de granit, ornement de ce lieu, le déparaient et masquaient la vue du grand canal. Un travail plus important l'occupa bientôt, je parle de la réparation des coupoles de l'église de Saint-Marc, singulièrement détériorées par leur vetusté d'abord, et puis par l'accident d'un incendie, dont elles avaient beaucoup souffert un siècle auparavant. Il entoura la grande coupole, celle qui est au centre de la croisée, par un cercle de fer composé de plusieurs bandes, qu'on serra le plus possible avec des écrous de bronze et des coins du même métal, *con biette e pernucci*. Ce cercle fut placé en dehors, un peu au-dessus des cintres des petites fenêtres, pour arrêter le progrès de quelques lézardes de la coupole. Encore aujourd'hui les ouvriers l'appellent *il cerchio del Sansovino*, pour le distinguer des deux cercles qui furent placés dans la suite autour de la coupole dite de la Madone, et de celle qui est vis-à-vis la porte d'entrée. Sansovino restaura aussi tous les dômes qu'on admire dans l'intérieur du temple, et il eut un tel succès dans ces travaux délicats autant que pénibles, qu'outre la réputation qu'il en acquit, on porta son traitement annuel à la somme de cent quatre-vingts ducats.

Le bâtiment de l'école ou confrérie de la Miséricorde, entrepris dès l'année 1508, d'après le modèle d'Alexandre Liompardo, par Pierre et Jules Lombardi, était resté sans exécution. L'an 1532 Sansovino fut chargé de son architecture; et de fait ce qui existe de cet édifice est entièrement son ouvrage. Quoiqu'il n'ait pas reçu son complément, surtout à l'extérieur, toujours y trouve-t-on, soit dans les niches qui le décorent, soit dans certains détails de profils, le style de ce maître, et les preuves de la magnificence avec laquelle l'ensemble avait été conçu. Mais c'est surtout par l'intérieur qui offre des parties achevées, qu'on peut en mieux juger. Outre un bel escalier et la chambre qu'on appelle l'*Albergo*, on y voit deux magnifiques et vastes salles, l'une à rez-de-chaussée, l'autre au-dessus. Celle d'en bas est partagée en trois nefs par deux rangées de colonnes d'ordre composite, et les murs latéraux qui soutiennent le plafond. La salle supérieure n'a aucune décoration, mais on ne croit pas qu'originairement elle ait été projetée avec autant de simplicité.

Dans le même temps, Sansovino commençait, sous les auspices du doge Gritti, la construction de l'église de

Saint-François-de-la-Vigne, monument simple, mais de cette noble simplicité qui est souvent le véritable luxe des édifices religieux. Tout l'intérieur, moins la coupole, fut exécuté sur ses dessins; probablement quelques circonstances qu'on ignore suspendirent l'achèvement entier de cette église, car nous lisons que ce dôme et sa façade furent l'ouvrage de Palladio. Une médaille représentant l'extérieur de cette église, tel que Sansovino l'avait projeté, nous donne l'idée du frontispice qu'il comptait y ajuster. On est obligé de convenir qu'elle n'a pu que gagner à celui que Palladio y a substitué.

L'antique bâtiment de la Monnaie à Venise menaçait ruine, et il n'y avait aucun moyen de le réparer. En 1535 il fut décidé d'en construire un nouveau. Trois architectes présentèrent des projets. Le conseil des Dix choisit celui de Sansovino qui fut exécuté. Son architecture offre un ensemble qui serait digne, par son plan et sa belle construction, d'appartenir au palais d'un prince. La construction est tout en pierre d'Istrie. Sansovino avait dû contracter à Florence le goût du bossage, goût dont les anciens ont laissé d'assez nombreux exemples; et on a eu occasion de voir, dans la vie de plus d'un architecte Florentin, que certains genres de matériaux invitent plus que d'autres à cet emploi de la pierre. Or, aucune n'y convient mieux que celle de Florence, soit par sa couleur, soit par sa dureté ou la grandeur des masses qu'elle fournit. La pierre d'Istrie la plus belle que l'on connaisse et qui approche le plus du marbre blanc, devait inspirer à l'art de bâtir plus de réserve dans l'application de l'emploi dont on parle. Aussi nous semble-t-il que Sansovino, et après lui les plus célèbres architectes vénitiens ont usé de cette réserve. Au reste rien ne convenait mieux que la sévérité de ce goût de construction, au caractère d'un bâtiment à élever pour une Monnaie, genre de monument dont la destination principale semble exclure tout à-la-fois, et l'idée de magnificence, et celle d'élégance.

On ne saurait disconvenir que la façade qui donne sur la *Pescheria*, ne réponde très bien par son style à l'usage d'un hôtel des monnaies. Sa masse est à trois étages en y comprenant le rez-de-chaussée, qui se compose de neuf arcades en bossages. Dans la suite et par raison d'utilité pour le service intérieur, les ouvertures de ces portiques furent bouchées jusqu'aux impostes de leurs cintres, et ce changement n'a contribué qu'à mieux faire ressortir le caractère de l'édifice. L'étage au-dessus est une ordonnance dorique dont les pilastres sont entrecoupés de bossages; la frise a des triglyphes et des métopes. Le troisième étage, c'est-à-dire le supérieur est orné d'un ordre ionique, qui porte un entablement orné de consoles. Il règne d'un étage à l'autre une progression d'ornemens rendue fort sensible. Ainsi on a vu que de simples arcades sont surmontées d'une ordonnance dorique au-dessus de laquelle s'élève l'ionique. La même gradation se fait remarquer dans les ouvertures qui sont en bas des cintres en bossages; plus haut sont des fenêtres sans chambranles, et tout en haut des croisées avec chambranles et frontons.

L'intérieur ou la grande cour de cet hôtel des Monnaies est parfaitement d'accord dans son élévation avec l'intérieur qu'on vient de décrire. J'entends que c'est la même disposition générale, la même ordonnance et la même dimension en hauteur. Elle en différe seulement par plus d'étendue en longueur, et par l'étage au-dessus des arcades du rez-de-chaussée, qui au lieu de fenêtres est lui-même en arcades, et forme aussi au-dessus des galeries inférieures, un autre promenoir ouvert, circulant tout à l'entour de ce grand *cortile*. On doit mettre cette architecture sur la première ligne des beaux édifices, produits de la grande école que le seizième siècle vit naître et s'éteindre, et d'où sont sorties toutes les imitations plus ou moins heureuses des siècles suivans.

En 1536, le sénat résolut de faire construire un édifice digne de recevoir la belle et précieuse collection de livres, qu'avaient donnée à la république François Petrarca et le cardinal Bessarion. Sansovino fut chargé d'exécuter un modèle de ce monument, et le modèle approuvé, l'architecte se mit à l'œuvre.

Le plan de l'édifice en longueur nous offre une suite de vingt-et-un portiques ou arcades au rez-de-chaussée, sur la petite place Saint-Marc, avec un retour de trois des mêmes portiques, d'un côté vers la Lagune, de l'autre vers le Campanile. Ces portiques font suite aux galeries de la grande place Saint-Marc. L'ordonnance des portiques à rez-de-chaussée est dorique. Celle de l'étage supérieur est ionique, les arcades y sont des fenêtres cintrées, rétrécies par de plus petites colonnes ioniques elles-mêmes. Sansovino, en concevant cette décoration, avait eu l'intention de se raccorder avec la hauteur des deux étages de l'aile de la place Saint-Marc déjà depuis long-temps construite. C'est-à-dire que prévoyant l'achèvement de l'aile gauche, qui devait faire suite aux portiques de sa bibliothèque, il s'était imposé la sujétion d'une élévation déjà donnée, et de la disposition, ainsi que de la dimension qui aurait dû faire la loi. (On verra à la vie de Scamozzi que cet architecte ne tint aucun compte de la prévision de son prédécesseur.)

Quoi qu'il en soit, il nous semble que ce fut la véritable raison qui engagea Sansovino à donner aux entablemens de ses deux ordres la hauteur qu'on y remarque. En effet, l'entablement de son ordre dorique a en hauteur le tiers de la colonne, et celui qui couronne l'ionique a plus de la moitié. Tout annonce, et la balustrade qui termine l'élévation le donne encore à penser, que l'architecte eut le besoin de porter celle-ci jusqu'à un certain point obligé. Toutefois le talent de l'artiste fut d'avoir fait disparaître le résultat de cette sujétion, par la beauté et la variété des ornemens dont il embellit sa façade. Les archivoltes de toutes ses arcades sont remplies de figures sculptées. Rien de plus riche que la frise dorique, si ce n'est celle qui règne au-dessus de l'architrave ionique. C'est ici surtout que se manifeste avec évidence le dessein dont on a parlé d'exhausser l'élévation de cette façade. La frise dont il s'agit a presque autant de hauteur que l'architrave et la corniche ensemble. Son champ est occupé par une suite de petits génies, soutenant des festons, des cartels et des mascarons qui se trouvent mêlés avec beaucoup de goût à cette composition. Ailleurs la même frise renferme des bas-reliefs continus. La corniche offre dans ses profils tous les ornemens que peut comporter l'ordre ionique. Une balustrade surmontée de statues couronne le tout, et s'élève assez pour cacher d'en bas la vue d'un comble fort exhaussé que l'intérieur du local avait nécessité.

L'arcade du milieu de la grande façade conduit à un très bel escalier à deux branches, et richement décoré dans ses voûtes par Alexandre Vittoria. Il donne entrée dans une superbe pièce, qui renferme une riche collection de sculptures antiques dont l'heureuse disposition appartient à Scamozzi, qui racheva cet intérieur (comme on peut le voir à la vie de cet architecte). De là on passe dans le local même de la bibliothèque. Il occupe sept arcades de ce bâtiment en longueur sur trois pour sa largeur. On en admire la voûte merveilleusement décorée de caissons, et des peintures de plus d'un excellent maître. L'autre partie du bâtiment, où l'on arrive par un escalier qui s'embranche avec le précédent, donne sur la *Pescheria* et est destiné à des bureaux d'affaires. Il n'y eut réellement d'achevé par Sansovino, que la construction de l'emplacement qu'occupent la bibliothèque, le muséum et l'escalier. Nous aurons occasion de revenir sur ce grand édifice, à l'occasion d'accidens qui y survinrent dans la suite.

Nous ne devons pas oublier toutefois, avant de quitter ce monument, de faire mention d'une prétendue difficulté architectonique, dont Sansovino occupa alors tous les architectes et dont il crut avoir trouvé la solution. Il s'agit de la frise dorique et de la division uniforme des triglyphes et des métopes qui en constituent l'ornement. Les Grecs, dans les colonnades doriques de leurs temples, en terminaient les angles par un triglyphe qui ne tombait pas exactement à l'aplomb de l'axe de la colonne d'angle, et ils élargissaient graduellement l'espace des métopes aux extrémités de la frise. Les Romains ayant beaucoup modifié les proportions et le caractère de l'ordre dorique, au lieu de terminer l'angle de sa frise par un triglyphe, trouvèrent plus analogue à leur nouvelle disposition d'y établir une demi-métope, et c'est ainsi que Vitruve l'enseigne en se servant du mot *semi metopa*. Maintenant les architectes modernes et les commentateurs, au lieu d'entendre cette *demi-métope* dans un sens qui exprimât une mesure approximative, et par le fait une métope coupée en deux parties égales de chaque côté de l'angle, s'imaginèrent qu'il fallait qu'elle fût dans toute la rigueur mathématique la moitié précise de la métope courante dans la frise, ce qui ne peut pas être, dès qu'on fait tomber l'angle de l'architrave à l'aplomb du nu de la colonne. Sansovino opérant ici, non sur une ordonnance de colonnes isolées, mais sur des demi-colonnes adossées à des pieds-droits, imagina de donner non à la colonne d'angle, mais à un pilastre d'angle, le supplément d'un corps en retraite, ce qui lui permit d'allonger l'entablement, et par conséquent d'élargir l'espace de sa métope d'angle. Voilà toute la solution de ce problème dont on fit alors du bruit, mais qui, comme on le voit, ne méritait ni d'être proposé ni d'être résolu.

En 1532, le feu avait détruit une grande partie du palais Cornaro, celui qui donne aussi sur le grand canal, près de Saint-Maurice, et qu'on distingue par ce surnom. George Cornaro, procurateur de Saint-Marc, conçut l'idée d'en rebâtir un beaucoup plus magnifique, et il en confia l'entreprise à Sansovino, qui sut répondre à ses intentions par un des plus beaux projets que l'architecture ait exécutés. Aussi lisons-nous dans la description qu'en donna François son fils, ce peu de mots qui suppléront à l'éloge que nous en aurions pu faire : « *Par sa si-*

tuation, dit-il, *par sa magnificence, sa grandeur, la beauté de ses matériaux, sa construction, la justesse de ses proportions, il occupe un des premiers rangs parmi les plus mémorables édifices de Venise* ». Son plan offre les dégagemens les plus commodes, les distributions les plus variées. Son élévation en trois étages, donne à la masse une hauteur qui le fait dominer avec beaucoup de noblesse sur tout ce qui l'entoure. Les proportions de chaque ordonnance sont fort régulières. On desirerait moins de hauteur à l'entablement de l'étage supérieur. La critique reproche à Sansovino d'avoir, dans son *atrium,* du côté du grand canal, aminci les murs latéraux, en sorte que le mur de l'étage supérieur se trouve porter à faux, dans une partie de son épaisseur. L'architecte, dit-on, se permit cette infraction aux lois de la solidité pour faire voir une portion de pilastres d'angle, se raccordant avec la retombée des cintres. Mais on pense qu'un architecte du mérite de Sansovino, ne devait pas avoir besoin de cette ressource défectueuse.

Les beaux ouvrages que cet artiste avait déjà exécutés à Venise, propagèrent sa réputation, dans toute l'Italie. Rome, qui avait vu naître son talent dans l'architecture, aurait voulu jouir des fruits de son âge mûr et l'appelait à la cour du pontife. De son côté la ville de Florence, où il avait débuté dans la sculpture, le sollicitait pour venir lui faire la statue de celui qui lui avait rendu la liberté, par la mort d'Alexandre de Médicis. Sansovino résista aux instances de toutes ces invitations, et ne songea plus qu'à porter à fin ses grandes entreprises commencées à Venise, pour répondre aux espérances que cette ville avait conçues de son génie.

Bientôt sur un des côtés du campanile de Saint-Marc, il construisit une *loggia* destinée à des réunions de nobles Vénitiens, pour converser ou conférer entre eux. Ce petit édifice est un peu élevé au-dessus du niveau de la place; on arrive par quelques degrés à une petite terrasse environnée d'une balustrade dans ses trois côtés. De là s'élève la façade ornée de huit colonnes d'ordre composite, engagées dans le mur et qui soutiennent un entablement continu. Trois grandes arcades s'ouvrent dans les trois plus grands entre-colonnemens; c'est par elles qu'on passe pour arriver à la grande salle. Les quatre autres entre-colonnemens sont plus étroits et reçoivent des niches fort ornées. Au-dessus et à l'aplomb des arcades est un attique orné de bas-reliefs en compartimens, qui par leurs mesures correspondent exactement aux divisions de l'étage inférieur. Le tout est couronné par une balustrade régnant sur les trois côtés de l'édifice, construit des plus beaux marbres et décoré de statues et de bas-reliefs de la plus belle exécution. Le projet avait été d'environner, par en bas, de trois autres corps semblables les trois autres faces du campanile.

Sansovino, lors du rétablissement qui eut lieu de l'église du Saint-Esprit, fut chargé d'en faire le chœur et la façade, qu'il exécuta avec beaucoup de succès, vers l'an 1542. Ce fut à la même époque qu'il éleva un des plus superbes palais de Venise, sur le grand canal, près de San Salvatore, pour Jean Delphino. On doit y remarquer surtout la cour et l'escalier, pour la beauté des ornemens, et tout l'intérieur où règne la plus heureuse distribution.

L'église de Saint-Fantin avait été commencée en 1501,

d'après les dispositions testamentaires du cardinal Zénon, neveu du pape Pie II. Malgré les efforts de ceux qui en entreprirent la construction, l'édifice était loin encore d'être achevé en 1533 : il y manquait ce qui devait en être le sanctuaire. Le manque de fonds avait été la cause de ce délai. On vendit enfin plusieurs maisons de la succession du cardinal fondateur; et de ces deniers, Sansovino fut chargé de terminer le monument, en ajoutant à son extrémité la très belle chapelle qu'on y admire, et qui, malgré le soin qu'eut l'architecte d'assortir sa composition au reste de l'église, n'en fait pas moins remarquer l'extrême supériorité de son goût, sur celui qui avait présidé à l'érection de tout le reste, où rien ne semble répondre aux intentions de richesse et de magnificence que le fondateur avait énoncées dans son testament.

Vers l'an 1545, Sansovino s'occupait de terminer les grands travaux du monument de la bibliothèque, et il ne s'agissait plus que de voûter de l'autre côté la partie occupée par les bureaux des trois procuraties; mais la voûte à peine terminée s'écroula. On attribua cet accident à diverses causes. Selon les uns, c'était incurie et mal-façon de la part des ouvriers; c'était, selon d'autres, l'effet d'une gelée extraordinaire survenue cette année. On prétendait ailleurs que l'ébranlement avait été causé par des décharges d'artillerie. Le plus probable est que l'architecte avait trop compté sur ses armatures en fer. Ce malheur eut les suites les plus fâcheuses pour Sansovino. Il fut mis en prison, destitué de son emploi d'architecte en chef, et condamné à payer mille écus d'or, en dédommagement de la perte occasionée par sa faute, ainsi qu'on le crut alors. Il paraît toutefois que Sansovino parvint à se justifier. Ses nombreux amis, et Aretin à la tête, écrivirent en sa faveur. Mendozza, ambassadeur de Charles-Quint auprès de la république de Venise, sollicita son élargissement. L'affaire enfin s'arrangea; Sansovino sortit de prison; et ce qui fait croire que ce ne fut pas à titre de grâce, c'est que l'amende à laquelle on l'avait condamné lui fut remboursée, qu'il fut réintégré dans son emploi, et payé de nouveau pour le rétablissement de la voûte qui ne fut plus faite en pierre, mais en charpente, avec un lattis de roseaux, sur lesquels fut appliqué l'enduit qui en forme la décoration.

Le nombre des monumens construits par Sansovino est tel qu'on doit se contenter d'en citer plusieurs, ne pouvant les décrire tous. Souvent, dans le choix qu'on fait de quelques-uns, on se décide plus par la célébrité qu'ils tirent de leur importance, que par le mérite intrinsèque de leur architecture. Ainsi l'on ne trouve que de courtes mentions sur des édifices qui feraient la réputation de tout autre. Tels sont l'église de Saint-Martin, près l'arsenal; celle des Incurables, dans la forme d'une ellipse; l'école de San Giovani degli Schiavoni, et divers autres ouvrages, parmi lesquels il en est qu'on lui attribue à tort : ce qui n'a lieu que parce que Sansovino, comme tous les grands architectes, eut plus de copistes encore que d'imitateurs.

Une grande construction, qui lui appartient exclusivement, fut celle qu'on appelle des *Fabriche Nuove di Rialto*, bâtie sur le grand canal pour l'utilité du commerce. L'édifice est à trois étages : le rez-de-chaussée offre un portique de vingt-cinq arcades ; pareil nombre de fenêtres leur correspond dans les deux étages supérieurs. Les boutiques occupent le bas; et de chaque boutique, un escalier conduit aux pièces d'en haut. Une disposition vicieuse dans les murs de l'intérieur, qui ne portent pas d'aplomb les uns sur les autres, y a occasioné de fréquentes réparations. On regrette que la solidité ne se soit pas trouvée, dans cette construction, unie à la beauté de son ordonnance.

Sansovino avait aussi donné un projet pour le célèbre pont de Rialto. La république, alors engagée dans une guerre contre les Turcs, ne put donner suite à cette entreprise ; et le projet de Sansovino tomba dans l'oubli, avec ceux de beaucoup d'autres compétiteurs.

Il faut citer comme un des ouvrages recommandables de cet architecte, son église de San Geminiano, au fond de la place Saint-Marc, dont on ne peut plus parler que par souvenir, ou d'après les plans et dessins qui s'en sont conservés. Elle a été détruite récemment pour opérer la communication entre les deux bâtimens des procuraties anciennes et nouvelles, qu'elle interceptait; et l'on doute que cet avantage ait compensé, pour la ville de Venise, la perte d'un monument que beaucoup de titres auraient dû rendre précieux. Cette église avait reçu, en 1505, une sorte de commencement, et sa principale chapelle avait été élevée sur le modèle de Cristophoro dal Legname, sculpteur et architecte. En 1556, Sansovino fut chargé d'en compléter l'ensemble. Car son premier soin, et un des principaux mérites qu'on y admira, fut de coordonner avec autant d'habileté que de goût, et le cintre de la chapelle déjà existante, et son entablement, et l'ordonnance générale du reste de cet intérieur. Son plan est un carré parfait au milieu duquel s'élève une coupole de modique hauteur, reposant sur quatre colonnes adossées chacune à un pilier, ce qui forme, dans chaque sens, trois nefs dont la plus large est celle du milieu. Sa façade, ou son portail, n'offre rien de fort remarquable, si ce n'est un des premiers exemples de ces frontispices à plusieurs ordres adossés, que l'on a répétés dans le siècle suivant avec beaucoup trop de monotonie. Au reste, Sansovino eut évidemment, dans cette composition, l'intention de la faire concorder, pour la hauteur, avec celle du bâtiment des *Procuratie vecchie*, intention qu'il avait déjà eue dans son monument de la bibliothèque, ainsi qu'on l'a vu, et que Scamozzi, depuis, paraît s'être étudié à contrarier, aspirant peut-être à faire adapter sa nouvelle élévation au corps entier de la place Saint-Marc.

Sansovino est l'auteur de beaucoup d'ouvrages moins importans, mais qui constatent et la multiplicité de ses connaissances, et la fécondité de son génie. Il y a de lui à Venise plus d'un mausolée où le talent de l'architecte le dispute à celui du sculpteur, et où les deux arts n'en sont que mieux unis. On cite entre autres, dans l'église de Saint-Sébastien, le tombeau de l'archevêque de Chypre, ensemble à-la-fois simple et majestueux autant que riche et varié. C'est une grande arcade ornée de colonnes élevées sur un soubassement, et qui portent un beau fronton. L'entre-colonnement est occupé par la tombe de l'archevêque, et par sa statue représentée couchée.

Ce fut à l'âge de quatre-vingts ans qu'il exécuta pour le doge Veniero le beau monument sépulcral qu'on admire à l'église de Saint-Sauveur. Les deux statues qui ornent les niches latérales du monument sont de sa propre main, et rien n'y décèle l'époque d'une vie aussi avancée.

On doit encore faire ici mention des belles portes de bronze dont il donna les dessins, et qu'il exécuta pour la sacristie de Saint-Marc. C'est là qu'il a consacré par les portraits de Titien et d'Aretin qu'il y a introduits avec le sien propre, l'étroite amitié qui ne cessa point de les unir tant qu'ils vécurent. Liés et par la conformité de leurs vues, et par la réputation dont ils jouirent, et par l'intérêt commun qu'ils prirent à leurs succès réciproques, on a attribué à cette liaison, une partie de l'éclat que les arts répandirent alors sur Venise.

Venise aussi se montra digne d'avoir de tels talens, puisqu'elle sut les honorer par les plus flatteuses distinctions. Dans un moment de détresse, où l'on se trouva forcé d'avoir recours à une imposition extraordinaire, qui devait peser indistinctement sur tous les citoyens, le sénat n'en exempta que Titien et Sansovino.

Sansovino mourut à l'âge de quatre-vingt-onze ans, le 27 novembre 1570.

Bien que prévue depuis long-temps, et arrivée dans l'âge le plus avancé, la mort de Sansovino fut pour Venise qui l'avait adopté, et pour Florence sa patrie, un sujet de deuil et de vifs regrets. Sa mémoire fut honorée par plus d'un témoignage public de louanges, dans plus d'une inscription. Mais il n'en subsiste plus aucune. Nous rapporterons la plus simple et la plus courte, dont l'auteur fut Bernardo Baldovinetti.

> Il Sansovin ch' Adria superba ir fece,
> Di bronzi e marmi di Palagi e Tempi,
> Che illustra l'Arno e tolse a primi tempi
> Della scultura il pregio, or qui si giace.

GALEAS ALESSI.

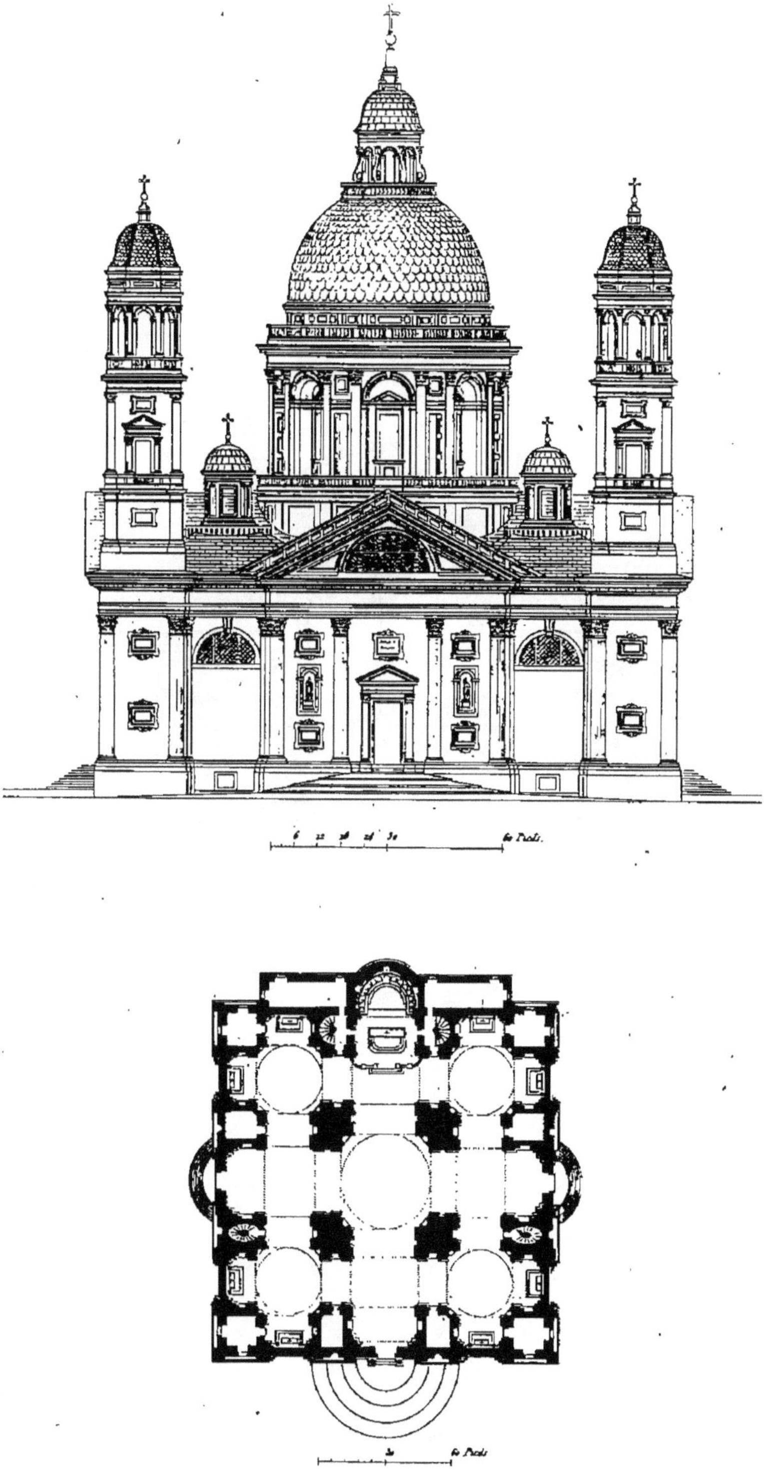

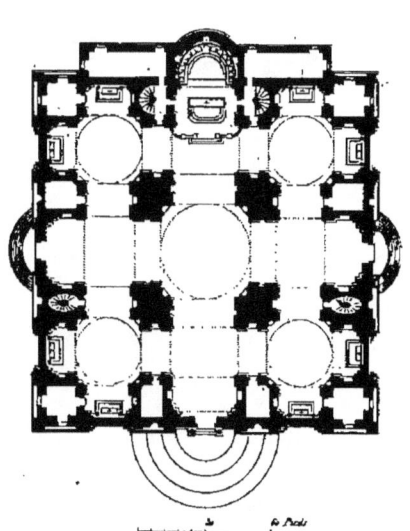

PLAN ET ÉLÉVATION DE L'ÉGLISE DE L'ASSOMPTION, À GÊNES.

GALEAS ALESSI.

VUE INTÉRIEURE DE LA COUR DU PALAIS SAULI, À GÊNES.

GALEAS ALESSI,

NÉ A PÉROUSE EN 1500, MORT EN 1572.

Les principales villes de l'Italie ont eu cela de favorable pour l'architecture, que chacune par ses localités, par la diversité de ses sites et des causes qui ont modifié ses besoins, offrit à l'art de bâtir et au génie de l'architecte des développemens particuliers. Dans le fait, ce pays présente aujourd'hui au curieux comme à l'artiste une collection, un cours complet de toutes les variétés de goût, de toutes les inspirations que l'art peut desirer pour tous les emplois possibles, depuis ce qu'il y a de plus solide, de plus massif et de plus grandement simple en construction, jusqu'à ce qu'on peut concevoir de plus varié, de plus riche, de plus pompeusement théâtral en décoration.

La ville de Gênes était préparée par la nature de sa position et de ses matériaux, à devenir le plus rare modèle de ce que la réalité peut faire en ce dernier genre. De tout temps sa situation singulièrement pittoresque, au fond du golfe d'où elle semble dominer la mer, et sur le penchant de la montagne qui en fait un amphithéâtre naturel, avait produit, dans la position de ses masses de bâtimens, une richesse d'aspect qui semblait appeler celle de l'art. Lorsque le commerce eut produit dans cette ville de grandes fortunes, le gouvernement aristocratique, qui met les honneurs et le pouvoir entre les mains d'un grand nombre de citoyens et de familles riches, dut, comme cela ne saurait manquer d'arriver, leur inspirer le besoin de faire sentir leur supériorité par l'extérieur de leurs habitations, et d'augmenter aussi le lustre de leur ville.

Ce fut vers le commencement du seizième siècle que Gênes commença à prendre une face nouvelle. Cette ville, resserrée comme elle l'est, ne pouvant pas comme d'autres s'étendre par des quartiers nouveaux, il y eut pour elle nécessité de se renouveler sur le même sol, et de se métamorphoser si l'on peut dire. C'est ce qu'elle obtint par une sorte de concours de toutes les volontés, par l'appel qu'elle fit aux talens des artistes les plus distingués, et surtout par le génie d'un homme qui sembla être né et donné tout exprès par la nature, pour cette grande entreprise. Cet homme fut Galeas Alessi.

Il naquit l'an 1500, à Pérouse, d'une famille qui n'était pas sans distinction, et reçut de son père une éducation convenable à son état. Les progrès qu'il fit, dès le premier âge, dans les études auxquelles on l'appliqua annoncèrent les dispositions les plus heureuses, surtout pour les sciences mathématiques et l'astronomie. Ces études, qui sont comme une sorte de centre de mille autres connaissances, ouvrent au jeune homme l'accès à plus d'une profession utile, dont le choix dépend quelquefois de ce qu'on appelle le hasard. Ce fut ainsi que Galeas Alessi se trouva sur la route pratique de l'architecture civile et militaire. Il ne tarda pas à comprendre l'utilité de la science du dessin pour l'architecte comme pour le peintre, et il se mit à l'école de Jean-Baptiste

Caporali, qui, selon l'usage d'alors, était à-la-fois peintre et architecte renommé à Perouse, et à qui on doit une traduction et un commentaire de Vitruve. L'élève devint bientôt en état d'aider et de remplacer son maître, et même de diriger en chef quelques-unes de ses constructions.

Mais il y avait chez Galeas Alessi un certain pressentiment de sa destinée future, qui lui faisait regarder comme trop bornées, pour ses progrès et pour son ambition, l'école de Caporali et la ville de Pérouse. Il vint à Rome, où il se lia d'une étroite amitié avec Michel-Ange qu'il adopta pour maître. On ne cite rien dans cette ville des travaux qu'il aurait pu y exécuter, pendant un assez grand nombre d'années qu'il y séjourna. Il paraît qu'il n'y fut guère occupé que d'ouvrages particuliers, pour différens cardinaux, auxquels il aurait sacrifié et son temps et sa réputation. Mais le cardinal Parisani, qui avait eu plus d'une occasion de connaître ce qu'il valait, l'avait déjà produit à la cour pontificale, lorsque, envoyé légat à Pérouse, il se conforma aux intentions du pape, en emmenant avec lui Galeas Alessi, pour achever la grande construction de la forteresse de cette ville, commencée par San Gallo.

Alessi s'acquitta avec autant de zèle que de succès d'une aussi importante mission. La forteresse fut terminée par ses soins, de nouvelles constructions intérieures y furent entreprises, et on y vit exécuter une suite d'appartemens, qui furent dignes de recevoir plus d'une fois toute la cour pontificale. Le temps qu'il passa dans sa ville natale à cette grande construction, il sut l'employer également à élever pour plusieurs de ses concitoyens de fort beaux palais, qui font encore aujourd'hui la décoration principale de Pérouse.

La renommée de ces ouvrages répandit dans toute l'Italie le nom de Galeas Alessi. C'était le temps où, comme on l'a déjà dit, la ville de Gênes, peuplée de citoyens opulens, mais jaloux de faire servir leurs trésors à la gloire de leur pays, encore plus qu'à la leur propre, conçut le projet de faire en grand, ce qu'on voit que fait volontiers en petit l'homme qui, élevé par la fortune, veut s'en faire honneur dans le luxe de son habitation. Exemple peut-être unique, au moins dans l'histoire moderne, d'une grande ville qui se rebâtit, si l'on peut dire en entier.

« Jalouse de la gloire qu'elle s'était acquise (*dit*
« *M. Gauthier dans son introduction à l'ouvrage des prin-*
« *cipaux édifices de Gênes*), cette ville voulut confier
« aux beaux-arts le soin de la transmettre à la posté-
« rité. Elle attira dans ses murs les artistes de tous les
« pays que la renommée lui désignait. Ce fut alors que
« s'établit cette belle rivalité de talens, auxquels la ville de
« Gênes dut sa splendeur. C'est là que les architectes ont
« pu donner un libre essor à leur génie. Aussi presque
« partout ils ont fait preuve de la plus rare intelligence,
« et ils sont parvenus à faire oublier jusqu'aux difficultés
« que l'irrégularité des terreins leur donnait à combattre. »

L'époque de ce changement fut heureusement celle de la belle école d'architecture en Italie, où, quoique avec des variétés de manière mais non de principes, chaque ville voyait, sous la direction des plus grands maîtres, se renouveler le goût et les conceptions de l'art des anciens. Tout le monde connaît les noms de ces rénovateurs de l'architecture à Rome, à Florence, à Vérone, à Venise. Ce furent les chefs d'école, et c'est sur eux que la postérité a concentré son admiration. Cependant ils eurent de nombreux élèves, et parmi eux des rivaux, dont on a depuis confondu les ouvrages avec ceux de leurs maîtres. Beaucoup de ceux-ci se trouvèrent appelés à Gênes, et l'on compte parmi eux, quoique dans le second ordre, des hommes d'un très grand mérite, tels qu'Adrea Vannone, Bartolomeo Bianco, Rocco Pennone, Angiolo Falcone, Pellegrino Tibaldi, etc.

Mais Galeas Alessi fut pour Gênes ce que Bramante et San Gallo avaient été à Rome; Buontalenti, Ammanati à Florence; Palladio et Sansovino à Venise. Il fut le moteur de toutes les entreprises, et le modèle sur lequel se réglèrent tous ceux qui concoururent au renouvellement matériel de cette grande cité. Il lui fallut d'abord aplanir plus d'une superficie, redresser un grand nombre de rues, en ouvrir de nouvelles, et c'est à lui qu'est due l'ouverture, et on peut dire la construction de la *Strada nuova*, assemblage unique des plus somptueuses masses de palais, et aussi recommandables par la beauté de l'art que par celle de la matière.

Cependant nous devons faire mention, avant tous ses autres ouvrages, de la belle église de l'Assomption, bâtie sur la colline qu'on appelle de Carignan, d'où ce monument a pris aussi le nom sous lequel on le désigne souvent. Cette église n'est pas au nombre des plus grandes, soit anciennes, soit modernes, mais c'est un morceau des plus complets, des plus achevés qu'il y ait, et d'une parfaite unité dans tous ses rapports. Son plan forme un carré régulier de 150 pieds, sans y comprendre toutefois une petite adjonction d'une vingtaine de pieds pour l'apside du fond où est l'autel. Le milieu de ce quadrangle est occupé par une coupole de 40 pieds de diamètre, soutenue par quatre piliers tous massifs, et où l'architecte ne voulut pratiquer ni vides ni escaliers pour leur laisser toute leur solidité. Trois nefs divisent l'intérieur de l'église et y produisent ce qu'on appelle la croix grecque, ou ayant ses quatre croisillons égaux. C'est en petit le plan de Saint-Pierre de Rome, selon le projet de Michel-Ange.

L'extérieur de la coupole se compose de ce qu'on appelle la *tour du dôme*, dont la construction et l'ordonnance consistent en arcades et en massifs alternatifs, ornés de pilastres corinthiens, et du dôme dont la courbe est une sphéroïde, couronnée d'une lanterne que couvre une calotte hémisphérique. Cette coupole de 180 pieds de haut forme une masse très d'accord avec le portail, lequel est orné d'un seul ordre de pilastres corinthiens, distribués avec sagesse. Ceux du milieu au nombre de quatre, et où est la porte d'entrée, supportent un fronton. Ceux des deux masses latérales se trouvent subordonnés à la composition des deux tours ou campaniles, qui accompagnent la coupole, et donnent à tout l'ensemble un aspect riche et varié. Quoique la critique ait plus d'une observation de détail à y faire, on est toutefois obligé de convenir que l'ouvrage, pris en général, est un de ceux qui, pour satisfaire aux données et aux usages des églises modernes, offre un tout des mieux concertés, une conception des plus sages, une exécution des mieux soignées, une construction des plus solides.

Galeas Alessi ne donna point une moindre preuve de talent dans les travaux de restauration et d'embellissement qu'il fit à l'église métropolitaine, certainement une des plus belles de l'Italie. Ce fut sur ses dessins que l'on reconstruisit le chœur, l'hémicycle et la coupole de cette basilique.

Propre à tous les genres d'ouvrages, il fit encore plus admirer sa capacité, par les grands et magnifiques changemens qu'il imagina et qu'il exécuta au port de Gênes. Il l'orna de portiques grandioses d'ordre dorique, d'une superbe entrée flanquée de colonnes rustiques, faisant habilement servir ces constructions autant à l'embellissement qu'à la défense du port. Il prolongea le môle de plus de 600 pas dans la mer, au moyen d'une jetée à pierres perdues qui lui sert de fondations, travail des plus dispendieux. Selon lui, si on eût voulu donner encore plus d'étendue à ce môle, chaque palme d'ouvrage aurait coûté mille écus.

Comme masse de construction simple et grandiose, on doit vanter sa porte du vieux môle, ouvrage de fortification et d'architecture tout ensemble, qui soutient le parallèle avec ce que San Micheli a produit de plus beau en ce genre. J'ai dit que l'édifice était en quelque sorte de deux natures, et ce fut une habileté de plus à Galeas Alessi, de l'avoir mis en un si juste rapport avec les deux expositions auxquelles il devait correspondre, que du côté de la ville, il se présente sous la forme d'un beau et noble portique, percé de trois arcades accompagnées de colonnes doriques, quand du côté opposé, celui de la mer, il offre une demi-lune ornée de niches et de colonnes en bossages, et qui vient s'appuyer de chaque côté sur un bastion avec embrasures pour l'artillerie. Entre ces deux façades est un grand corps-de-garde. Le tout a un couronnement crénelé ; ce qui n'empêche pas qu'on n'y admire, et de belles proportions, et des profils bien adaptés au caractère de l'édifice.

Lorsque l'art de l'architecture et le savoir de la construction sont réunis, comme ils l'étaient au seizième siècle, on ne s'étonne point que des édifices de simple nécessité, concourent à l'embellissement comme aux besoins des villes. Galeas Alessi nous en a encore donné un exemple dans les greniers publics qu'il construisit à Gênes. On le donne pour l'auteur du plan de ce grand ensemble, qui se compose de quatre corps de bâtiment isolés, mais qui se joignent par un vestibule commun et central, assez spacieux pour que les voitures puissent s'y rencontrer de toutes parts sans aucun embarras. On trouve à louer ici, outre les dispositions ingénieuses de l'intérieur, et les soins pris pour la conservation des grains, l'ordonnance dorique appliquée à décorer un édifice, que partout ailleurs on croirait devoir abandonner aux pratiques routinières d'un entrepreneur de bâtimens.

Si l'on se proposait de donner même une courte notice de chacun des édifices, des palais de ville et de campagne, dont Galeas Alessi a embelli Gênes et ses environs, il faudrait faire d'un simple article biographique un long ouvrage. Nous choisirons pour donner l'idée de son talent, ou pour mieux dire, car il n'y a point de choix à faire, nous prendrons au hasard parmi ses édifices, ceux qui se prêteront à une plus courte description.

La *Strada nuova*, comme on l'a déjà dit, pourrait passer pour être dans la magnifique série des vastes palais de Gênes l'œuvre de Galeas Alessi. On y admire le palais Grimaldi, remarquable à l'extérieur par le caractère de grandeur et de simplicité qui distingue les palais de Rome. Mais la position de la ville devait inspirer à l'architecte des partis intérieurs plus variés, plus pittoresques, et d'une composition plus originale, qu'on n'en retrouve ailleurs. L'emploi aussi qu'il pouvait faire du marbre dans ses constructions, favorisa ces brillantes inventions d'escaliers, de portiques, de galeries, où le luxe de la matière vient ajouter sa valeur à celle de l'art. Telle est, au palais Grimaldi, la magnifique galerie qui donne entrée à la cour et conduit à l'escalier. C'est une suite de colonnes surmontées d'arcades et formant de petites coupoles construites en marbre. Même goût, même richesse dans la *loggia* du premier étage.

Le petit palais Brignola (*Strada nuovissima*) offre un plan d'une conception agréable et sage tout ensemble. L'escalier est heureusement placé au milieu de jolis portiques en marbre blanc. L'arrivée de cet escalier, au premier étage, est d'un bel effet, produit surtout par une *loggia* ménagée avec art en face de sa dernière révolution. Galeas Alessi savait proportionner avec beaucoup de mesure, les richesses de son art et les ressources de son génie à la grandeur et à l'importance de ses édifices. L'élévation extérieure de ce petit palais n'offre d'autres beautés que celles qui dépendent d'un juste accord, entre toutes les dimensions, entre l'ensemble et ses détails.

La plupart des architectes célèbres du seizième siècle, comme leur histoire le témoigne, en multipliant les grands palais, qui font l'ornement de l'Italie, ont donné des preuves d'une fécondité très remarquable, et on est contraint d'y admirer l'esprit et le goût avec lesquels ils surent, en respectant certains types naturellement uniformes, y introduire les plus nombreuses variétés. Mais nul n'eut plus besoin de cet art que Galeas Alessi, car lorsque les autres étaient appelés à bâtir dans plusieurs villes, ou dans les quartiers divers des plus grandes cités, lui, étant borné dans l'enceinte d'une seule, et dans l'espace donné de deux rues principales, il lui devint encore plus nécessaire d'éviter des répétitions, que leur proximité aurait rendues plus fastidieuses, particulièrement pour les masses extérieures des palais, c'est-à-dire leurs élévations.

Aussi la *Strada nuova*, presque toute bordée de palais, productions du génie de Galeas Alessi, se recommande-t-elle encore à notre admiration par l'heureuse variété de leurs dessins. Nulle similitude entre la façade du palais Brignola et celle du palais Carega. Ce dernier présente une masse riche autant que simple, de trois étages en y comprenant le rez-de-chaussée faisant soubassement taillé à refends, sur lequel s'élèvent deux ordres de pilastres ioniques et corinthiens distribués entre les fenêtres, avec un entablement dans la hauteur duquel se trouve un rang de petites fenêtres de service. Pareille rangée de petites ouvertures, que les Italiens appellent *mezzanino*, existent l'une au-dessus des chambranles de l'étage ionique, l'autre au-dessus des fenêtres du rez-de-chaussée. C'est l'union apparente du besoin intérieur et du luxe extérieur, tellement bien ménagée, que la grandeur et la noblesse de l'ensemble n'en éprouvent aucune diversion ni contradiction.

Le palais Lescari, bâti tout près dans la même rue par Galeas Alessi, lui a inspiré une devanture d'un caractère tout-à-fait différent. Rien de plus élégant, de plus pittoresque et de plus harmonieux tout ensemble, que sa composition. L'architecte a su y ménager, avec infiniment de goût, dans le soubassement, une opposition qui ne dégénère point en un contraste trop marqué. Ce soubassement est en bossages rustiques, non tels qu'on les emploie ordinairement, mais formé d'espèces de panneaux en compartimens et d'espèces de pilastres, dont le fût offre les mêmes divisions de pierres taillées en pointe de diamant, ce qui détache le rez-de-chaussée du reste de l'ordonnance, par un effet sévère, sans être massif, et où la variété produit ce qu'on cherche ailleurs par la gravité ou la pesanteur. L'ordonnance du premier étage consiste en une suite d'arcades sur colonnes ioniques formant une belle galerie, qui réunit les deux ailes du palais, que décore un ordre corinthien. Le plan seul de ce palais pourrait faire comprendre ce qui échappe aux moyens du discours, c'est-à-dire ce qu'il y a d'ensemble, d'accord et de régularité dans les parties de sa distribution. Il faudrait aussi avoir recours au dessin, pour donner une légère idée des beaux ornemens arabesques qui décorent les voûtes des escaliers, et qui furent exécutés par Taddeo Carlone sous la direction de Galeas Alessi.

Le palais Justiniani n'est pas un des plus grands de la *Strada nuova*, et son extérieur très simple ne semblerait pas devoir le faire distinguer. Toutefois on le regarde comme un des plus intéressans de la ville de

Gênes. Il se fait remarquer par un plan bien conçu, par une coupe entendue avec beaucoup d'intelligence. La cour donne entrée dans une autre enceinte circulaire, ornée de portiques en arcades, qui supportent une terrasse tout alentour, au milieu de laquelle est un beau pavé de mosaïque, ombragé par quatre orangers en pleine terre. Le tout se termine par une grotte où jaillit une fontaine.

Mais le palais Sauli (*Strada di Porta romana*) est sans contredit l'un des plus magnifiques, non-seulement de la ville de Gênes, mais de toute l'Italie.

L'architecture, surtout dans la construction des grands palais, présente à l'artiste tant d'obligations, d'où peuvent résulter également et de nombreux mérites et d'aussi nombreux défauts, qu'on sait ordinairement gré à l'architecte qui a su éviter le plus de défauts, et réunir le plus de beautés. On convient que Galeas Alessi a généralement, dans le palais Sauli, opéré la réunion de ce qui peut composer ce qu'on appelle un ensemble parfait; on veut dire une heureuse disposition dans le plan, une belle proportion dans les élévations, le bon goût dans la décoration et les ornemens, l'excellent choix et la richesse des matériaux, une bonne et précieuse exécution. Toutes les colonnes y sont de marbre et d'un seul morceau.

Ce palais a deux façades, l'une sur la rue, l'autre sur le jardin. La première a son étage de rez-de-chaussée percé de cinq ouvertures, en y comprenant la porte, formée, ainsi que les fenêtres, de chambranles en bossages, mais ménagés avec beaucoup de goût, sur des espaces lisses en encadrement, qui évitent à leur emploi l'aspect de la pesanteur. L'étage supérieur a son milieu en arcades sur colonnes, flanqué d'une fenêtre de chaque côté avec pilastres accouplés, que surmonte un balcon à balustres. Cette façade forme avant-corps sur la masse de celle qui donne sur le jardin. Celle-ci se compose, dans un genre tout différent, de deux ordonnances, l'une dorique au rez-de-chaussée, l'autre ionique pour l'étage supérieur. A l'un et à l'autre, des pilastres sont accouplés sur les trumeaux des fenêtres. Celles d'en bas se trouvent inscrites avec leur *mezzanino*, dans des arcades. Les fenêtres du haut et le petit étage de service occupent la hauteur de l'ordre.

L'intérieur de la cour du palais Sauli est environné de deux étages de portiques ou de galeries en colonnes de marbre. Rien n'est plus noble, rien n'offre un aspect à-la-fois plus riche et plus théâtral, comme on peut le voir dans la planche placée en tête de cet article.

Nous pourrions citer un beaucoup plus grand nombre de palais, soit construits à Gênes par Galeas Alessi, soit faits par ses élèves, et sous son inspiration, soit imités d'après ses modèles, si cette énumération devait ou mieux faire connaître son génie, ou ajouter à sa gloire.

Mais l'édifice de la Banque est un ouvrage plus propre à donner l'idée de sa capacité, comme architecte de goût et habile constructeur. Les Génois appellent la loge des banquiers *un bel azardo*, comme si la hardiesse de sa couverture eût été due à un heureux coup du sort. Il n'y eut pourtant rien de semblable, et la seule part que la fortune ait eue dans de tels travaux, fut la rencontre d'un homme capable de les entreprendre, et d'y réussir. Galeas Alessi prouva dans cette construction hardie qu'il possédait au plus haut degré l'art de faire du grand, avec la plus grande économie de moyens. On peut dire qu'il est impossible d'employer moins de matériaux, pour couvrir une surface de terrain aussi considérable. On y admire l'ingénieuse disposition des bois de charpente de sapin en grume, et l'art avec lequel toutes les pièces sont distribuées dans cette vaste toiture, de manière à produire la solidité sans opérer de poussée sur les supports, du reste très peu épais, de cette grande enceinte. Pareille économie de moyens, et pareille légèreté de matériaux dans la voûte nécessairement surbaissée de l'intérieur. Cette voûte est ornée de stucs adhérens à des roseaux cloués sur un bâtis en bois.

L'ordonnance extérieure de la loge des Banquiers se compose, dans tout le pourtour, d'arcades, qui reposent, au lieu de pieds-droits, sur deux colonnes doriques accouplées en marbre. Au-dessus de ces arcades s'élève un attique orné de compartimens. Les trois de la façade d'entrée ont des trophées en bas-relief. Les angles de l'enceinte sont renforcés par des bossages. La longueur de cette *loggia* est de 105 pieds, sa largeur de 65.

Le plus long article n'épuiserait pas, s'il fallait n'en omettre aucune, les notions de tous les travaux de Galeas Alessi, et de tous les monumens dont il a enrichi la ville de Gênes et ses environs. Car on ne saurait dire si les maisons de campagne dont cette ville est environnée ne l'emportent pas encore en magnificence sur la richesse, des édifices de son intérieur. Nous nous bornerons donc ici à citer deux ou trois des plus remarquables compositions de notre architecte, en fait de maisons de plaisance, où l'étendue du terrein lui permit d'ajouter ces détails d'agrément accessoires, que comportent rarement les habitations des villes.

Telle est en première ligne la villa Pallavicini. Placé au milieu d'un grand parterre, le palais se présente d'abord au bout d'une belle allée qui y conduit. De ce côté la façade a son milieu en retraite. La face sur le jardin offre une ligne continue. Sur un soubassement fort peu exhaussé en bossages, s'élève un premier étage d'ordre ionique. Le second est orné d'un corinthien cannelé. L'intérieur se compose de peu de pièces, mais grandes et distribuées avec symétrie. L'emplacement du jardin en face du palais a deux grands bassins carrés entourés de balustres, qui fournissent une eau très abondante au reste des plantations, et il se termine par une très belle grotte ornée de mosaïques, où jaillissaient autrefois des eaux vives, qui étaient reçues dans des rochers disposés avec art. D'agréables montées sont disposées d'un côté et de l'autre de cette grotte. Toute cette architecture est aussi sage qu'élégante, et il y règne une richesse modérée qui n'en altère point la pureté.

La villa Giustiniani au bourg d'Albaro est une des plus rares productions de Galeas Alessi. Le premier étage du palais a pour soubassement une sorte de très grosses pierres arrondies. Il est en colonnes doriques; celles du corps du milieu de l'édifice portent trois arcades, qui donnent entrée dans un beau vestibule d'où l'on passe à une salle au rez-de-chaussée, qu'éclairent deux fenêtres latérales. A main gauche est l'escalier principal qui par trois rampes d'une montée commode mène à l'étage supérieur. C'est là que se fait particulièrement remarquer cette belle antisalle en manière de *loggia*, dont la décoration est ce que Galeas Alessi a produit de plus rare et de plus excellent. Il faut y admirer l'élégance des arcades portées d'un côté sur des colonnes, et répétées du côté du mur par de grandes niches. La voûte est ornée de caissons octogones remplis de rosaces très saillantes. Aux deux extrémités sont de grandes niches avec statues. On passe de là dans un vaste salon magnifiquement décoré. Disons aussi qu'en général l'intérieur de ce palais offre une distribution à-la-fois magnifique et commode, pleine de goût et d'intelligence. On y desirerait cependant aujourd'hui, que l'architecte y eût pratiqué un plus petit escalier de dégagement. C'est une chose qui manque généralement au palais de cette époque. Mais ce qui serait de nos jours un besoin auquel l'architecte serait tenu de répondre, n'en était pas un alors. Tant il est vrai qu'en appréciant les ouvrages de l'architecture, il faut savoir tenir compte des convenances et des usages de chaque siècle.

Dans le faubourg de *San Pier d'Arena*, on compte encore plusieurs beaux palais bâtis sur les dessins de Galeas Alessi, entre lesquels on distingue celui de la famille Grimaldi. Mais de plus longues mentions et de plus multipliées en ce genre, excéderaient le plan de notre ouvrage, et fatigueraient inutilement le lecteur, rien n'étant plus monotone que de telles descriptions, lorsqu'on ne peut pas faire participer les yeux à leur intelligence.

Les chefs-d'œuvre dont Galeas Alessi avait rempli la ville de Gênes, pendant le long séjour qu'il y avait fait, attirèrent sur elle l'attention, et l'on pourrait dire l'envie des autres grandes villes d'Italie. Ferrare, Bologne, Pérouse, Milan, se disputèrent le droit de posséder le célèbre artiste, et l'honneur de montrer quelque production de son talent.

Appelé à Bologne, il y construisit, pour le palais du gouvernement, une magnifique porte avec accompagnement de quatre colonnes doriques. L'architecte eut soin, dans la disposition de la frise, d'y faire les métopes toutes égales entre elles pour la largeur. Cependant il ne parvint pas à les rendre parfaitement carrées, bien qu'il ait exhaussé sa frise et qu'il lui ait donné en hauteur au-delà de ce que prescrivent Palladio et Vignola. Dans le même palais il éleva une grande chapelle où il fit preuve d'autant de goût que d'intelligence. On lui dut l'achèvement du palais de l'Institut, sur les dessins de Pellegrino Tibaldi, et plus d'un projet pour le portail, toujours en projet, de la grande église de San Petronio.

Milan peut montrer de Galeas Alessi plusieurs monumens remarquables, que l'on compte parmi les plus beaux de cette grande ville. Tel se voit encore aujourd'hui le magnifique palais de Thomas Marini duc de Torre Nuova. Telle est la belle façade de l'église de Saint-Celse, telle la salle du bâtiment del Cambio qu'on appelle l'Uditorio; tel surtout le temple de Saint-Victor construit par lui de fond en comble.

La réputation de Galeas Alessi était arrivée au point que, de tous les pays, on lui demandait des projets et des dessins de monumens. Il en fit pour Naples et pour la Sicile. Il en envoya en Flandre et en Allemagne.

Mais Pérouse sa patrie devait avoir quelque témoignage de sa prédilection. D'après l'invitation du duc della Corgna, il construisit pour ce seigneur, sur le lac de Trasimène, un des plus vastes palais qu'on connaisse, et qui pourrait prendre rang parmi ceux qu'on destine à être des habitations royales. Le cardinal frère de ce duc lui en fit élever un autre dans une charmante exposition, à peu de distance de la ville.

Si aucun architecte, en étendant à ce point sa réputation, ne multiplia autant les productions de son génie, il faut dire que réciproquement les honneurs dont il fut comblé semblèrent égaler la célébrité de son talent et la diversité de ses mérites. Créé chevalier par le roi de Portugal, il reçut encore de nouvelles distinctions à la cour du roi d'Espagne, qui l'employa à plus d'une sorte de projets pour l'Escurial. A Pérouse, il fut admis avec applaudissement de ses concitoyens, dans le collège noble de la *Mercanzia*. Envoyé avec une mission spéciale auprès du pape, Paul V, il en fut reçu avec une distinction particulière. Ce fut probablement pendant ce nouveau séjour à Rome, que le cardinal Odoardo Farnèse obtint de lui le dessin d'un frontispice pour l'église du Jésus. Mais le projet fut trouvé trop dispendieux.

De retour à Pérouse, et toujours sollicité d'accepter les plus grandes entreprises, Galeas Alessi sentait qu'une grande réputation peut devenir un pénible fardeau. Effectivement son poids augmente de plus en plus, à mesure que les forces diminuent. C'est ce qu'éprouvait cet artiste jusqu'alors infatigable. La force de son esprit survivant à celle du corps, il n'eut pas trouvé de repos, si la mort ne fût venue mettre un terme à ses longs travaux.

Il mourut le dernier jour de décembre 1572. On lui fit de magnifiques funérailles à l'église de San Fiorenzo de Pérouse, et son corps fut déposé dans la sépulture de sa famille.

Aucune épitaphe ne rappelle aujourd'hui le lieu où il repose, et il paraît certain qu'on ne lui éleva aucun monument.

Les monumens qu'on destine à perpétuer la mémoire des morts, n'étant jamais que des compositions d'une matière fragile et périssable, tous les arts auraient en vain tenté d'en consacrer un à Galeas Alessi, qui ne fût, en grandeur et en durée, fort inférieur à celui qu'il s'était construit lui-même, et qui peut défier, plus qu'aucun autre, les efforts du temps. Ce monument est la ville de Gênes elle-même, qui lui doit comme une seconde existence par la magnificence, la splendeur et la solidité de ses édifices, et qui, après que les années auront effacé jusqu'aux dernières traces de tant de pierres sépulcrales, redira encore le nom de Galeas Alessi.

Toutefois, outre les ouvrages qui assurent l'immortalité de son nom, il eut encore l'avantage de se survivre dans une famille, que la grande fortune qu'il lui laissa, mit à portée d'occuper les places les plus importantes, et les plus hauts rangs de la société. Nous trouvons que son nom fut porté avec beaucoup de distinction jusqu'au commencement du dernier siècle, par une suite de personnages dont Pascoli a pris plaisir à faire l'énumération. De semblables détails, précieux pour des compatriotes, conviennent sans doute à la collection particulière des artistes de Pérouse.

Mais nous avons pensé qu'ils devraient être, ou du moins paraître étrangers à l'esprit et au point de vue beaucoup plus général, d'un recueil historique tel que celui-ci, c'est-à-dire borné au choix du petit nombre d'artistes privilégiés, que leur célébrité a fait passer dans cette région idéale de la renommée, où le génie seul peut donner accès.

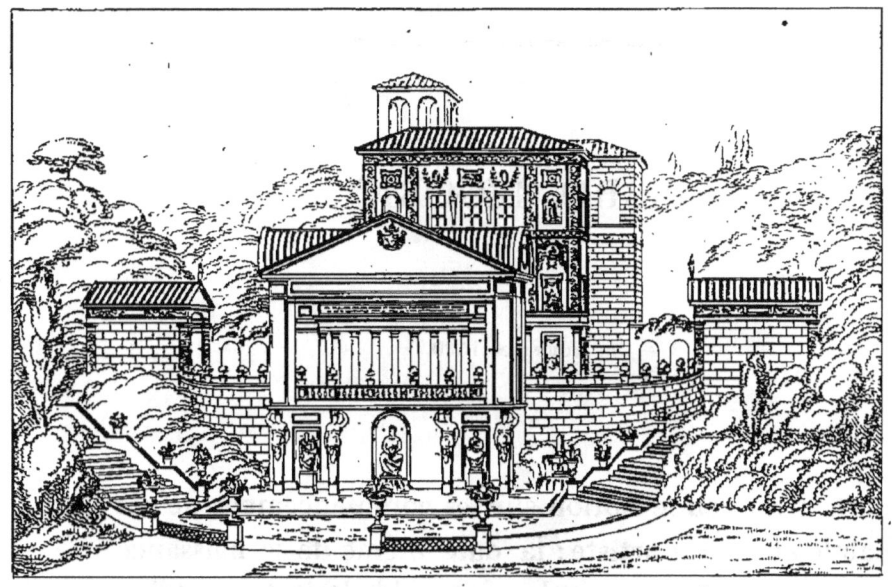

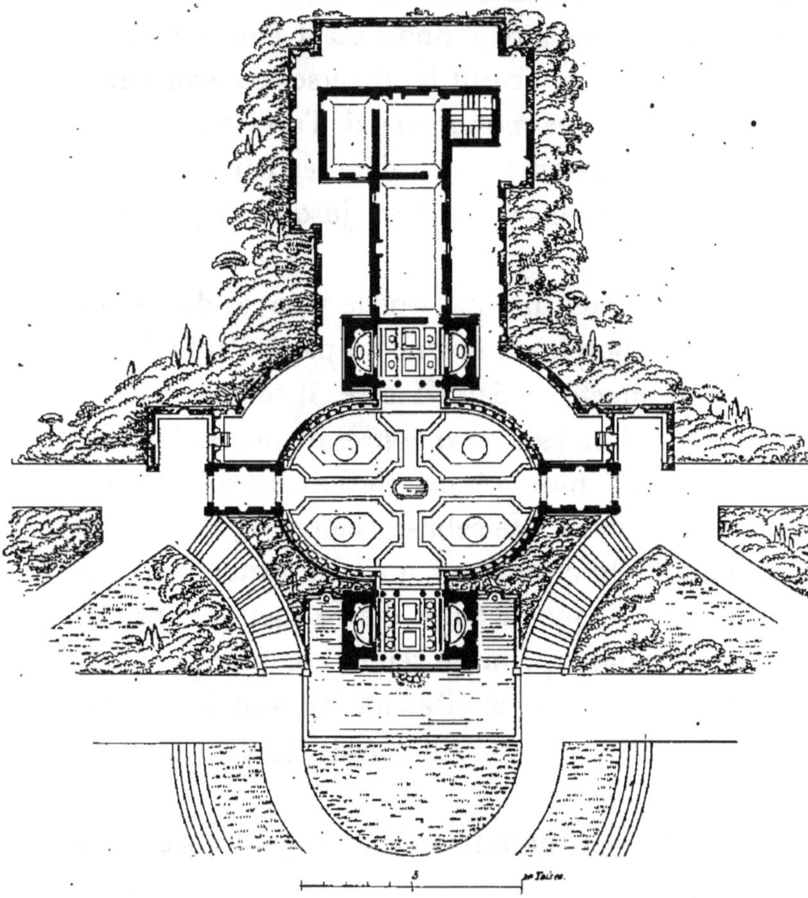

E. Ollivier sc. VILLA PIA, DANS LES JARDINS DU VATICAN, À ROME. T. 1. p. 309.

PIRRO LIGORIO,

MORT EN 1580.

On n'a aucune notion sur les commencemens de cet habile et savant artiste : la date même de sa naissance est ignorée. On sait seulement qu'il était Napolitain, qu'il vint de bonne heure à Rome où il embrassa tous les genres d'études, et acquit les diverses connaissances que peuvent offrir les monumens de l'architecture antique, à celui qui, non content d'imiter leurs qualités, veut scruter les raisons et pénétrer jusqu'aux principes de leur beauté.

Nous ne saurions dire par quelle voie et de quelle manière il avait obtenu la faveur du pape, Paul IV, qui le nomma architecte de Saint-Pierre. Il se peut que le titre de compatriote l'ait servi auprès du pontife. Toutefois quelques difficultés s'étant élevées entre lui et Michel-Ange, l'ascendant de celui-ci l'emporta, il fut privé de son emploi. On croit donc qu'il ne reste dans l'ensemble de la basilique de Saint-Pierre aucun vestige de son talent, à moins qu'on ne veuille compter pour tel, ce que quelques-uns lui attribuent, le dessin du mausolée du pape, Paul IV, qui lui aurait été demandé par Pie IV.

Le seul palais que nous trouvions cité, entre les palais

remarquables de Rome, comme ayant été l'ouvrage de Pirro Ligorio est celui qu'on appelle du nom de *Lancellotti*, et qui, pour le distinguer d'un autre du même nom, est situé à une des extrémités de la place Navona. C'est une fort bonne masse de 130 palmes en longueur, (90 pieds) sur 80 de hauteur (60 pieds) et qui se compose de quatre étages, en y comprenant le rez-de-chaussée, c'est-à-dire les fenêtres du soubassement où l'on compte sept ouvertures avec celle de la porte, dont les montans offrent des rangs de bossages alternativement plus et moins épais; et telle est aussi la disposition de tous ceux qui forment le soubassement. Le reste de la façade de l'édifice est entièrement taillé en refends assez prononcés, également et symétriquement distribués entre les étages et entre les fenêtres, dont les chambranles sont d'un style assez simple. L'entablement n'a rien non plus de fort remarquable. Mais il faut louer dans cet extérieur un accord grave et sévère, et un caractère dont la simplicité même fait l'effet principal.

Soit que Pirro Ligorio, ayant adopté un genre de recherches et de travaux particulièrement liés à la science et à l'érudition de l'architecture, ait moins ambitionné les occasions de mettre son savoir en pratique dans de grandes entreprises, soit que la fortune l'ait moins bien servi, de ce côté-là, que la plupart des célèbres architectes ses comtemporains, il est certain que l'on compte à Rome, où il séjourna long-temps, fort peu d'édifices de lui. Mais, en tout genre, la réputation, du moins celle que la postérité consacre, doit reposer moins sur la quantité que sur la qualité des ouvrages; disons encore que le talent de l'architecte ne doit pas s'estimer par la dimension des édifices. Or, c'est ce que Pirro Ligorio nous a montré dans un des monumens les plus petits, toutefois les plus célèbres de Rome, et dont la réputation a augmenté et augmentera toujours, tant qu'avec la saine critique du goût régnera l'amour des productions du génie.

Je veux parler de la charmante *villa Pia*, autrement dite *Casino del Papa*, qui fait le principal ornement des jardins du Vatican, petite création, mais la plus originale peut-être de l'architecture moderne. Elle est aussi la plus propre à nous donner une idée sensible et vraie, de ce que d'anciens écrivains nous ont transmis par les descriptions de leurs maisons de campagne, en y joignant ce que l'on peut deviner encore, d'après quelques débris d'habitations échappés au temps. A voir, soit dans les variétés du plan de la *villa Pia*, soit dans les détails si élégans de ses élévations, tout ce que son ensemble présente de rare, et de tellement original qu'on ne saurait lui comparer rien de moderne, on serait tenté de croire que Pirro Ligorio en aurait dérobé les conceptions, à quelque reste ou fragment inconnu des anciennes maisons de délices de quelque Lucullus. Certainement il n'en fut rien. Mais Pirro Ligorio n'aurait pas eu besoin d'une telle ressource, quand elle eût été possible. Il avait mieux à faire que de s'approprier un ouvrage antique, ou de le calquer dans un de ses projets, lui qui avait su se rendre propres les principes et la source même où avaient puisé les anciens. Sans aucun doute, sa *villa Pia* en est une émanation, et son esprit tout rempli, comme nous le verrons, des idées et des formes, des doctrines et des pratiques de l'antiquité, n'aurait pu rien produire de lui-même que les anciens, si quelques-uns d'eux étaient revenus au monde, n'eussent avoué pour être leur ouvrage.

Rien n'est plus difficile que de donner par le discours, et de faire saisir par l'esprit, une image déterminée du genre d'agrément et de beauté des œuvres de l'architecture, surtout de celles qui se recommandent avant tout par la finesse et l'élégance des inventions. C'est pourquoi nous emprunterons ici, comme la meilleure version qu'on en puisse trouver, la description abrégée qu'ont donnée de ce charmant et pittoresque ensemble, MM. Percier et Fontaine dans leur ouvrage *des plus célèbres maisons de plaisance de Rome et de ses environs.*

« Elle a été bâtie, disent-ils, à l'imitation des mai-
« sons antiques dont Pirro Ligorio avait fait une étude
« particulière. Cet habile artiste, qui joignait aux talens
« d'un architecte les connaissances d'un savant anti-
« quaire, a su rassembler dans un très petit espace tout
« ce qui pouvait concourir à faire de cette habitation
« un séjour délicieux. Au milieu de bosquets de ver-
« dure, et au centre d'un amphithéâtre orné de fleurs,
« il construisit une loge ouverte qu'il décora de stucs et
« d'agréables peintures. Il l'éleva sur un soubassement
« baigné par les eaux d'un bassin entouré de marbres,
« de fontaines jaillissantes, de statues et de vases. Deux
« escaliers qui conduisent à des paliers abrités par de
« petits murs ornés de niches et de bancs en marbre,
« offrent un premier repos à l'ombre des arbres qui les
« entourent. Deux portiques dont les murs intérieurs
« sont couverts de stucs, donnent entrée d'un côté et

« de l'autre dans une cour pavée en compartimens de
« mosaïque. Elle est fermée par un mur d'appui, et en-
« tourée de bancs agréablement disposés. Il y a une
« fontaine dont les eaux jaillissent du milieu d'un vase
« en marbre précieux. Au fond de la cour et en face de
« la loge, un vestibule ouvert, soutenu par des colonnes,
« précède le rez-de-chaussée du pavillon principal, et
« il est orné de mosaïques, de stucs et de bas-reliefs
« d'une admirable composition. Les appartemens du pre-
« mier étage sont enrichis de peintures magnifiques.
« Enfin du sommet d'une petite loge qui s'élève au-des-
« sus du bâtiment, on découvre les jardins du Vatican,
« les plaines que parcourt le Tibre, et les plus beaux
« édifices de Rome. »

« Cette charmante habitation est entourée d'un fossé
« qui la garantit de l'humidité des eaux, qui tombent de
« la montagne sur le penchant de laquelle elle est bâtie.
« Les mosaïques, les stucs, les peintures, les sculptures
« qui décorent les intérieurs et les façades de cet élé-
« gant édifice, sont les ouvrages des Zuccheri, Barrocio,
« Santi di Tito et autres artistes célèbres, qui ont con-
« couru à la perfection de cet ensemble. »

Sur le fronton antérieur de la loge, ou du petit portique qui, placé au-dessus de la fontaine, sert en quelque sorte de frontispice à toute la composition, on lit l'inscription suivante.

PIUS. JUL. MEDICES. MEDIOLANEN. PONTIF. MAXIMUS.
IN. NEMORE. PALATII. VATICANI. PORTICUM. ABSIDATAM.
CUM. COLUMNIS. NUMIDICIS. FONTIBUS. LYMPHÆO.
IMMINENTEM. E. REGIONE. AREÆ. EXTRUXIT.
ANN. SAL. M. D. L. X. I.

Nous ne trouvons aucune autre mention authentique d'édifices construits par Pirro Ligorio. Est-ce inexactitude de la tradition, négligence des historiens, ou serait-il vrai que, partagé entre les travaux de l'architecture, et ceux des antiquités de cet art, le savant artiste aurait, dans le cours de sa carrière, préféré les études archéologiques de son genre, aux entreprises de l'art de bâtir.

Ce qui est certain, c'est qu'aucun architecte avant lui, aucun antiquaire ne s'était occupé avec autant d'ardeur et de succès, à recueillir et à reproduire par les mesures et par l'image des monumens, autant de restes précieux de l'antiquité. Il en fit d'innombrables dessins à Naples, à Rome et dans le reste de l'Italie.

Il paraît s'être livré plus particulièrement encore au soin d'en rassembler et d'en augmenter la collection, à Ferrare où il alla s'établir en 1568, appelé par le duc Alphonse II qui le nomma son architecte, avec un traitement de vingt-cinq écus d'or par mois. Il se fixa dans cette ville, il s'y maria et y finit ses jours, aimé et estimé des princes de la maison d'Est, qui lui fournirent plus d'une occasion de faire briller ses talens. Il y répara les dommages que la ville éprouva dans une inondation du Pô, et donna les plans de plus d'un édifice.

Mais Pirro Ligorio paraît avoir mis beaucoup plus de soin à faire connaître les ouvrages de l'antiquité, qu'à publier les siens. On sait qu'il existait encore vers la fin du dix-septième siècle, chez ses neveux, une immense collection de ses dessins. Il leur avait aussi laissé ses manuscrits sur l'architecture et les antiquités, ornés d'un grand nombre de beaux dessins, qui passèrent successivement dans les bibliothèques des signori Gardellini et Crispi de Ferrare, et furent ensuite achetés pour le prix de dix-huit mille ducats, par Charles Emmanuel I, duc de Savoie.

Il convient de dire que la plupart de ces dessins manquent de l'exactitude rigoureuse et mathématique, qu'on a depuis donnée aux copies dessinées ou gravées des monumens antiques. Disons même que ce soin minutieux que chaque artiste porte aujourd'hui dans les mesures, les détails et les formes d'un petit nombre d'édifices, il eût été bien impossible à Ligorio d'en user, à l'égard de cette multitude de restes antiques recueillis de toutes parts. C'est donc avec quelque précaution qu'on doit les consulter.

Quoi qu'il en puisse être, comme beaucoup des originaux de ces dessins, ou n'existent plus, ou depuis plus de deux siècles ont singulièrement souffert des outrages du temps, et de l'incurie des hommes, on doit avouer qu'on lui a la très grande obligation d'avoir conservé l'existence de beaucoup de faits, d'autorités, de rapprochemens précieux, d'analogies ingénieuses, d'objets enfin qui, bien qu'inexactement copiés ou manquant de précision, n'en retracent pas moins très fidèlement le caractère et le goût de l'antique, et n'en sont pas moins de précieuses traditions de ses principes.

Quelques critiques, il est vrai, ont, et même de son temps, fait ressortir plusieurs de ses défauts. On lui a reproché d'avoir, faute de bien entendre le latin, donné, à la vérité de bonne foi, des inscriptions supposées. Cependant divers antiquaires et des plus célèbres n'ont pas laissé d'en parler avec éloge; et aux noms des Spanheim, Maffei, Muratori qui l'ont vengé de ces critiques, on doit ajouter celui de Tiraboschi. Enfin Gio. Matteo Toscano, qui se glorifiait d'avoir connu Pirro Ligorio à Rome, le désigne comme un homme *totius antiquitatis peritissimus, nulliusque bonæ artis ignarus.*

Les manuscrits de Pirro Ligorio sont au nombre de 30 volumes in-folio, dont plusieurs étaient dédiés au duc Alphonse de Ferrare. On peut en voir la description dans le catalogue des manuscrits de la bibliothèque de Turin, *vol.* 2. Suivant quelques voyageurs, le nombre de ces manuscrits s'élevait à quarante volumes, et les dix qui manquaient à Turin se trouvaient à la bibliothèque royale de Naples. On en conserve douze dans celle du Vatican, mais ce sont des copies faites sur les originaux par ordre de Christine de Suède.

Il n'a été publié jusqu'à ce jour, que quelques parties détachées de cet immense recueil, par exemple, un volume sur les antiquités de Rome : *Delle antichità di Roma nel quale si tratta de' circhi, teatri, e anfiteatri, con le paradosse,* Venise, 1653; un opuscule *de Vehiculis,* traduit en latin, et publié par Scheffer, Francfort, 1671.

Mais l'œuvre de Pirro Ligorio que les artistes connaissent le plus, est la restitution conjecturale qu'il fit de l'antique Rome, dans un vaste tableau, où tous les édifices de cette grande ville, dont les restes et les notions de l'histoire ont conservé des vestiges ou de simples mentions, se trouvent retracés en élévations. Les élémens de ce travail étaient sans doute beaucoup plus nombreux au temps de cet architecte, et l'on y reconnaît une imitation assez fidèle, bien qu'abrégée, des monumens qui subsistent encore. Il faut dire que, de beaucoup, le plus grand nombre de ces plans d'édifices et de leurs élévations, ne présente que des compositions arbitraires, et qui n'ont pu avoir aucun modèle positif. Toutefois rien ne donne mieux l'idée de ce qu'ils durent être. Pirro Ligorio en avait recueilli de toutes parts les indications, soit sur les bas-reliefs, soit sur les revers des médailles. Et puis, ayant la tête meublée de tous les types de l'architecture, de toutes les formes, de tous les détails et de toutes les compositions antiques, il n'eut d'autre peine dans ce grand travail, que d'y déposer, en les ordonnant et les diversifiant, les innombrables combinaisons que le génie ancien sut tirer, sans jamais se répéter, de quelques principes simples, et d'un petit nombre de types féconds en variétés de tout genre.

La vue et l'étude de ce tableau de l'antique Rome peut être aussi utile à l'antiquaire qu'à l'architecte, qui sauront y puiser, non des notions ou des modèles, qu'on doive prendre au mot ou copier servilement, mais des analogies propres à guider le jugement, ou des inspirations susceptibles de devenir, par l'exercice de l'imagination, un riche supplément aux acquisitions que la mémoire fournit à l'artiste, et aux études positives qu'il peut faire d'après les ruines encore existantes.

Pirro Ligorio avait restitué le plan général de la *villa Adriana* à Tivoli, et dans un temps où il devait subsister beaucoup plus de témoins, qu'il n'en reste aujourd'hui, de ce vaste ensemble de constructions. Francesco Contini l'a fait graver en 1751, et il y a joint une description par lettres de renvoi, mais trop succincte. On doit regretter qu'il n'ait pas reproduit tout ensemble la notice dont son auteur l'avait accompagnée, et qui à une plus grande étendue, joint beaucoup de faits curieux et de recherches savantes.

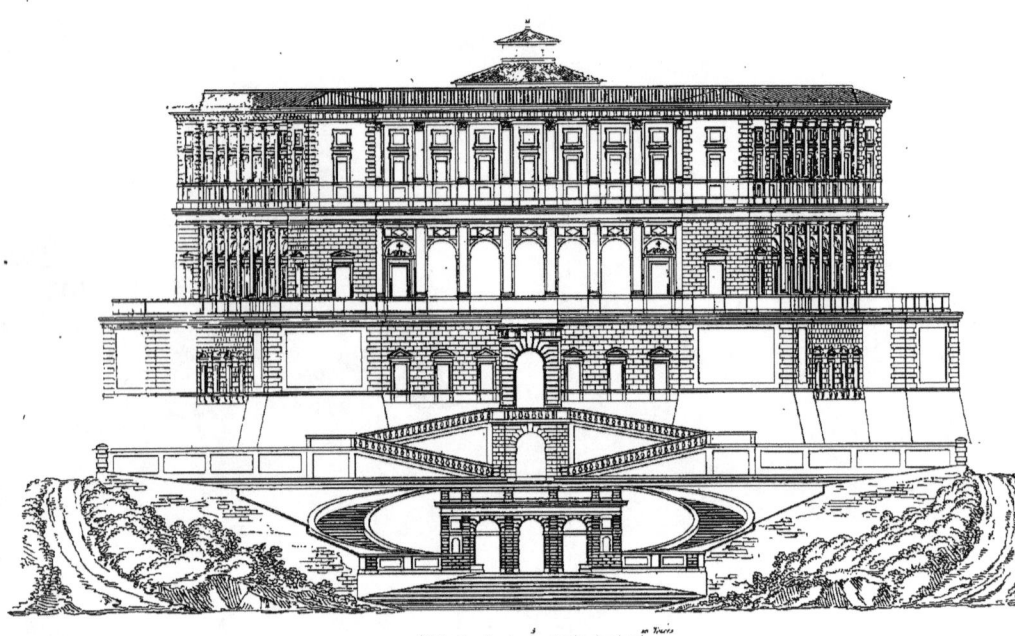

CHÂTEAU DE CAPRAROLA, PRÈS DE ROME.

Jacques BAROZZIO (dit Vignola),

NÉ A VIGNOLA EN 1507, MORT EN 1573.

Cet architecte célèbre, que ses ouvrages et ses écrits ont fait nommer le législateur de l'architecture moderne, naquit, en 1507, à Vignola, terre située dans le Modénais, et dont il prit le nom, sous lequel il a continué d'être généralement connu. Celui de sa famille n'était point obscur. Clément Barozzio son père, gentilhomme milanais, aurait dû, outre l'avantage de la naissance, lui laisser de grands biens. Mais les guerres civiles de Milan le ruinèrent. Retiré à Vignola, il chercha surtout, par l'alliance qu'il contracta avec la fille d'un officier allemand, à réparer ou adoucir les torts de la fortune. Jacques Barozzio fut le seul fruit de cette union. Les heureuses dispositions que la nature semblait se hâter de développer dans cet enfant, promettaient au père un avenir plus heureux. Cependant celui-ci mourut, et il laissa son fils en bas âge, privé de toutes ressources, excepté de celles du génie.

Des pronostics rarement trompeurs avaient indiqué à la mère du jeune Vignola, le vœu de la nature pour son fils. Elle étudia ses dispositions naissantes, et résolue à en favoriser le développement, elle l'envoya à Bologne y apprendre les principes du dessin. La peinture, à laquelle on l'avait appliqué, eut les prémices de ses études, mais la lenteur de ses progrès dans cet art, put contribuer à lui révéler plus clairement encore le goût qui l'appelait à l'architecture. Ses premiers pas dans cet art furent dirigés par la science de la perspective, dont il avait à lui seul deviné plus d'un secret. Il ne dut qu'à ses propres recherches les règles pratiques qu'il nous en a transmises, dans un petit traité sur cette matière. Ces règles, il se plaisait à en faire des applications sur des dessins d'architecture, qui étendaient d'autant plus sa réputation à Bologne, que François Guichardin, gouverneur de cette ville, les faisait exécuter en marqueterie.

Mais Vignola comprit bientôt que l'intelligence de Vitruve, et les connaissances spéculatives qu'on acquiert dans les livres, ne suffisent point à l'architecte, et que rien ne peut suppléer pour lui l'étude des grands modèles de l'antiquité. Il prit donc le parti d'aller consulter dans les monumens de Rome les véritables maîtres de son art, et de fixer son séjour, où cet art a fixé aussi sa véritable école. Cependant le besoin de subsister et de soutenir sa famille lui fit reprendre le pinceau, sans toutefois lui faire abandonner ses nouvelles études. Alors il se formait à Rome une académie d'architecture, sous les auspices de plusieurs personnes de la première qualité. Vignola fut chargé de faire pour cette académie naissante, les dessins de tous les édifices antiques de Rome. Ce travail décida entièrement son goût, et le fixa définitivement à l'architecture.

Vers l'an 1537, Vignola quitta Rome, pour accompagner Primaticio, peintre et architecte Bolonais, qui le conduisit en France. Plusieurs dessins qu'il présenta à François Ier le firent connaître et accueillir du monarque. Il employa les deux années de son séjour en ce pays, à faire des projets et des modèles d'édifices, dont la guerre ne permit point l'exécution.

De retour à Bologne, il composa, pour le frontispice de la grande église de San Petronio, un fort beau projet, dans lequel il s'étudia à conserver le caractère de l'intérieur du monument, par un mélange habile du goût antique avec les erremens du gothique. Un seul ordre y domine, et la composition générale se fait remarquer par la sobriété des détails. Aussi obtint-elle la préférence entre toutes les autres, et mérita-t-elle les éloges de Jules Romain et de Christophe Lombard, architecte de l'église de Milan, malgré tout ce que l'envie des compétiteurs fit pour discréditer l'auteur.

Ce fut vers cette époque que Vignola bâtit le magnifique palais du comte Isolani à Minerbio, près de Bologne, et dans cette ville, la maison d'Achille Bochi, édifice dont le goût pesant ne doit être attribué qu'à la fantaisie du propriétaire, qui voulut que d'énormes bossages alourdissent encore les colonnes de la porte d'entrée. Dans le portique du Change notre architecte fit preuve d'autant d'habileté que de goût. C'était moins une construction nouvelle, qu'une sorte de rhabillement, dans lequel il fallait se raccorder avec toutes sortes d'antécédens fort disparates. Rien n'exige peut-être plus d'invention et de ressources que l'art de pareils raccordemens. Mais l'ouvrage le plus utile qu'il fit à Bologne est le canal du Naviglio qu'il acheva, et conduisit jusqu'à la ville dans une longueur de trois milles. Mal récompensé de ce travail, il se retira à Plaisance, où il donna le plan du palais ducal. Il en jeta les fondemens, et laissa la conduite de l'ouvrage à son fils Hyacinthe.

On ignore dans quel temps précis Vignola bâtit les églises de Massano, de Saint-Oreste, de Notre-Dame-des-Anges à Assise, et la belle chapelle de Saint-François à Pérouse, de même qu'un grand nombre d'édifices en différentes parties de l'Italie.

Il revint à Rome, et fut présenté par Georges Vasari au pape Jules III. Ce pontife pendant sa légation à Bologne y avait connu Vignola. Il le nomma son architecte, et lui confia la conduite de l'aqueduc de Trévi. Des travaux plus importans justifièrent bientôt la confiance du pape, qui lui fit construire hors de la porte *del Popolo* une maison de plaisance connue sous le nom de *Papa Giulio*. Elle ne fut point terminée, et elle se trouve aujourd'hui abandonnée. Le corps principal avait été commencé par Georges Vasari, mais Vignola donna les plans de tout le reste, c'est-à-dire de la cour, formée par une colonnade circulaire en pierre, avec la fontaine renfoncée au pied du bâtiment, et que décorent des thermes en marbre, des escaliers et une balustrade tout à l'entour. L'ouvrage tient de la première manière de cet architecte. La décoration de la façade, gravée dans ses œuvres, consiste en un ordre toscan orné de bossages, avec avant-corps de deux pilastres, et de deux colonnes engagées d'un quart de leur diamètre. L'ordre supérieur est corinthien, mais seulement en pilastres.

A peu de distance de cette *villa*, et sur la même voie

Flaminienne, on admire un autre ouvrage de Vignola. C'est un petit temple circulaire, connu sous le nom d'église de Saint-André. Sa masse s'élève sur un rectangle que surmonte une coupole ovale; celle-ci est renforcée en dehors par trois grandes marches ou gradins, à l'imitation du Panthéon. L'intérieur de l'édifice présente la même ordonnance que le dehors, c'est-à-dire un ordre corinthien en pilastres. L'entablement y est sans corniche, suppression qu'on peut regarder comme convenant fort bien, d'après le système originaire de l'architecture grecque, à l'emploi des ordres au-dedans des édifices. En face de la porte, est situé, dans une partie renfoncée, le principal autel. Aux deux grands côtés du rectangle, s'élève une niche dont l'imposte se termine aux pilastres. En dehors, ce qui forme le frontispice du monument est un avant-corps peu saillant orné de quatre pilastres corinthiens, et d'un fronton ; le tout très d'accord avec l'intérieur. La porte est d'une belle simplicité. Les fenêtres en forme de niche qui l'accompagnent sont d'une heureuse proportion. On peut seulement reprocher aux ornemens qui se trouvent entre les chapiteaux des pilastres, un goût qui tient du capricieux. Le plan de tout l'édifice est bien conçu, sa disposition est sage. L'élévation générale tant intérieure qu'extérieure, offre une application, aussi bien entendue qu'on puisse la desirer, des erremens et du style de l'antiquité, aux usages et aux convenances modernes.

Vignole répara, ou pour mieux dire rajusta pour les comtes de Monti, ce palais qui dans la suite passa aux grands-ducs de Toscane, et qu'on nomme communément à Rome le palais de Florence. Il jeta les fondemens d'un autre édifice pour les mêmes comtes de Monti, vis-à-vis du palais Borghèse; mais la construction ne fut pas élevée au-delà du soubassement. On doit encore citer de lui quelques autres ouvrages auxquels, malgré leur peu d'importance, sa réputation a conservé de la célébrité; comme par exemple certains détails du palais Farnèse, et la partie de ce palais où est la galerie de Carrache; comme une belle porte à la chancellerie, et une plus renommée encore, celle de l'église de Saint-Laurent et Damas; comme enfin le frontispice des jardins Farnèse, au Campo Vaccino, qu'il exécuta par les ordres du cardinal Alexandre Farnèse.

Mais la protection de ce cardinal, grand amateur des arts, et juste appréciateur des talens de Vignola, devait conduire notre artiste à de plus hautes entreprises. Le pape Paul III venait d'approuver l'institut des Jésuites. Alexandre Farnèse, neveu du pontife, zélé pour la gloire de cette société naissante, voulut lui faire construire, avec beaucoup de magnificence, l'église qu'on nomme le Jésus, et qui fut celle de leur maison professe. Il en confia la construction à Vignola qui en jeta les fondemens l'an 1568. Cet architecte l'éleva jusqu'à la corniche. La mort l'ayant empêché d'y mettre la dernière main, ce fut Jacques de la Porte, son élève, qui en termina la voûte ainsi que le dôme, et fit la chapelle de la Vierge. Le dessin du maître ne fut pas très scrupuleusement respecté par l'élève, et l'on regrette que le portail de l'église n'ait pas été exécuté tel que Vignola l'avait projeté. Le plan de cette église est celui d'une croix latine, dont l'extrémité supérieure se termine en un demi-cercle. Sa longueur est de 216 pieds dans œuvre. La voûte a 90 pieds d'élévation. La nef est de chaque côté percée de quatre arcades, dont les pieds-droits sont décorés de pilastres accouplés d'un ordre corinthien composé. Le cintre des arcades ne s'élève guère que jusqu'aux deux tiers de la hauteur de l'ordre, le surplus de cette hauteur est occupé par des tribunes ménagées dans l'espace de l'élévation, qu'auraient occupé sans elles les bas-côtés. Cette nouveauté fut goûtée, et reçut l'approbation générale. On admira aussi la pureté des profils, et la distribution élégante des principales parties de l'ordonnance. Aujourd'hui on y desirerait plus de richesse, surtout quand on la regarde dans son rapport avec la voûte en berceau qui la surmonte. Mais cette voûte, ainsi que tout le reste de la décoration, n'étant point l'ouvrage de Vignola, on ne saurait lui attribuer l'effet de ce manque d'harmonie. Il est bien probable que, s'il eût achevé lui-même son ouvrage, il aurait ménagé entre l'architecture et la décoration, un meilleur accord que celui qui y règne. Il n'aurait point tourmenté d'autant de figures et d'ornemens postiches, les chambranles des fenêtres, ni brodé d'autant de détails, au-dessus de la corniche, l'espèce de plinthe d'où part la naissance de la voûte. On sait que Jacques de la Porte fut trop enclin à porter dans les masses et les détails des édifices qu'il construisit, le style peu sévère et le goût de superfluités, dont il avait emprunté les habitudes à l'art de stucateur qu'i avait d'abord exercé.

Mais le plus grand ouvrage de Vignola, et qu'il eut l'avantage de terminer, fut le célèbre château de Caprarole, construit pour le cardinal Farnèse. Il est situé à huit ou dix lieues de Rome du côté de Viterbe. L'emplacement fut choisi sur un lieu élevé, solitaire, mais d'où l'œil peut embrasser une vue des plus riches et des plus étendues. Cette situation pittoresque devait suggérer le plan et l'idée d'une composition variée et théâtrale, qu'un terrein plat ou uniforme n'aurait pu ni inspirer ni produire. L'architecte, ayant à bâtir au sommet d'une colline qu'environnent des rochers et des précipices, put se permettre un déploiement de lignes, de masses et d'accessoires, qui ajoutèrent une valeur singulière au corps principal.

La forme générale du château est un pentagone dont le soubassement flanqué de cinq espèces de bastions, donne à l'ensemble une certaine apparence de forteresse, et lui impriment, par un mélange des deux caractères d'architecture civile et militaire, un style imposant de force et de grandeur. Un portique composé de trois arcades, avec ordonnance dorique et construit en bossages, précède une cour circulaire, et est en quelque sorte le frontispice de la composition. Cette cour environnée de deux rampes tournantes vous conduit à un second perron, où une autre porte sert de point de départ et d'appui à deux nouvelles rampes, lesquelles aboutissent à un terre-plain, construit en talus, servant comme de premier soubassement. Le second soubassement, qui est le véritable, s'élève immédiatement au-dessus, et en saillie sur la grande masse du château; cette saillie fait terrasse dans les cinq faces du pentagone. C'est au milieu du massif de ce soubassement que s'ouvre la porte qui donne entrée dans l'intérieur de la cour. Le principal corps, ou le château proprement dit, se compose de deux étages ou de deux seules ordonnances, qui forment son élévation totale. La face antérieure du pentagone présente, dans son premier étage, une galerie d'ordre ionique ou de portiques, avec pieds-droits et arcades séparées par des colonnes, le tout d'un style élégant et d'une exécution pure. L'étage supérieur est percé d'un double rang de fenêtres; celui d'en haut consiste en petites ouvertures qu'on appelle *mezzanino*. Les trumeaux sont ornés d'un ordre corinthien élevé sur des piédestaux qui ont la hauteur des appuis de fenêtres. L'entablement qui le couronne se compose de consoles, dont les intervalles reçoivent des ornemens : le tout est surmonté d'une balustrade. Les encoignures de cette façade forment des avant-corps, qui ne sont décorés d'aucun ordre. Au premier étage ce sont des refends, avec deux chaînes de bossages. Le second étage n'a de bossages ou de refends qu'à ses angles.

L'intérieur de la cour, construite sur un plan circulaire, n'offre dans ses deux étages, ni moins de variété, ni moins de noblesse. Ce sont deux rangs de portiques l'un au-dessus de l'autre, formant galerie continue tout alentour. Le portique inférieur est composé de dix arcades, dont les pieds-droits sont percés d'ouvertures en forme de niches quadrangulaires; au-dessus de l'imposte il y a de pareils percés, mais ces sortes de niches sont entièrement circulaires. Toute cette construction en bossages a un caractère mâle et grandiose. Même disposition à l'étage supérieur; mais les larges pieds-droits des arcades sont décorés chacun de deux colonnes ioniques à demi engagées, et entre lesquelles se trouve une niche carrée. Peut-être trouverait-on à blâmer dans l'entablement qui les couronne le ressaut qu'elles y occasionent. Le dessus de ce second ordre de portiques est couvert d'une terrasse qui règne autour de la cour.

La plus simple énumération des grandes parties de ce vaste ensemble, et des détails architectoniques, dont on peut offrir l'exemple ou la leçon aux étudians, porterait cet article fort au-delà de l'espace qui lui convient. Cependant nous devons faire remarquer comme un chef-d'œuvre en son genre, et une des beautés de ce palais, l'escalier en limaçon où Vignola se plut à montrer son goût et son habileté.

C'est dans les descriptions expresses qui ont été faites de ce beau monument de l'art du seizième siècle (et entre autres dans l'ouvrage de MM. Debret et Lebas), que l'artiste et l'amateur doivent aller chercher de quoi se former une juste idée de cette multitude de détails classiques, d'ornemens poétiques dont l'intérieur offre le recueil le plus nombreux et le plus varié. Le goût des peintures dont les murs de tous les appartemens sont couverts, y répond à la sagesse du style de l'architecture. Annibal Caro, un des beaux esprits de cette époque, dirigea dans leurs compositions et leurs inventions, le pinceau des célèbres Zuccari qui célébrèrent à l'envi les belles actions des Farnèse. Chaque chambre consacrée, ou à quelque trait historique, ou à quelque sujet allégorique, porte un nom indicateur de l'objet sur lequel le peintre s'est exercé. L'une est dédiée au sommeil, l'autre à l'étude, d'autres le sont au silence ou à la solitude, certaines aux vertus ou aux saisons figurées avec leurs attributs respectifs. On en voit dont la décoration consiste en perspectives peintes par Vignola lui-même, qui réussissait particulièrement dans ce genre.

Disons encore qu'un des rares mérites de ce château, et qu'on ne se lasse point d'y admirer, est l'intelligence que l'architecte a portée dans les distributions et dans la combinaison de toutes leurs parties. L'entente de la commodité, par le secret des dégagemens, y est portée au plus haut point. Quatre appartemens très vastes à chaque étage y sont disposés de manière à ce que chacun se dégage par les portiques circulaires dont on a parlé, et qui règnent autour de la cour ; on peut entrer ainsi dans chacun, et l'on en peut sortir sans en traverser aucun autre.

La réputation du château de Caprarola y attira dans le temps une foule de curieux et de connaisseurs; et sa renommée qui n'a été qu'en augmentant, quoique depuis long-temps il ait été délaissé, ne cesse pas d'y en amener tous les jours. On se souvient encore de l'éloge qu'en fit le célèbre Daniel Barbaro, qui fut le plus grand connaisseur de son siècle en architecture ; il voulut voir par lui-même un ouvrage que la voix publique exaltait avec enthousiasme. L'examen scrupuleux qu'il en fit augmenta de beaucoup l'opinion que les récits lui en avaient fait concevoir. Il avoua que sa réputation, pour grande qu'elle fût, était encore au-dessous de son mérite: *non minuit, immo magnoperè vicit præsentia famam.* Ce sont les propres paroles du célèbre commentateur de Vitruve.

Philippe II, roi d'Espagne, faisait alors travailler au bâtiment de l'Escurial; ce vaste édifice était à peine commencé. Le baron Berardino Martirani fit remarquer dans le plan projeté des défauts auxquels il était encore temps de remédier. Les travaux furent suspendus. Le baron partit pour l'Italie, chargé par le monarque de demander des projets aux plus habiles architectes de ce pays; il en recueillit vingt-deux, parmi lesquels il s'en trouvait de Galeas Alessi, de Pellegrino Tibaldi, d'André Palladio, et d'autres artistes célèbres. Il les communiqua tous à Vignola; celui-ci fit un choix judicieux des plus belles parties de chacun de ces plans, y joignit encore ses propres idées, et fit résulter de cette combinaison un ensemble d'une grande supériorité, qui obtint une approbation générale. Le roi d'Espagne desirait attirer Vignola à son service, et il lui fit faire les propositions les plus avantageuses, mais inutilement. Cet artiste s'excusa sur son grand âge et sur les travaux de l'église de Saint-Pierre, dont il était devenu architecte depuis la mort de Michel-Ange.

Vignola n'aurait échangé contre aucune autre entreprise, l'honneur de succéder à ce grand homme, dans l'importante fonction dont il s'acquittait, avec le zèle d'un héritier jaloux d'exécuter scrupuleusement les intentions de son prédécesseur. Michel-Ange, comme on l'a vu à son article, avait conçu Saint-Pierre selon la disposition d'une croix grecque, c'est-à-dire avec quatre croisillons égaux, qui ne devaient servir, en quelque sorte, que de vestibule ou d'introduction à la coupole centrale, laquelle, dans cette vue, devenait le corps principal du temple. Or cet effet devait être le même à l'extérieur du monument qui, d'après ce plan, moins long de 250 pieds, dans sa partie antérieure, qu'il n'est devenu par l'addition de la nef de Charles Maderne, aurait offert un rapport beaucoup plus direct entre la coupole et le portail. C'était donc la coupole que le projet de Michel-Ange voulait faire triompher, et il est fort à croire que, pour la faire mieux valoir, il avait légué à son successeur l'idée de l'accompagner par quatre coupoles subordonnées dans leur dimension à la grande. En ajoutant plus de nombre et de magnificence à l'ensemble, elles devaient servir comme de mesure et d'échelle à l'œil du spectateur, pour apprécier la hauteur et la capacité de la masse, destinée à pyramider au milieu de ses accompagnemens.

Voilà ce que Vignola fut chargé d'exécuter, et c'est de lui que sont les deux petits dômes qui se présentent aujourd'hui dans la partie antérieure de l'église, comme satellites de la grande coupole. Si les deux autres qui devaient leur correspondre dans la partie postérieure ne furent point exécutées, outre plus d'une cause qui put alors en suspendre l'exécution, il est à présumer qu'il ne dut plus être question de compléter le nombre de quatre petits dômes; d'abord parce que la situation de l'église de Saint-Pierre est telle, que sa partie postérieure ne saurait avoir que très peu de spectateurs; ensuite parce que les deux petits dômes exécutés par Vignola remplissent suffisamment les diverses conditions dont on a parlé, du côté antérieur, le seul qui soit bien en vue de toutes parts et à tout le monde; enfin il est sensible que le prolongement de l'église, par Charles Maderne, en ayant fait une croix latine avec une nef immense en longueur, la grande coupole dut cesser d'être l'objet principal, et en quelque sorte total de ce nouvel ensemble. Dès-lors on n'éprouva plus le besoin de la faire valoir et pyramider dans tous les sens et sous tous les points de vue environnans.

Du reste Vignola sut entrer parfaitement dans l'esprit qui dicta l'érection de ces petites coupoles collatérales. Leur proportion, tant en hauteur qu'en largeur, est à-peu-près le tiers de la grande, c'est-à-dire qu'elles ont à l'extérieur 60 pieds de diamètre, et autant du bas de leur tambour jusqu'à la naissance de leur lanterne. Partout ailleurs ce serait encore des monumens assez remarquables. Là, au contraire, on n'y fait d'attention que pour remarquer qu'on les y remarque à peine; et c'était là l'effet qu'on leur demandait, effet qui, en chaque genre d'harmonie, est et doit être celui de tout ce qui n'est appelé qu'à jouer un rôle secondaire, d'opposition ou de comparaison. Quant à la forme, au style, au caractère d'architecture et de décoration, Vignola était trop habile pour ne pas comprendre qu'il devait mettre ces accessoires d'accord avec le principal. C'est ce qu'il fit dans les masses, dans les détails et les parties d'ordonnance; et il eut encore le bon esprit de ne pas en faire des copies réduites de la maîtresse coupole. Cette redite eût été fastidieuse. Il y a tout ce qu'il faut de ressemblance pour que le tout paraisse de la même main, et ensuite tout ce qu'il fallait de variété pour éviter la monotonie de la répétition. Vignola eut encore part dans la construction de Saint-Pierre à l'achèvement du revêtissement, en travertin, de l'extérieur de l'église, du moins de la totalité de cet extérieur, tel qu'il avait été commencé par Michel-Ange, selon le plan et l'étendue qu'il devait avoir, avant le prolongement dont on a parlé plus haut.

Vignola s'était dévoué entièrement au service de Rome, qu'il regardait comme sa patrie. Le pape Grégoire XIII lui donna une marque honorable de confiance, en le chargeant de terminer les différends qui s'étaient élevés du côté de la ville de Castello, sur les limites des deux pays, entre la cour de Rome et la Toscane. L'artiste s'acquitta de cette commission avec autant de zèle que d'intégrité. A son retour le pape lui témoigna toute sa satisfaction, et l'entretint plus d'une heure de différens projets. Vignola devait se rendre le lendemain à Caprarola. La fièvre occasionée par une indisposition récente dont il n'était pas entièrement rétabli, le surprit la nuit même, et l'enleva le septième jour dans sa soixante-et-sixième année.

L'académie du dessin lui fit de magnifiques obsèques. Son corps, accompagné de tous les académiciens, fut porté avec pompe dans l'église de la Rotonde (le Panthéon) où il fut inhumé. On regarda comme une circonstance heureuse, que les restes du plus zélé sectateur de l'art des anciens, fussent déposés dans le plus beau reste de l'architecture antique.

Nous n'avons fait ici mention que des principaux ouvrages de Vignola, c'est-à-dire de ceux sur lesquels se fonde particulièrement sa réputation. Nous aurions pu, sans ajouter beaucoup à ses titres de gloire, allonger cet article de la description de plusieurs de ses autres monumens, tels que le *Studio publico* à Bologne, à Frascati l'amphithéâtre d'eau de la *villa Borghese*, à Rome l'église de *Santa Anna de' Palafrenieri*, l'oratoire de Saint-Marcel et divers palais qu'on lui attribue.

Mais nous bornerons encore ici à peu de paroles ce

qui pourrait être ailleurs la matière de longs développemens, savoir la mention qu'on ne saurait omettre, de l'ouvrage qui assure sans aucun doute à Vignola la réputation la plus durable, et qui fera vivre encore son nom, après que la main du temps aura détruit ses édifices. On veut parler du traité dans lequel il a réduit l'architecture en règles, la fixant autant qu'il est possible, par des mesures convenues et assujéties à un principe constant. Cet ouvrage a été traduit dans toutes les langues; il le composa dans les dernières années de sa vie, temps auquel les connaissances doivent avoir subi l'épreuve de l'expérience, et il le fit exécuter sous ses yeux.

On peut voir, dans la préface même de son livre, l'esprit dans lequel il le composa, esprit éloigné de tout système; on y voit que, dans les monumens antiques qu'il prit pour régulateurs, il avait étudié les raisons sur lesquelles peuvent se fonder les règles, au lieu de se borner à l'autorité routinière des exemples. Ainsi à l'égard de chacun des ordres, il observa quels sont parmi les monumens antiques où ils sont employés, ceux qui d'un commun et unanime consentement de tous les temps et de tous les hommes, sont réputés les plus beaux. Il remarqua qu'ils doivent tous cet accord d'une approbation générale, à une certaine propriété qu'ils ont, d'offrir dans leur composition une correspondance de détails faciles à saisir, de rapports simples et clairs et qui se déduisent aisément les uns des autres, un ensemble enfin dans lequel les plus petites parties se trouvent, par un lien sensible d'harmonie, comprises et ordonnées régulièrement dans les plus grandes, toutes choses qui constituent le principe des proportions.

C'est par suite de ces observations que Vignola, dans la fixation des rapports entre les parties de sa *modénature*, ne s'est jamais écarté des proportions qui sont les plus grandes, par cela qu'elles sont les plus simples, comme sont les rapports du double, du quart ou du tiers. Cette méthode, en produisant l'agréable effet de son architecture pratique, considérée dans ses édifices, a aussi procuré un singulier avantage à son traité théorique sur tous les autres. Rien n'est d'une exécution plus facile, et d'une combinaison plus simple que son système de proportions.

Il est constant qu'aucun maître ne s'est plus identifié par ses mesures avec les erremens qu'ont suivis les anciens. Il ne s'en écarte quelquefois qu'en faveur d'une plus grande facilité. C'est lui qui le premier fixa les règles de la diminution et du renflement des colonnes. S'il s'est écarté des principes de Vitruve, lorsque celui-ci établit pour les colonnes grêles une moindre distance d'entre-colonnemens, que pour les colonnes plus fortes, c'est qu'à l'exemple des anciens, il admet constamment l'égalité d'espacement entre toutes les mesures de diamètres, bien entendu que les colonnes ne seront pas séparées par des arcades. Dans ce dernier cas, c'est sur la largeur des arcades qu'il règle celle des entre-colonnemens. Tous ces détails au reste, qui ont besoin du secours des figures pour être bien entendus, trouveraient inutilement ici plus d'étendue. Qu'il nous suffise de dire que le traité des cinq ordres de Vignola est devenu le Manuel des Architectes, et a mérité à son auteur le titre de législateur de l'architecture.

Les qualités morales de cet architecte égalèrent ses talens, et lui valurent l'estime et l'amitié de tous ceux avec lesquels il eut des rapports. Il était d'une humeur vive et gaie, d'un caractère doux et facile, franc dans ses discours, ami de la vérité, patient, mais surtout infatigable dans le travail. A toutes ces qualités se joignait chez lui une générosité sans bornes et le désintéressement le plus rare. Les nombreux travaux qui occupèrent toute sa vie, auraient dû lui procurer une grande fortune; mais, insouciant à cet égard, il ne voulut ni ne sut jamais amasser ni conserver de richesses. Il avait, disait-il, toujours demandé à Dieu de n'avoir ni besoin ni superflu. Aussi ne laissa-t-il à son fils Hyacinthe que l'exemple de ses vertus et la réputation de son nom.

AMMANATI.

COUR DU PALAIS PITTI, À FLORENCE.

PONT DE LA TRINITÉ, À FLORENCE.

AMMANATI (BARTOLOMEO),

ARCHITECTE FLORENTIN,

NÉ EN 1510, MORT EN 1592.

On n'a que peu de renseignemens sur la famille et les premières années d'Ammanati; mais les heureuses dispositions qu'il montra de fort bonne heure (selon Baldinucci) font croire que son premier âge avait été cultivé avec soin. Lui-même, dans des notes trouvées parmi ses papiers, nous a appris qu'il perdit son père à douze ans, et que pour lui, toute la fortune paternelle s'était bornée à un petit bien de campagne, de la valeur de trois cents ducats, et à une maison dont le fonds pouvait être porté au double de cette somme, ou peu au-dessus. Ce qu'il y eut donc de plus réel pour lui dans cet héritage, fut la nécessité de s'adonner au travail pour vivre. Son inclination le portant vers les arts du dessin, il choisit la sculpture, et entre les écoles d'alors, celle de Baccio Bandinelli, célèbre sculpteur florentin, dont il reçut les premières leçons. Mais bientôt, soit à cause de l'humeur fantastique du maître, soit légèreté de la part de l'élève, le jeune Ammanati quitta son école, ainsi que Florence, pour aller à Venise étudier sous Jacques Tatti, autrement dit le célèbre Sansovino. Il y fit de rapides progrès. De retour à Florence, il n'eut plus d'autre maître que la sculpture des tombeaux des Médicis, ouvrages de Michel-Ange, et bientôt il se fit connaître par des morceaux de sa composition.

On met au nombre de ses premières productions un Père éternel et deux Anges de bas-relief, une Léda qui fut envoyée au duc d'Urbin, et trois statues de grandeur naturelle, qui furent transportées à Naples, où elles décorent le tombeau du célèbre poète Sannazar. Appelé à Urbin, il fit le mausolée du duc François-Marie, et quelques autres ouvrages en stuc. De retour à Florence, on le chargea de la sculpture d'un tombeau, dont quelques circonstances traversèrent l'exécution. Dégoûté par les tracas que lui causa cette entreprise avortée, Ammanati quitta de nouveau Florence pour Venise, où il reparut en artiste consommé. A Padoue il laissa des monumens de son savoir, et vers l'an 1550, il revit Urbin pour la seconde fois.

Jean-Antoine Battiferri, citoyen et légiste de cette ville, avait une fille naturelle, qu'il légitima depuis, et à laquelle il cherchait un établissement. Elle s'appelait Laure, et un rare talent pour la poésie commençait à la rendre célèbre. Ses poésies imprimées, sa correspondance avec les plus beaux génies de l'Italie, surtout avec Annibal Caro, ont rendu dans la suite le nom de la nouvelle Laure aussi fameux que celui de la maîtresse de Pétrarque. Son père voulait donc lui trouver un parti digne d'elle. Dès-lors un grand talent devait seul prétendre à cette alliance. Ammanati, déjà distingué par des travaux qui promettaient à leur auteur la plus brillante réputation, parut offrir l'assortiment desiré; il épousa Laure. Ce mariage était pour lui un engagement nouveau de soutenir et d'accroître une réputation devenue, si l'on peut dire, un bien de communauté entre les deux époux. Aussi avisa-t-il bientôt à tous les moyens d'agrandir la carrière dans laquelle il n'avait fait encore que débuter.

Il se rendit à Rome en 1550, et il y fit une étude très approfondie de l'architecture, sans y sacrifier toutefois l'exercice de la sculpture. La réputation d'habileté dans cet art l'y avait précédé. Elle lui fit offrir des travaux qui l'accrurent encore, et lui valurent la préférence que lui accorda Michel-Ange sur Raphaël de Monte Lupo, pour l'exécution des tombeaux du cardinal Antoine de Monti, et de son père, à San Pietro in Montorio. Ce choix fut d'autant plus flatteur pour Ammanati, qu'une étourderie de jeunesse avait dû lui rendre Michel-Ange peu favorable. Dans le temps qu'il était encore élève à Florence, il avait, de concert avec un certain Nanni di Baccio Bigio, dérobé à Antoine Mini, disciple de Michel-Ange, quelques dessins de son maître. Celui-ci en porta plainte, les dessins furent rendus, et l'affaire n'eut pas de suites. On fut persuadé que le seul amour de l'art avait été l'instigateur de cette soustraction. Ce fut ainsi que Vasari, tournant la chose en plaisanterie, la fit envisager à Michel-Ange, qui en avait conservé un peu de ressentiment contre Ammanati. Il les réconcilia en se vantant que, s'il se fût trouvé en pareil cas, Michel-Ange aurait payé beaucoup plus cher l'amour qu'il portait aux œuvres de son talent.

Ammanati débuta dans l'architecture, à Rome, par les décorations qu'exigèrent au Capitole les fêtes et les cérémonies de l'exaltation de Jules III. Son talent fut distingué par ce pape qui l'employa depuis à sa *villa*, appelée *Papa Giulio*, où il fit une fontaine composée de statues antiques et modernes. Dès ce moment sa vie se partagea entre les travaux de la sculpture et ceux de l'architecture, tant à Rome qu'à Florence. Si selon le but de notre ouvrage, il ne nous appartient d'envisager qu'une moitié de cet artiste, nous croyons pouvoir avancer que la part de l'architecte soit en mérite, soit en renommée, l'emporte sur l'autre.

Nous ferons d'abord mention des édifices qu'il éleva à Rome.

Un des plus importans de cette ville, s'il eût été terminé dans toute l'étendue de son projet, serait le palais qu'Ammanati éleva pour la famille Rucellaï, qui a passé successivement à celle des Gaetani et à celle des Ruspoli. C'est ce palais qui fait l'angle de la rue du Cours et de celle qui continue la rue des Condotti. Il avait été projeté pour former un grand quadrilatère dont chaque face aurait eu 300 palmes de longueur. Il n'en existe que deux côtés, dont un n'a reçu tout son prolongement, qu'il y a quarante-cinq ans, en 1784. La cour est environnée de portiques en arcades sur colonnes. L'intérieur du palais n'offre rien de très remarquable, si ce n'est un bel et grand escalier qui tire surtout sa réputation, des marches en marbre blanc d'un seul morceau, dont il est entièrement formé. Les deux faces de l'édifice se composent de l'étage à rez de-chaussée, d'un étage principal, et de celui qu'on appelle *mezza-*

nino, mais dont les fenêtres sont beaucoup plus hautes qu'on ne les pratique ordinairement, en sorte qu'elles peuvent passer pour un second étage de maître. Chacune des faces a dix-neuf fenêtres. Les chambranles y sont d'un bon goût. L'entablement qui couronne cette grande masse est d'une belle proportion et d'un bon profil. Il règne enfin dans tout cet ensemble de la sagesse, de la pureté, et une ordonnance bien entendue. Peut-être desirerait-on pour l'harmonie des divisions et des parties principales, que l'étage du rez-de-chaussée eût moins d'élévation. Sa hauteur est telle que la masse totale se trouve partagée en deux espaces égaux. On aimerait que dans ce partage il y eut une des deux dimensions qui dominât l'autre.

Ammanati eut l'avantage d'élever dans Rome le collège des Jésuites, une des plus grandes masses de bâtiment que l'architecture y ait produites. Si l'on peut regretter quelque chose dans un si vaste ensemble, qui occupe un espace de 2,100 palmes de circonférence, c'est que le dessin général n'ait pas été terminé comme l'avait projeté son auteur. Plusieurs architectes l'ont rachevé, mais se sont conformés beaucoup trop à l'usage que l'on a, de ne succéder à d'autres qu'en changeant leur ouvrage.

La façade principale, qui ainsi que la cour est d'Ammanati, a 450 palmes de long, sur 180 dans le corps du milieu. Quoiqu'elle ait quelque chose d'imposant par sa masse, il y a dans les parties qui la composent des inégalités de divisions qui nuisent à son effet. La multiplicité des fenêtres en atténue encore le caractère. Disons cependant que cela doit avoir été prescrit par les besoins d'un établissement, où les logemens doivent être singulièrement nombreux, et qui dès-lors rentre quant à l'extérieur dans le genre propre des hospices, et ne doit pas tenir du style des palais. Sous ce rapport, il n'y a nul reproche à faire à l'architecte.

La cour du collège est une des plus belles de Rome, et quoique ressemblant à beaucoup d'autres par sa disposition, elle ne s'en est pas trouvée moins convenable au caractère et aux convenances de l'édifice. C'est un vaste quadrangle environné de portiques à double étage, grands, larges, aérés et commodes, qui établissent une facile circulation entre toutes les parties. Ce qu'on appelle les classes ou les salles destinées aux différens cours d'études, occupent le rez-de-chaussée sous les galeries couvertes. Les portiques en arcades et en pieds-droits sont décorés, dans l'étage inférieur, de pilastres ioniques. L'étage supérieur a ses pilastres d'ordre corinthien. Peu de constructions se recommandent par plus de solidité que celle de ce monument.

Ammanati au génie de la construction réunissait dans un très haut degré celui de la mécanique, science qui a, si l'on veut, plus d'une connexion avec l'art de bâtir, mais dont les applications les plus nombreuses, n'entrent que rarement dans le domaine des constructeurs. Quand Sixte-Quint voulut faire transporter au milieu de la place de Saint-Pierre l'obélisque égyptien qu'on y voit aujourd'hui, il fit un appel aux plus habiles mécaniciens tant romains qu'étrangers. Il s'en présenta, dit-on, par centaines, ce qui ne prouve rien, sinon la bonne opinion que beaucoup de gens ont d'eux-mêmes. Ammanati fut distingué dans la foule. Peut-être l'eût-il emporté sur les plus habiles de ses contendans, mais il demanda un an pour l'exécution de sa machine. Le pape était vieux et n'avait pas le temps d'attendre. L'entreprise fut adjugée à Dominique Fontana; toutefois on voulut lui donner pour adjoint Ammanati et Jacques de la Porte; mesure fausse, qui, en multipliant les agens, eût provoqué la discorde et rompu l'unité d'action, principe de tout succès, surtout en mécanique. Aussi sur les représentations de Fontana, ses deux collègues furent révoqués, et il resta seul chargé de l'exécution de son projet. Je n'ai parlé de cette concurrence, que pour faire connaître l'opinion qu'on avait de la capacité d'Ammanati. On fut persuadé que son mécanisme aurait réussi à l'égal de celui de Fontana.

L'ouvrage qui peut le mieux donner l'idée de son savoir comme constructeur, est sans doute le pont de la Trinité qu'il bâtit à Florence, monument qui fut le premier modèle de ce genre d'arches à voûte surbaissée, espèce de courbe qu'on peut réprouver quand on l'emploie sans nécessité, mais dont Ammanati imagina de faire ici une application d'autant plus heureuse, qu'elle était suggérée par le besoin.

En 1557, l'Arno éprouva une crue d'eau si subite et si furieuse, que les campagnes voisines de son lit, les maisons, les moulins, tout fut bouleversé. Rien ne peut se comparer aux ravages du fleuve en furie. L'impétuosité de la masse d'eau fut augmentée par tout ce que les flots débordés entraînèrent dans leur courant, d'arbres déracinés, de bois de charpente, de décombres et de matériaux divers, qui, roulés et portés contre le pont de la Trinité le renversèrent du premier choc. Bientôt furent entraînées deux arches du pont *alla Caraia*. L'eau s'éleva au-dessus des autres ponts et des quais, et inonda la ville.

Le seul pont appelé *Ponte vecchio* avait resisté, et comme la ville de Florence est divisée en deux par le fleuve, le plus grand nombre des communications se trouvait intercepté. En 1559, le duc Cosme de Médicis fit refaire les deux arches du pont *alla Caraia*. A l'égard du pont de la Trinité détruit en entier, ce fut Ammanati qu'il chargea de le rebâtir. Cet architecte n'avait eu que trop l'occasion d'observer une des principales causes du dernier désastre, semblable à celui de 1269, et de méditer sur le moyen le plus efficace d'en prévenir le retour, par un changement important dans le système jusqu'alors en usage pour la construction des ponts, sur les rivières sujettes à de grands débordemens.

Il se convainquit que, pour mettre un pont à l'abri des efforts d'un fleuve impétueux, il importe encore moins d'y augmenter la résistance contre la force du courant, que d'aviser au moyen d'amoindrir la force de l'aggression. Jusqu'alors, on avait pensé qu'il fallait donner aux piles, pour les rendre bien solides, une épaisseur qu'on portait quelquefois au tiers, mais jamais moins qu'au quart de l'ouverture des arches. On croyait qu'elles avaient besoin d'une force semblable à celle d'une culée. Il résultait de ce procédé, que le lit du fleuve se trouvait dans le fait rétréci de tout l'espace que l'excédant de volume des piles occupait, et qu'enfin ce rétrécissement devait beaucoup augmenter l'impétuosité du courant, et son action destructive sur les matériaux. Le genre de courbe à donner aux cintres des arches, selon les circonstances, était encore un point sur lequel on avait peu réfléchi. Sans doute la forme plein cintre ou du demi-cercle, est tout à-la-fois la plus belle et la plus solide, comme étant la plus simple. Cependant à moins que les berges d'une rivière ne soient très élevées, on ne saurait, sans les multiplier beaucoup, en faire les arches de plein cintre, et dès-lors on multiplie les piles, c'est-à-dire les obstacles au passage de l'eau. Ajoutons que la voûte en demi-cercle, lorsque la crue des eaux en élève le niveau jusqu'à la naissance des cintres, et au-delà, va de plus en plus rétrécissant le passage, de sorte que plus la rivière monte, plus son écoulement trouve d'obstacles. Cela se comprend sans aucune autre démonstration.

Ammanati mit en œuvre le résultat de toutes ces observations. Il composa son pont de trois seules arches (celle du milieu est de 90 pieds d'ouverture, les deux autres de 84 pieds), réduisit ainsi ses piles au nombre de deux, et ne donna à leur épaisseur que 25 pieds, c'est-à-dire à-peu-près le quart de l'ouverture des arches, en sorte que le lit du fleuve ne se trouva rétréci que de 50 pieds. Il donna enfin aux cintres de ses voûtes une courbe elliptique fort surbaissée, qui ouvrit encore au courant de l'eau un passage beaucoup plus large. Ainsi, dans les crues du fleuve, l'impétuosité de l'eau fut diminuée par la diminution des points de résistance, et la construction ainsi que les matériaux eurent moins à souffrir de son action. Du reste il donna les plus grands soins à tout ce qui devait en garantir la durée, et assurer la solidité de l'ouvrage. Il y employa la pierre la plus dure, tant dans les fondations que pour les piles, et pour l'appareil des cintres, quoique le corps des voûtes ne soit qu'en moellons. Les piles sont fortifiées par des éperons qui servent à couper le fil de l'eau.

Outre le savoir de la construction qui doit sans doute faire le premier mérite d'un pont, il faut admirer dans celui-ci non-seulement une grande élégance de forme, mais, soit dans les bandeaux des arcs, soit dans les archivoltes, soit dans les éperons des culées, certaines parties de profils, de moulures ou de tables renfoncées, qui dénotent l'œuvre d'un architecte. Quatre statues sont placées aux deux extrémités du pont.

Achevé l'an 1569, le pont depuis cette époque a résisté, sans éprouver la moindre altération, aux débordemens qui sont survenus. Par la grande facilité d'écoulement qu'il a donné aux eaux, il n'a pas moins contribué encore à garantir les autres ponts, des effets du renflement extraordinaire qui avait lieu auparavant dans les crues du fleuve.

Cette grande entreprise n'occupait point Ammanati tout entier. Son talent se partageait, au même moment, entre le plus important ouvrage de construction à Florence, et le plus grand monument en sculpture de cette ville; je parle de la magnifique fontaine qui est sur la place du Palais-Vieux. Plusieurs sculpteurs s'étaient disputé son exécution, et l'intrigue n'avait pas manqué de prendre part à la dispute. Baccio Bandinelli, homme avide et entreprenant, avait été chargé de faire venir de Carare un bloc de marbre colossal, destiné au monument encore en projet. Il l'avait fait tailler par une prévision intéressée, sur l'ensemble approximatif d'un Neptune de sa composition, croyant ainsi s'être assuré et avoir rendu nécessaire la confection de son projet. Cependant plusieurs autres sculpteurs célèbres se présentèrent. Jean de Boulogne, Vincent Danti, Benvenuto Cellini, furent du nombre des contendans. Sur ces entrefaites, la mort enleva Baccio Bandinelli, et Ammanati fut préféré. Il eut l'habileté de tirer du bloc de marbre préparé pour une autre figure, celle de son Neptune colossal, et il le fit si heureusement qu'on ne saurait y apercevoir aucune contrainte, ni la trace d'un assujétissement à des dimensions données. Cette fontaine est une des grandes compositions de la sculpture moderne, et la plus grande de cet artiste.

Ce fut encore par ses soins que fut élevée, en 1564, la belle colonne de granit qu'on voit sur la place de la Trinité. Elle avait été tirée des thermes de Caracalla, à Rome, et donnée au grand-duc par le pape Pie IV. Ammanati plaça sur son sommet une statue colossale de la justice, faite en porphyre, par François Tadda. Cette figure ayant paru un peu grêle, on jugea à propos de lui donner plus d'ampleur, par l'addition d'une draperie en bronze, espèce de manteau qui lui descend de dessus les épaules, et qui, en ajoutant de la richesse au monument, rendit encore à son ensemble l'harmonie desirable.

Luca Pitti, noble Florentin, avait commencé dès le siècle précédent, sur les dessins du célèbre Brunelleschi, un de ces palais dans lesquels on ne sait ce qui étonne le plus, ou la masse colossale de l'architecture, ou la grandeur des fortunes de particuliers, capables d'entreprendre pour leur habitation des constructions, où n'atteindraient point aujourd'hui les monumens publics de nos villes. Cependant Luca Pitti et Brunelleschi étaient morts sans avoir achevé ce palais. Les plans et les dessins s'en étaient perdus. Il arriva aussi que les héritiers, ne se trouvant plus les moyens d'en continuer la dépense, le vendirent à la duchesse Eléonore de Tolède, qui chargea Ammanati de l'entreprise.

On a déjà parlé, à la vie de Brunelleschi, de quelques-unes des causes qui durent accréditer, à Florence, le genre des constructions en bossages dans un si grand nombre d'édifices. L'antiquité nous a laissé elle-même de très notables exemples de cette manière d'employer les matériaux, et de tailler les pierres selon l'appareil qu'on leur donne. On ne saurait nier que ce ne soit une sorte de fiction de l'art, qui consiste en une apparence de rusticité naturelle qu'on aurait laissée à la pierre, comme pour imprimer à la bâtisse un caractère plus sensible de force et de solidité. Cet effet a certainement lieu dans ces grandes masses de constructions, qui n'offrent que des devantures et des superficies sans ornement, ou encore à l'égard des parties de terrasses, de murs d'appui ou de soubassement. Sans doute la raison et le goût se réunissent alors pour approuver l'emploi des bossages. La chose commence à devenir l'objet d'une question, lorsque l'on mêle à de semblables masses, et à cet emploi de la pierre brute qui semble exclure l'idée de l'art, soit les détails de l'architecture et de ses profils, soit les ordres de colonnes avec leurs ornemens. Ce mélange est-il convenable? jusqu'à quel point et de quelle manière peut-on l'admettre? Quelques ouvrages antiques et modernes semblent fournir à cette question une réponse assez satisfaisante. Nous trouvons que l'architecte, en y appliquant des ordonnances de colonnes, eut l'intention d'assortir, jusqu'à un certain point, leur apparence au caractère rustique dont on a parlé, par une autre sorte de fiction, qui donnerait à entendre que ces colonnes, ayant été sculptées dans la masse, auraient conservé certaines parties brutes, laissées dans une sorte d'état d'ébauche, ou de non fini.

C'est ainsi que, de conséquence en conséquence, l'analogie familiarise de proche en proche l'esprit et les yeux, avec des pratiques de plus en plus éloignées de la raison primordiale des choses. C'est ce qu'Ammanati va nous prouver dans l'achèvement du palais Pitti, et par l'élévation de cette prodigieuse cour dont il donna les dessins. Brunelleschi, en employant le style colossal des bossages dans la façade de son palais, n'avait appliqué à sa devanture extérieure aucun ordre de colonnes. On ignore ce qu'il aurait imaginé pour l'intérieur de sa cour.

Ammanati, obligé de donner à cette cour trois rangs de portiques, formant galerie tout alentour, crut devoir y employer, selon l'usage, le système des arcades et des pieds-droits. Naturellement encore il fut tenu d'assortir le style de cette construction intérieure à celui de la façade externe, c'est-à-dire d'appliquer aux arcades, comme l'avaient fait aussi les anciens (1), la disposition des bossages. Mais voulant donner aux trois rangées d'arcades de sa cour plus de richesse et de variété, il dut y introduire des colonnes adossées aux pieds-droits, et dès-lors les envelopper de bossages.

(1) A l'amphithéâtre de Vérone.

Les arcades du rez-de-chaussée reçoivent l'ordonnance dorique, ou si l'on veut toscane. A peine y peut-on distinguer le fût de la colonne, sous les bandes non interrompues de bossages dont elle est enveloppée. Le second étage de portiques a les pieds-droits de ses arcades ornés de colonnes ioniques. Leur fût est beaucoup plus à découvert, n'étant traversé que par des bandes alternatives de pierres taillées carrément, en sorte que la colonne adossée se compose de tambours et de cubes. L'ordre corinthien qui règne dans les pieds-droits du troisième étage est aussi environné de bossages, mais arrondis et rustiqués. Ammanati, comme on le voit, sut introduire dans ce genre naturellement monotone, autant de variété qu'il fut possible, et y observer encore une sorte de progression, en rapport avec le caractère de chaque ordre.

Mais l'idée de grandeur, de force et d'énergie qui domine dans cet ensemble, y est porté à un tel point, que la seule puissance de la construction en ferait un édifice prodigieux. Tel est dans l'art de bâtir l'effet d'une qualité seule, quand elle est portée à son plus haut degré, qu'elle semble capable de suppléer toutes les autres. Ici l'impression produite par cette énorme structure, devient l'équivalent de celles qu'ailleurs l'architecture nous fait éprouver, par la richesse et le luxe de ses ornemens.

La cour du palais Pitti est, sans contredit, le chef-d'œuvre de son genre. Mais ce chef-d'œuvre n'est guère propre à servir de modèle. Il faudrait, en s'appropriant ce genre à la suite d'Ammanati, ou le surpasser, ou du moins l'égaler en hardiesse, ce qui paraît très peu facile.

Qui restera au-dessous ne fera que de l'architecture lourde et monotone, comme l'a prouvé Desbrosses, dans l'imitation qu'il en a faite au palais du Luxembourg, à Paris.

Cette célèbre cour forme un carré long, composé de trois corps de bâtiment égaux, et d'un quatrième qui est une grotte, dont l'élévation n'atteint qu'à la hauteur du premier étage, ce qui contribue à égayer et éclairer l'intérieur de la cour. Sans cela, vu la hauteur prodigieuse de ses trois étages et sa modique étendue, elle serait restée sombre et privée d'air. La grotte dont on a parlé est une des plus pittoresques parties, et des mieux imaginées de cet ensemble. Son plan est oval, ainsi que celui du bassin qu'elle renferme. Son pourtour est orné de colonnes doriques accouplées, et entremêlées de niches avec des statues et de fontaines ornées de rocailles. La voûte supporte une fontaine jaillissante, décorée avec beaucoup de goût, et qui sert de point de vue en entrant dans le palais.

Ammanati a construit à Florence plus d'un palais, et diverses maisons particulières dont on pourrait faire quelque mention, dans l'histoire de beaucoup d'architectes, mais qui mériteraient à peine d'attirer ici l'attention, surtout si on les rapproche du vaste édifice dont on vient de parler, et qui est aujourd'hui le séjour des grands-ducs de Toscane.

Mais l'ouvrage d'architecture qui occupa le plus les dernières années d'Ammanati fut l'église de San Giovannino, ou des jésuites, qu'il refit, agrandit et décora en entier. Il en fut non-seulement l'architecte, mais encore le fondateur. Antoine Battiferri, mort en 1561, avait laissé tous ses biens à Laure sa fille naturelle, devenue l'épouse d'Ammanati. Celui-ci, joignant cet héritage à tout ce qu'il avait acquis par ses grands travaux, se trouva possesseur d'une fortune considérable. N'ayant point de postérité, il résolut d'employer ses richesses à augmenter et embellir l'établissement que la société de Jésus avait commencé à Florence. La conformité de vues et de pieuses intentions, qui régnait entre les deux époux, seconda de plus en plus ce projet. Dominés l'un et l'autre par les sentimens les plus religieux, ils secondèrent avec beaucoup d'ardeur toutes les mesures d'agrandissement dont l'établissement avait besoin. Après avoir fourni les premiers fonds pour la construction, ils ne cessèrent point d'alimenter de leurs deniers les travaux auxquels ils consacraient chaque année leurs revenus, et enfin ils assurèrent par testament la totalité de leurs biens aux jésuites, qu'ils déclarèrent leurs légataires universels.

Ainsi cette belle église, où Ammanati fut enterré, ainsi que son épouse, est tout à-la-fois un monument de son talent et de sa piété. Les dernières années de sa vie ne furent plus occupées que d'œuvres pieuses. Il les passa à regretter l'emploi qu'il avait fait de son art à des ouvrages profanes, poussant le scrupule jusqu'à se repentir d'avoir exécuté des figures nues. Quoiqu'il n'ait eu à se reprocher d'avoir traité aucun sujet licencieux, ou deshonnête, il crut que le seul manque de décence sociale, dans les œuvres du ciseau, pouvait compromettre la conscience de l'artiste. Se croyant coupable de scandale en ce genre, il s'accusa de l'avoir commis, et en consigna le repentir en termes très chrétiens dans une lettre qu'il adressa à l'Académie du dessin, et qui fait partie du recueil des *Lettere pittoriche*.

Heureusement pour l'intérêt de la sculpture moderne, ces scrupules, tout louables qu'ils doivent paraître, même en y reconnaissant quelque excès, ne survinrent que fort tard à Ammanati, et après qu'il eût rempli l'Italie des productions hardies et savantes de son ciseau, et d'ouvrages de tout genre, dans lesquels il sut exprimer, avec une grande force de style et d'exécution, les formes et les proportions du corps humain. Quelque grand en effet que soit son mérite comme architecte, il compta peut-être, comme sculpteur, encore moins de rivaux parmi ses contemporains, et si nous avions eu à embrasser l'ensemble de ses ouvrages en bronze et en marbre, nous aurions plus que doublé la matière de son article biographique. Venise, Padoue, Florence ont de lui d'insignes morceaux en tout genre et de toute dimension, entre lesquels il suffirait de citer le Neptune colossal de la belle fontaine, sur la place du Grand-Duc, à Florence.

Ammanati avait composé un ouvrage considérable intitulé *La Città* ou la Ville, qui renfermait les plans et les dessins de tous les grands édifices qui peuvent embellir une cité. Il avait commencé par les dessins des portes; venaient ensuite ceux des palais du prince, de l'hôtel-de-ville, etc., ceux des temples, des fontaines, de la bourse, des théâtres, des ponts, des places publiques. Cet ouvrage fut dispersé après lui, et entièrement égaré pendant quelque temps. Une partie avait été retrouvée et allait être débitée dans une vente sans être appréciée pour ce qu'elle était, lorsque le célèbre Viviani reconnut ces précieux fragmens et les recueillit. Ils passèrent de ses mains dans celles du sénateur Louis de Riccio, amateur éclairé, qui les fit relier en deux volumes.

Ammanati fut enterré dans une des chapelles de San Giovannino, celle qu'on appelle de Saint-Barthélemi, qu'il avait lui-même destinée à être le lieu de sa sépulture, ainsi que de Laure son épouse. On lit sur une grande table de marbre qui réunit leurs deux tombes, l'épitaphe suivante.

D. O. M.
BARTOLOMEO AMMANATI
EIVSQVE VXORI
LAVRÆ BATTIFERÆ
COLLEGIVM SOCIETATIS
IESV
MAGNIS EORUM BENEFICIIS
AVCTVM SVÆ ERGA
RELIGIOSISSIMOS CONIVGES
VOLVNTATIS ET GRATI
ANIMI MONVMENTVM
POS.
OBIERVNT ALTER. A. SAL.
MDLXXXXII ÆT. LXXXII
ALTERA A. SAL. MDLXXXIX
ÆTAT. LXVI.

FIN DU PREMIER VOLUME.

www.ingramcontent.com/pod-product-compliance
Lightning Source LLC
Chambersburg PA
CBHW070457170426
43201CB00010B/1377